Alois Nußbaumer

„Fremdarbeiter" im Pinzgau

Zwangsarbeit · Lebensgeschichten

EDITION
TANDEM

KULTUR
STADT : SALZBURG

ZukunftsFonds
der Republik Österreich

Pinzgau Milch

UNIVERSITÄT
SALZBURG

Vorwort

Für die finanzielle Unterstützung des Projekts bedanke ich mich sehr herzlich beim Zukunftsfonds der Republik Österreich, bei der Universität Salzburg, bei der Stiftungs- und Förderungsgesellschaft der Universität Salzburg sowie bei der Pinzgau Milch.

Mein ganz besonderer Dank richtet sich an alle meine Interviewpartner und ihre Familien sowie an jene Menschen, die mich bei dieser Arbeit so tatkräftig unterstützt haben: Univ. Prof. Dr. Helga Embacher von der Universität Salzburg, Dr. Oskar Dohle vom Landesarchiv Salzburg, Dr. Ursula Neumayr, Oksana Nikolaychuk von der ukrainischen Nationalen Stiftung „Verständigung und Aussöhnung“, Kamil Pachla und David Rojkowski von der Stiftung „Polnisch-Deutsche Aussöhnung“, den Mitarbeitern des Landesarchivs Salzburg, des Archivs der Erzdiözese Salzburg, der Gemeindeämter des Pinzgaues, der Bezirksbauernkammer in Zell am See sowie Horst Scholz vom Pinzgauer Bezirksarchiv und Kurt Möschl von der Polizei Zell am See.

Ich möchte festhalten, dass einem die eigene Verantwortung – das Schicksal der zivilen Zwangsarbeiter und Kriegsgefangenen nicht in Vergessenheit geraten zu lassen – erst richtig bewusst wird, wenn man im Salzburger Landesarchiv zufällig auf einen Unfallbericht stößt, aus dem hervorgeht, dass sich der Südtiroler Großonkel bei Holzarbeiten zusammen mit einem serbischen Kriegsgefangenen im Dezember 1942 das linke Schienbein brach[1] oder wenn man nach einem in der Ukraine durchgeführten Interview erfährt, dass dieser Gesprächspartner während des Krieges für den eigenen Urgroßvater arbeiten musste. Diese Forschungsarbeit soll daher all jenen Menschen gewidmet sein, die unabhängig von Land und Zeit, Herrschaftssystem und „Rasse“ zur Arbeit gezwungen wurden und – was uns besonders zu denken geben sollte – werden.

Alois Nußbaumer
Maishofen, im November 2011

Einleitung 9
Forschungsstand und Fragestellungen, Quellen und Methoden 10

Vorkriegszeit - Kriegsbeginn - Deportation 15
Kindheit und Rekrutierung 15
Transport und Ankunft im Pinzgau 19

Arbeits- und Lebensalltag 27

Physische Existenz 39
Unterbringung 39
Ernährung 42
Bekleidung 46
Entlohnung 49
Medizinische Versorgung 55

Freiräume 59
Kirche und Religion 59
Die Politik der Nationalsozialisten 59
Die seelsorgerische Betreuung in der Praxis 61
Freie Zeit 65
Nationalsozialistische Politik und bäuerliche Resistenz 65
Freizeitgestaltung 68

Diskriminierung - Kriminalisierung - Disziplinierung 77
Ausgrenzung und Überwachung 77
Staatliche und betriebliche Bestrafung 87
„Arbeitsvertragsbruch" 89
Ursachen und Folgen von Diebstählen 99

Inhaltsverzeichnis

„GV-Verbrechen" 107
Die Politik der Nationalsozialisten 107
Denunziation und Verhaftung 108
Die Anzahl der betroffenen Frauen 111
Inhalte der Gerichtsprotokolle; „Beweisverfahren" 114
Die Hinrichtungen 118
„Während dem Nationalsozialismus ist nach dem Nationalsozialismus?" 121

Unerwünschte Kinder 129
Die Politik der Nationalsozialisten 129
Geburt und Taufe, Leben und Sterben 131

Nachkriegsleben 137
Kriegsende 137
Der Weg in die Heimat 140
Das Leben danach 144

Der Zwangsarbeitseinsatz im regionalen Gedächtnis 157

Quellenverzeichnis 161
Archivalien 161
Gedruckte Quellen 162
Literaturverzeichnis 162
Interviewpartner 167

Abkürzungsverzeichnis 168

Endnoten 169

Einleitung

Der Pinzgau ist eine österreichische Gebirgsregion im Südwesten des Bundeslandes Salzburg und besitzt heute durch seine Wintersportorte Zell am See - Kaprun und Saalbach-Hinterglemm einen gewissen internationalen Bekanntheitsgrad. Während des Zweiten Weltkrieges waren in diesem Gebiet, durch die Kraftwerksprojekte der Nationalsozialisten bedingt, überdurchschnittlich viele zivile Zwangsarbeiter[2] und Kriegsgefangene eingesetzt.[3] Aufgrund der agrarisch geprägten Struktur der Region kamen die Menschen aber nicht nur bei den Kraftwerksbauten in Kaprun und Weißsee, sondern auch zu einem hohen Prozentsatz in der Pinzgauer Landwirtschaft zum Einsatz. Von den im August 1944 für das „Großdeutsche Reich" als beschäftigt gemeldeten 7,6 Millionen ausländischen Arbeitskräften[4] entfielen im Herbst 1944 rund eine Million auf das heutige Österreich, wovon ca. 180.000 Kriegsgefangene waren.[5] Von diesen Arbeitskräften wurden im September 1944 22.080 im Reichsgau Salzburg und davon wiederum ein Drittel im Pinzgau eingesetzt.[6] Im Vergleich dazu lebten im Mai 1939 in der Region 45.584 Menschen.[7] Von den 6.974 im September 1944 für den Landkreis Zell am See registrierten Ausländern[8] bestand die Hälfte aus so genannten „Ostarbeitern", aus galizischen Ukrainern und aus Polen. Ein hoher Prozentsatz der unter diese Kategorien fallenden Menschen dürfte sich aus Frauen zusammengesetzt haben. Für die Einstufung als „Ostarbeiter" war im Gegensatz zu den Polen, die einer „rassischen" Kategorisierung unterlagen, die geografische Herkunft ausschlaggebend. Diese Bezeichnung galt für alle jene Arbeitskräfte, die aus „sowjetischen Gebieten in ihren Grenzen von 1939" stammten. Die größte Gruppe innerhalb der „Ostarbeiter" bildeten die Ukrainer, gefolgt von den Russen und Weißrussen. Unter den Begriff der „Ostarbeiter" wurden zudem Armenier, Aserbaidschaner, Georgier, Kalmücken, Kosaken, Krimtataren, Turkestaner, Wolgatataren und Angehörige nordkaukasischer Völker subsumiert. Die Ukrainer aus Galizien erhielten gegenüber den Polen und den „Ostarbeitern" eine NS-rechtliche Besserstellung, da das Gebiet Lemberg nur zwei Jahre (1939 bis 1941) zur Sowjetunion gehört hatte

und diese somit nach Auffassung der Nationalsozialisten „vom Bolschewismus nicht so beeinflusst waren wie ihre weiter östlich lebenden Landsleute".[9] Da die Osteuropäer in der NS-Hierarchie für ausländische Arbeitskräfte am untersten Ende angesiedelt und damit einem besonders brutalen und rassistischen Unterdrückungs- und Strafsystem ausgesetzt waren, konzentriert sich diese Arbeit vor allem auf das Schicksal dieser Menschen.
Die andere Hälfte der ausländischen Arbeiter im Pinzgau bestand in der Mehrheit aus Belgiern, Franzosen, Italienern und Kroaten.[10]

Forschungsstand und Fragestellungen, Quellen und Methoden

Die erste grundlegende und umfassende Forschungsarbeit zur Thematik Zwangsarbeit während des Nationalsozialismus im Deutschen Reich wurde von Ulrich Herbert verfasst und erschien 1985 unter dem Titel „Fremdarbeiter. Politik und Praxis des „Ausländer-Einsatzes" in der Kriegswirtschaft des Dritten Reiches"[11]. Diese Publikation ist als Standardwerk zu bezeichnen und hat bis heute nichts von seiner Relevanz eingebüßt. Die nachfolgenden und mittlerweile sehr zahlreichen wissenschaftlichen Forschungen zum Thema Zwangsarbeit haben ihren Fokus ebenso wie Herbert „auf den ‚Reichseinsatz' unter Außerachtlassung der Arbeitstätigkeit von AusländerInnen in ihren Herkunftsgebieten oder in anderen vom Deutschen Reich besetzten Gebieten" sowie auf die Industrie, vor allem auf die Rüstungsindustrie gelegt.[12] Auffällig ist zudem, dass bisher fast ausschließlich[13] die Kriegszeit behandelt und das Nachkriegsleben der ehemaligen Zwangsarbeiter außer Acht gelassen wurde. Was den Zwangsarbeitseinsatz in der Landwirtschaft betrifft, so hat die deutsche Forschung bisher vor allem die regional- und lokalhistorische Perspektive thematisiert, für das Gebiet des heutigen Österreichs geschah dies jedoch in deutlich geringerem Ausmaß.[14] Umfassende Forschungsarbeiten zur Problematik der landwirtschaftlichen Zwangsarbeit in Österreich wurden erst 2004 im Auftrag der Österreichischen Historikerkommission publiziert.[15] In demselben Zeitraum haben verschiedene Historiker den Einsatz von ausländischen Arbeitern bei den Kraftwerksprojekten in Kaprun und Weißsee[16] aufgearbeitet. Der landwirtschaftliche Zwangsarbeitseinsatz im Pinzgau wurde allerdings, abgesehen von Peter Ruggenthaler, der sich in einem Kapitel[17] der Publikation „Zwangsarbeit in der Land- und Forstwirtschaft auf dem Gebiet Österreichs 1939 bis 1945" mit dieser Region beschäftigt, nur in Aufsätzen[18] angesprochen bzw. in einzelnen Pinzgauer Ortschroniken[19] und in der Publikation „Arbeiter für den Endsieg. Zwangsarbeit im Reichsgau Salzburg 1939-1945"[20] gestreift.
Die fehlende wissenschaftliche Auseinandersetzung mit dem Einsatz von ausländischen Arbeitskräften in der Pinzgauer Landwirtschaft während des 2.

Weltkrieges sowie die vorhandenen Quellen ließen schließlich eine Forschungsarbeit für dieses Gebiet und diese Thematik als lohnend erscheinen. Ausgehend vom bisherigen Forschungsstand und den Forschungsdesideraten standen vor allem Fragen nach den Lebens- und Arbeitsbedingungen der ausländischen Arbeiter im Vordergrund. Neben dem Arbeitsalltag, der täglichen Arbeitsnorm, der Behandlung durch den „Dienstgeber" und dessen Familie wurde dem Verhalten der ländlichen Bevölkerung insgesamt nachgegangen. Es war von Interesse, ob gewisse Allianzen zwischen den osteuropäischen Zwangsarbeitern und der ländlichen Bevölkerung durch die „bäuerliche Sozialisierung" bzw. die gemeinsame Religion bestanden haben oder ob die Zwangsarbeiter ein generelles Außenseiterdasein im dörflichen Leben führen mussten. Zudem wurde ein Hauptaugenmerk auf deren Unterbringung, Ernährung, Bekleidung, Entlohnung, medizinische Versorgung und arbeitsfreie Zeit gelegt.

Da im „Dritten Reich" die Arbeits- und Lebensbedingungen der Zivilarbeiter einer massiven Reglementierung unterworfen waren, eine Vielzahl von Erlässen und Verordnungen den Handlungsspielraum der Menschen eng begrenzte und ein ständig präsentes Überwachungs- und Strafsystem die geringsten Verstöße ahndete, beschäftigte sich ein weiterer Fragenkomplex mit der Problematik von Widerstandshandlungen und der Bestrafung von kriminalisiertem Handeln. Aus heutiger Sicht handelte es sich bei diesen Widerstandshandlungen oftmals um eher unspektakuläre Widersetzlichkeiten, wie etwa die Nichtbeachtung des Verbots des Kirchenbesuchs oder der Weigerung die Kennzeichnung für Polen oder „Ostarbeiter" zu tragen. Aber es waren dennoch Zeichen der Auflehnung gegenüber einer menschenunwürdigen Behandlung und der Demonstration der Gleichwertigkeit gegenüber einer selbst ernannten „Herrenrasse". In diesem Zusammenhang interessierte auch, inwieweit physische und psychische Gewalt durch die „Dienstgeber" präsent war und ob es zu Racheakten an den Einheimischen nach Kriegsende kam.

Beleuchtet wurde auch die Rolle der römisch-katholischen Kirche. So war von Interesse, ob sich die Kirche als Opposition zum Regime für die Belange der Zwangsarbeiter einsetzte.

Ein weiterer Schwerpunkt richtete sich auf die sogenannten „Geschlechtsverkehr-Verbrechen", die für das NS-Regime einen „Dauerbrenner" im „Reichseinsatz" der Ausländer darstellte und bis Kriegsende verfolgt wurden. In Sondergerichtsverhandlungen, die am Landgericht in Salzburg stattfanden, verurteilte man eine Reihe von „deutschen" Frauen aus dem Pinzgau aufgrund intimer Beziehungen mit ausländischen Männern zu teilweise mehrjährigen Haftstrafen, während die ausländischen Arbeiter mit unterschiedlichen Strafen, bis hin zur Todesstrafe, rechnen mussten. Angefangen bei der Denunziation, über die Verhaftung, der Gerichtsverhandlung und bis hin zur Vollstreckung der Strafe interessierte bei diesem Kapitel auch die Funktionsweise der

NS-Strafmaschinerie. Die Fragen, die sich hierbei auftun, sind unter anderem die Gründe für die Denunziation, unter welchen Umständen das Geständnis und die Verurteilung zustande kamen, ob den angeklagten Frauen Verteidiger zugesprochen wurden, usw.
Wie aus den Aufzeichnungen der einzelnen Pinzgauer Pfarren hervorgeht, brachten die osteuropäischen Frauen während ihres Zwangsarbeitseinsatzes auch Kinder zur Welt. Neben der Anzahl der Geburten waren die Lebens- und Überlebenschancen dieser sogenannten „fremdvölkischen" Kinder sowie deren weiteres Schicksal von Interesse.
Das Innovative dieser Forschungsarbeit liegt darin, dass der Verarbeitung von Zwangsarbeit und dem Leben danach besondere Bedeutung zukommt. Das heißt, dass diese Publikation nicht ausschließlich die Zeit von 1939 bis 1945 behandelt, sondern bemüht war, alle Stationen des Lebens eines Menschen, der zur Arbeit im „Großdeutschen Reich" gezwungen wurde, zu beleuchten. Von der Kindheit, über den Ausbruch des Zweiten Weltkrieges und dem Einmarsch der deutschen Wehrmacht, dem „Arbeitsalltag" und der Kriegszeit im Pinzgau, bis hin zum Leben als ehemaliger Zwangsarbeiter im politischen Westen[21] bzw. Osten in der 2. Hälfte des 20. Jahrhunderts. Auf der einen Seite stehen die Herausforderungen und Schwierigkeiten bei der Integration im Zielland, der Verlust der Heimat und der Familie, der Aufbau eines neuen Lebens und auf der anderen Seite die Rückkehr in die Heimat, die Schwierigkeiten der Reintegration verbunden mit dem Vorwurf der Kollaboration.
Abschließend wurde noch auf die Sicht der Einheimischen hinsichtlich des Phänomens „Zwangsarbeit" eingegangen. Dabei geht es neben den persönlichen Erfahrungen im Zusammenleben bzw. -arbeiten mit den Zivilarbeitern vor allem um das kollektive Gedächtnis und die Mentalität im Umgang mit dem Thema Zwangsarbeit innerhalb der Kriegsgeneration sowie der Nachkriegsgeneration.
Für diese Arbeit standen neben den Akten und Schriftstücken des Bundesarchivs in Berlin und dem Internationalen Suchdienst in Bad Arolsen primär schriftliche Quellen des Salzburger Landesarchivs, des Archivs der Erzdiözese Salzburg, des Pinzgauer Bezirksarchivs in Zell am See sowie die Gendarmerie-, Pfarr- und Gemeindechroniken bzw. -archive des Pinzgaues zur Verfügung. Zudem wurden mit ehemaligen zivilen Zwangsarbeitern aus Polen und der Ukraine, die während des Zweiten Weltkrieges im Pinzgau zur Arbeit eingesetzt waren, insgesamt zehn Interviews[22] geführt. Während die Gespräche mit den im Pinzgau verbliebenen Zivilarbeitern bereits 2006 geführt wurden, fanden die Interviews in Polen und in der Ukraine im Jahr 2008 statt. Diese wurden in der Muttersprache der Gesprächspartner geführt, und während des Interviews konsekutiv verdolmetscht. Neben diesen Interviews kam es zu insgesamt 23 Gesprächen mit einheimischen Personen, den Vertretern der Kriegs- und

Nachkriegsgeneration sowie den Kindern der ehemaligen im Pinzgau verbliebenen Zwangsarbeiter. Die zu Zwangsarbeit, den damit zusammenhängenden Themen und zu ländlichem Gesinde vorhandene Sekundärliteratur diente schließlich dazu, das empirisch gewonnene Material in einen größeren Kontext zu stellen.

Olga W. und Alois Nußbaumer
im Oktober 2008 in Koroliwka (Ukraine).

Vorkriegszeit
Kriegsbeginn
Deportation

Kindheit und Rekrutierung

Die Interviewpartner, die während des Zweiten Weltkrieges im Pinzgau und im Pongau zur landwirtschaftlichen Arbeit eingesetzt wurden, entstammen meist dem bäuerlichen Milieu bzw. verbrachten ihre Kindheit auf dem Land, in Polen, dem von Polen nach dem Ersten Weltkrieg annektierten Ostgalizien oder der Sowjetrepublik Ukraine. Sie erzählten Geschichten vom Aufwachsen als Waisenkinder in Kinderheimen oder bei Pflegeeltern, da die leiblichen Eltern nach Sibirien verschleppt wurden oder bei der Geburt von Geschwistern, aufgrund einer Krankheit bzw. im Gefängnis der Sowjetmacht starben. Auf der Seele von Olga W. liegt der Schatten des Holodomor, der Hungerkatastrophe in der Ukraine Anfang der dreißiger Jahre des vergangenen Jahrhunderts, bei der Millionen von Menschen ums Leben kamen.[23] In ihr haben sich die Bilder der Toten eingegraben, die auf den Höfen lagen und dort bestattet wurden. Die Urkatastrophe ihres Lebens ist der dabei nie überwundene Schock, auf der Suche nach Lebensmitteln von der Mutter zusammen mit der Schwester in der Stadt Nikopol allein zurückgelassen worden zu sein. Auch Wassyl H. spricht von der Zeit, als er auf die Wiese ging und Blümchen aß, die normalerweise die Hasen bekamen, weil es im Dorf keine Lebensmittel mehr gab. Es sind aber auch die Erzählungen von einer privilegierten, glücklichen Kindheit, weil der Vater Leiter der Kolchose war, und die Erinnerung an eine längst vergangene Welt. Die Erinnerung an ein Galizien, wo die jüdischen Händler im Morgengrauen auf Pferdewagen durch die Dörfer fuhren und an die Fenster der Bauernhäuser klopften, um Getreide zu kaufen.
Schließlich kam der Zweite Weltkrieg, der für die Interviewpartner mit der Bombardierung von Kühen, von Munitionslagern und Fischfabriken, der Schließung der Schule und dem Eintreffen von deutschen, aber auch von sowjetischen

Soldaten begann. Es sind Erzählungen über das Niederbrennen von Häusern, die Einquartierung von Militär im eigenen Haus, den Diebstahl von Kühen und Schweinen, die Verhaftung des Vaters und der Wegnahme seiner neuen Stiefel, die Judenverfolgung, die deutschen Gefangenenlager, den Widerstand der Partisanen, den Hunger, der knapp entronnenen eigenen Erschießung und über den Tod der Brüder.
Nach dem Einmarsch und der Besetzung der verschiedenen europäischen Länder durch die deutschen Armeen erfolgten die Rekrutierungen für den „Arbeitseinsatz" im Deutschen Reich, dessen Kriegswirtschaft durch den sich hinziehenden Krieg in immer stärkerem Ausmaß von ausländischen Arbeitskräften abhängig wurde. Während das NS-Regime nach dem Überfall auf Polen im September 1939 in den annektierten polnischen Gebieten auf Zwang bei der Rekrutierung setzte, versuchte man im sogenannten Generalgouvernement (Bezeichnung für die besetzten aber nicht in das Deutsche Reich eingegliederten zentralpolnischen Gebiete während des Zweiten Weltkrieges) die Arbeitskräfte zunächst eher freiwillig zum „Arbeitseinsatz" zu verpflichten. Bei diesen Anwerbungen arbeitete man mit massiver Propaganda und Versprechungen. Es war die Rede von guter Unterbringung und Verpflegung, adäquater Bezahlung sowie der Möglichkeit der Überweisung von Lohnersparnissen in die Heimat. Zudem mussten die freiwilligen Arbeitskräfte zunächst nur befristete Arbeitsverträge unterzeichnen, die meistens auf ein Jahr begrenzt waren. Der „Freiwilligkeit" wurde von den Verantwortlichen allerdings auch entsprechend nachgeholfen, so führte man die Arbeitspflicht für alle achtzehn- bis sechzigjährigen Männer ein, die man kurz darauf auf die vierzehn bis siebzehnjährigen ausdehnte und legte Betriebe still, die für die deutsche Kriegsführung keinen zusätzlichen Nutzen versprachen.[24] Sobald die Menschen dann aufgrund ihrer Arbeitslosigkeit die Arbeitslosenunterstützung in Anspruch nahmen, mussten sie damit rechnen vor Ort zu öffentlichen Arbeiten herangezogen zu werden. Im Jänner 1940 erging schließlich die Anordnung, dass die Empfänger von Arbeitslosenhilfe im Alter von sechzehn bis fünfzig im Deutschen Reich eingesetzt werden konnten und mit Ende April 1940 wurde die „Freiwilligkeit" ganz ad acta gelegt. Die Regierung des Generalgouvernements legte zu diesem Zeitpunkt die Arbeitspflicht der Jahrgänge 1915 bis 1925 in Deutschland fest. Die einzelnen Gemeinden und Kreise hatten Pflichtkontingente zu erfüllen, die – wenn sie nicht erreicht wurden – Terroraktionen der SS und der polnischen Polizei zur Folge hatten, wobei ganze Dörfer umstellt und die Menschen bei brutalen Razzien gefangen genommen wurden.[25]
Während Weronika S. im Frühjahr 1941 im Alter von siebzehn Jahren im Zuge der Konskription (die namentliche Aufforderung für den „Arbeitseinsatz" im Deutschen Reich durch die lokale Verwaltung) ins Deutsche Reich fuhr, verhaftete man Jan B. im Jänner 1942 im Alter von sechzehn Jahren, als er zusammen

mit anderen Menschen im Südosten Polens, in Limanova, die Kirche verließ. Der Interviewpartner spricht davon, in ein Lastauto verfrachtet und anschließend zusammen mit 50 Menschen mit dem Zug nach Krakau gebracht worden zu sein, wo er in einer Halle, die sich langsam mit Menschen füllte, eine Woche lang auf seinen Abtransport ins Reich warten musste. Schlafen sei nur im Sitzen möglich gewesen, wenn man sich hinlegen wollte, folgten Schläge durch die von den Deutschen eingesetzten ukrainischen Wachmannschaften.
Als die Deutsche Wehrmacht im Juni 1941 die Sowjetunion angriff, kam Ostgalizien, das nach dem deutsch-sowjetischen Überfall auf Polen im September 1939 der UdSSR zugesprochen wurde, unter deutsche Verwaltung und wurde im August 1941 dem Generalgouvernement als eigener Distrikt angegliedert. Durch die lange Tradition der Arbeitsmigration in diesem Gebiet, sowie der Tatsache, dass Galizien bis 1918 zu Österreich-Ungarn gehört hatte, wurde es dem deutschen Besatzungsregime relativ leicht gemacht, die Bevölkerung für den Arbeitseinsatz im Deutschen Reich zu mobilisieren.[26] Eustachius N. spricht davon, dass die SS in jeder Gemeinde Kontingentierungslisten aufstellte, nach denen die Menschen zum „Arbeitseinsatz" verschickt wurden. Durch unwahre Behauptungen sollte etwaigen Widersetzlichkeiten vorgebeugt werden;

> (...) zuerst ist es so gewesen, hat es geheißen für ein halbes Jahr. (...) der Vater oder der Bruder, der Bruder ist verheiratet gewesen, drei Kinder gehabt schon (...) und ein Bauernlehen und der Vater ist (...) schon alt gewesen. (...) ja von den zwei einer muss fahren (...). Jetzt haben sie da so beratschlagt, dann haben sie gesagt (...), sagt der Vater zu mir, „Bub was ist mit dir? Auf halbes Jahr nur, halbes Jahr!" (...), das ist 18. März gewesen, ´42. Dann sage ich, „Ja (...) ich fahre schon (...), auf halbes Jahr (...)."

Der Interviewpartner kam in ein Lager nach Lemberg, in das ihm sein Vater noch Essen brachte. Der Vater wartete auch noch die ärztliche Untersuchung ab, da er hoffte, dass sein 16-jähriger Sohn mit ihm nach Hause fahren könnte. Dieser Wunsch sollte unerfüllt bleiben, Eustachius N. und sein Vater sahen sich nie wieder.
Peter R., der ebenfalls aus Ostgalizien stammt, sieht den Einmarsch der Deutschen Wehrmacht als persönlichen Glücksfall an, da er bereits für den Militärdienst in der Roten Armee gemustert war und dadurch nicht mehr einrücken musste. Die Verbringung zum „Arbeitseinsatz" erfolgte für den Interviewpartner 1942 im Alter von zwanzig Jahren. Ein Gemeindemitarbeiter teilte ihm mit, dass er sich fertig machen müsse um für neun Monate nach Deutschland zu fahren.
Obwohl es der nationalsozialistischen Rassenideologie diametral entgegenstand, fiel im Herbst 1941 im Zuge des Scheiterns der Blitzkriegsstrategie, der Umstellung der deutschen Kriegswirtschaft auf einen Abnutzungskrieg und den vermehrten Einberufungen von deutschen Männern zum Militärdienst[27] die Entscheidung für den „Arbeitseinsatz" von Sowjetbürgern im Deutschen

Reich. Bei der Rekrutierung setzte man zunächst offiziell auf das „Freiwilligkeitsprinzip", „wobei eine Werbekampagne den Sowjetbürgern als nicht zustehend erachtet wurde".[28] Auch der Bevölkerung des Reichsgaues Salzburg teilte man im Februar 1942 in der Salzburger Landeszeitung mit, dass die Anwerbung der arbeitsuchenden Zivilbevölkerung in den Ostgebieten auf freiwilliger Grundlage basiere und der Andrang der Arbeitsuchenden sehr groß sei.[29] Diese „Freiwilligkeit" beruhte aber zum Teil darauf, dass die deutschen Besatzer die Nahrungsmittelrationen in den Städten der Sowjetunion unter das Existenzminimum gedrückt hatten und sich die Menschen aus purer Not zum Arbeitseinsatz meldeten. Trotzdem fielen die Ergebnisse der freiwilligen Meldungen für die Besatzer enttäuschend aus, vor allem nach dem die ersten Briefe über die tatsächlichen Arbeits- und Lebensbedingungen aus dem Reich einlangten. Der Anblick der kranken und arbeitsunfähigen „Ostarbeiter", die vermutlich ab Mitte 1942 zurücktransportiert wurden, taten ihr Übriges um der Bevölkerung eine freiwillige Meldung zu verleiden. Nachdem im Dezember 1941 die allgemeine Arbeitspflicht für Männer zwischen fünfzehn und fünfundsechzig und Frauen zwischen fünfzehn und fünfundvierzig Jahren angeordnet worden war, begannen in der Sowjetunion im Frühjahr 1942 die Zwangsrekrutierungen im großen Stil.[30] Die ukrainischen Interviewpartner sprechen von willkürlichen Aufgreifaktionen, Deportationswellen und der Verschleppung ganzer Dörfer. Zudem gibt es Berichte, wonach die deutschen Besatzungsbehörden durch das Niederbrennen von Gehöften und Dörfern den Widerstand der Menschen zu brechen versuchten.[31] Der Erinnerung von Wladimir B. zufolge begannen in Kirowograd die zwangsweisen Verschleppungen von Jugendlichen und auch von älteren Leuten im April 1942. Der Interviewpartner selbst wurde im Alter von siebzehn Jahren bei einer Razzia aus der elterlichen Wohnung geholt und zusammen mit anderen Jugendlichen in ein Kino gesperrt, bevor der Abmarsch zum Bahnhof erfolgte. Olga W. bekam im Frühjahr 1942 im Alter von achtzehn Jahren die Weisung, sich bei einem Klubhaus ihres Dorfes Koroliwka des Kreises Emiltschino im Gebiet Shytomir einzufinden. Aus derselben Region wurde Iwan D. an einem Sommertag im Juni 1942 zusammen mit den Bewohnern seines Dorfes Tschmil verschleppt:

> Das war im Juni 1942, (...) es war sehr einfach, es kamen die Soldaten, sie trieben (...) alle Einwohner zusammen und dann wurden alle verschleppt. (...) man hat einfach das ganze Dorf an einem Tag verschleppt, es waren auch Minderjährige darunter, (...) alle Leute in jedem Alter, alles.

Motrona T. war acht Jahre alt, als sie zusammen mit ihren Eltern aus dem Dorf Ewlinka im Gebiet Tschernihiw in ein anderes Dorf versetzt wurde, bevor der Abtransport erfolgte. Wassyl H. der in sein Heimatdorf Byschiw zurückgekehrt war, weil es in Kiew nichts mehr zu essen gab, wurde in der Nacht aus seinem Bett geholt, zusammen mit anderen Dorfbewohnern in der Ortsmitte auf einem mit Draht umzäunten Platz eingesperrt und danach mit einem Pferdeschlitten und der Eisenbahn nach Kiew gebracht. Und Maria R. nahm man Anfang März 1943 mit fünfzehn Jahren aus dem Dorf Strokowa im Gebiet Kiew mit. Die Interviewpartnerin wurde in ein Haus gesperrt, bevor der Weitertransport nach Kiew und von dort Richtung Polen erfolgte.

Transport und Ankunft im Pinzgau

Wie man der Salzburger Zeitung von Anfang Dezember 1942 entnehmen kann, mussten die Bauern ihren Bedarf an Arbeitskräften den Arbeitsämtern mittels Auftragsscheinen melden und hatten für die Vermittlung der ausländischen Arbeiter eine Gebühr zu bezahlen, die sich aus Fahrtkosten ab Heimatstation der Arbeiter bis zur Station der Arbeitsstelle und einem Verwaltungskostenbeitrag zusammensetzte. Das NS-Regime versicherte den Dienstgebern, dass bei der Auswahl der Arbeitskräfte größte Sorgfalt angewandt werden würde und man festzustellen versuchte, ob diese mit landwirtschaftlichen Arbeiten vertraut, körperlich gesund und arbeitsfähig sind. Eine Gewähr für unbedingte Brauchbarkeit kann jedoch nicht übernommen werden, da die Arbeitsämter sich auf die Angaben der Arbeiter über ihre Kenntnisse und Fähigkeiten verlassen müssen.[32] Die Nationalsozialisten übernahmen trotz der anfallenden Kosten für die Qualität des „Produkts" also keine Haftung und wie aus den Aussagen der Interviewpartner hervorgeht, dürfte trotz der vollmundigen Versprechungen meist nicht darauf geachtet worden sein, ob jemand mit der landwirtschaftlichen Arbeit vertraut war oder nicht.
Im Mai 1942 rechnete die Landesbauernschaft Salzburg mit der Ankunft von etwa 1.600 „Zivilrussen", wobei man davon ausging, dass die Hälfte davon Frauen sein würden. Die Verantwortlichen, wie Landräte, Oberbürgermeister usw. wurden angewiesen, sich für die Verteilung der Arbeitskräfte mit dem zuständigen Arbeitsamt in Verbindung zu setzen, da die Transporte teilweise bereits im Anrollen wären.[33] Aus einem Brief vom Juli 2000 an das Salzburger Landesarchiv geht hervor, was diese lapidare Mitteilung für die verschleppten Menschen bedeutete. Die ehemalige Zwangsarbeiterin schreibt, dass sie zusammen mit zweihundert anderen Jugendlichen aus der ukrainischen Stadt Melitopol wie Vieh zu einem Bahnhof getrieben wurde, während beiderseits des Weges bewaffnete deutsche Soldaten und hinten die weinenden Mütter gingen. Am Bahnhof angekommen wurden die Menschen dicht an dicht zusammen mit zwei oder drei deutschen Soldaten in die Viehwaggons gepackt, während gleichzeitig ein Musikorchester spielte, um den Schrecken zu mildern und um das Heulen der Mütter zu übertönen. Die Fahrt nach Österreich dauerte eineinhalb Monate; wir waren hungrig, ohne Trinkwasser (...).[34] Auch die Interviewpartner sprechen davon, dass sie während des Transportes oft tagelang nichts zu essen bekamen und wenn sie Glück hatten auf der Strecke

von der einheimischen Zivilbevölkerung notdürftig mit Lebensmitteln versorgt wurden. Jan B. aß Schnee, wenn der Zug auf der Strecke stehen blieb. Dazu kamen noch die unmenschlichen Transportbedingungen in den versperrten und meist überfüllten Güter- und Viehwaggons, die durch die Kälte im Winter und die Hitze im Sommer sowie den fehlenden Sanitäreinrichtungen noch zusätzlich verschlimmert wurden. Die Menschen mussten ihre Notdurft in Kübeln oder bei kurzen Stopps auf freiem Feld, Männer und Frauen gemeinsam, unter strengster Bewachung von deutschen Soldaten verrichten.[35] Zu diesen schrecklichen Bedingungen gesellte sich noch die Angst vor der ungewissen Zukunft, die aufgrund der Behandlung während der oftmals wochenlangen Odyssee nichts Gutes verhieß. Olga W: (...) alle weinten, alle weinten, alle heulten, (...) niemand wußte was (...) daraus wird. Vor allem die Interviewpartner aus der ehemaligen Sowjetrepublik Ukraine sprechen davon, über den Zweck und das Ziel der Reise nicht informiert worden zu sein. Wladimir B. dachte am Ende der Welt angekommen zu sein, als der Zug in Österreich durch einen langen Tunnel fuhr und das Signalhorn ertönte. In ihrer Verzweiflung versuchten die zukünftigen Zwangsarbeiter zu fliehen. Wassyl H. sind die Menschen, die in der Nacht die Gitter der Fenster ab- oder die Bretter des Holzbodens herausnahmen, sowie die deutschen Soldaten, die die Umgebung des Zuges mit einem Projektor ausleuchteten und die Schüsse, die von einer Flucht kündeten, in lebhafter Erinnerung.

Daneben war körperliche Gewalt der ständige Begleiter mancher Deportierter. Die Interviewpartner erzählen von den Gummiknüppeln, mit denen man sie schlug, wenn sie in einem Lager irrtümlicherweise zu den Frauen gerieten. Sie berichten von den Schlägen, denen sie ausgesetzt waren, wenn sie Essen stahlen oder wenn sie sich vor dem Weitertransport hinter Baumstämmen versteckten und von der Schiebetür, mit der vom deutschen Wachsoldaten absichtlich der Finger einklemmt wurde. Es spottet jeder Beschreibung, wenn der Generalbevollmächtigte für den Arbeitseinsatz, Fritz Sauckel, im Mai 1942 schreibt, dass für eine korrekte, einwandfreie Behandlung der Arbeiter und Arbeiterinnen zu sorgen ist, damit nicht etwa schon während des Transports die Arbeitslust und das Vertrauen der Angeworbenen zerstört werden.[36]

Da die Nationalsozialisten vom rassistischen Stereotyp der „schmutzigen Ostvölker“ ausgingen[37], mussten die Menschen zudem in Durchgangslagern, wie Krakau, Lublin, Tschenstochau und Warschau die entwürdigende Prozedur der medizinischen Untersuchung und Desinfizierung über sich ergehen lassen.[38] Getrennt nach Geschlechtern sei man zum Duschen gegangen, sagt Jan B., während die Kleidung in der Zwischenzeit in einer Dampfanlage gereinigt wurde. Im Gedächtnis des Interviewpartners ist das Bild von nackten Kindern haften geblieben, die sich in der Gegenwart der Erwachsenen ausziehen mussten. Möglicherweise bringt dieser damit auch sein eigenes, tief empfundenes

Schamgefühl zum Ausdruck. Einzelne Interviewpartner sprechen davon, dass ihnen die Haare abgeschnitten und sie am ganzen Körper rasiert wurden. Wenn die Ärzte Krankheiten feststellten, dann wurden die betreffenden Personen nach Hause zurückgeschickt. Vor allem in der Anfangsphase des „Arbeitseinsatzes" konnte man mit dem noch reichlich vorhandenen „Menschenmaterial" verschwenderisch umgehen, diese Praxis sollte sich erst mit dem Kriegsverlauf ändern.

Auf deutschem Boden wurde die „Entlausung" meist noch einmal durchgeführt.[39] Während Jan B. dafür nach Wien kam, kann man einem Schreiben der Kriminalpolizeistelle Salzburg von Ende November 1942 entnehmen, dass die für den Reichsgau Salzburg bestimmten Personen in einem Lager in Wörgl in Tirol nochmalig ärztlich untersucht und desinfiziert wurden.[40] Diese Phasen der Demütigung und Entmenschlichung sind Peter R. – im Gegensatz zum allgegenwärtigen Hunger, der auch in einem Durchgangslager in Salzburg vorherrschend war – nicht sonderlich in Erinnerung geblieben:

> (...) in der Küche drinnen haben sie Suppen, Krautsuppen gekocht und einen Hunger haben wir gehabt und da ist ein Lager gewesen, ist ein Erdäpfel heraußen gelegen und da (...) haben wir Erdäpfel gestohlen und dann (...) ist er daher gekommen, die Aufsicht, wenn er dich erwischt hat, dann hat er dich wieder hergeschlagen. (...) weil du nicht stehlen darfst (...). Und die sind ja nachschauen gegangen, in die Baracken hinein, dabei wir haben Erdäpfelbrot gehabt [[lacht]], weil wir einen Hunger gehabt haben. (...)

„Deutsche" kommen in den Erzählungen aber nicht nur in Negativbeispielen vor. Jan B. spricht davon, dass Wehrmachtssoldaten, die in der Nähe aßen, die zukünftigen Zwangsarbeiter auch zu sich rüberriefen, um ihnen Essen zuzustecken.

Da die Nationalsozialisten aus arbeitstechnischen Gründen und staatspolizeilichen Überlegungen einen umfassenden Zugriff auf die Ausländer erlangen wollten, fand bei der Ankunft im Reich eine Erfassung und Registrierung der Menschen statt.[41] Während die polnischen Arbeitskräfte zu Beginn des „Arbeitseinsatzes" vor ihrer Inmarschsetzung eine Arbeitskarte erhielten, die für den Aufenthalt im Deutschen Reich als Passersatz diente[42], führte die Kriminalpolizei Salzburg Anfang 1942 die Anfertigung von Fotos und die Abnahme der Fingerabdrücke für den gesamten Reichsgau Salzburg

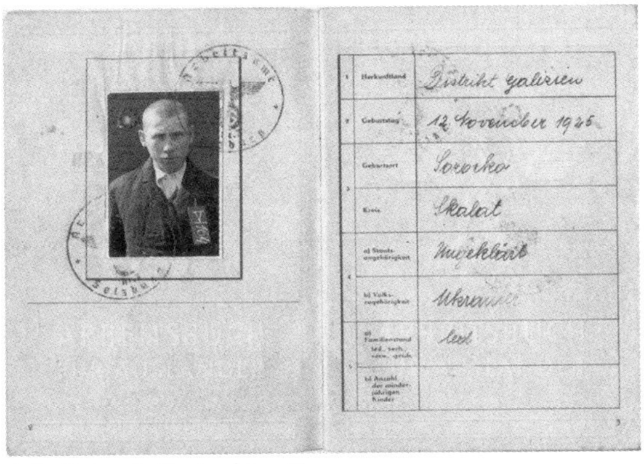

Arbeitsbuch Eustachius N.
Privatbesitz Fam. Geisler, Taxenbach.

in einem Lager in Liefering durch.[43] Später benutzte man dafür ein Lager in Plain.[44] Jan B. „rächte" sich bei dieser Gelegenheit bei einem Beamten, dass ihm der deutsche Soldat die Waggontür auf den Finger geknallt hatte. Er verheimlichte seinen entzündeten, eitrigen Finger. Als der Beamte zum Stempeln der Fingerabdrücke andrückte, sei das Eiter über das ganze Papier gespritzt, wie sich der Interviewpartner lachend erinnert. Versöhnlich fügt er hinzu, dass er anschließend verarztet wurde. In Salzburg wurde laut Eustachius N. zudem eine Belehrung der zukünftigen Zwangsarbeiter über ihre „Pflichten beim Arbeitseinsatz" durchgeführt. Was vereinfacht ausgedrückt bedeutete, bei jeglicher Art von Widersetzlichkeit: „KZ", und bei einer Liebesbeziehung mit einer deutschen Frau: „Aufhängen". Nach einem Runderlass des Reichsführer SS (Reichsführer SS und Chef der Deutschen Polizei war Heinrich Himmler. Von 1943 bis 1945 war dieser noch zusätzlich Reichsinnenminister) die polnischen Arbeiter betreffend, waren diese Pflichten den ausländischen Arbeitern durch Vorlesen oder Vorlegen zu eröffnen, eine Aushändigung des Merkblattes an Polen oder deutsche Dienstgeber durfte auf keinen Fall erfolgen.[45] Danach leitete man die Menschen mit einem Sammeltransport, der aus rund 100 Personen bestand, nach Zell am See weiter.
Die Prozedur der Erfassung und Registrierung wurde aber nicht nur in der Stadt Salzburg sondern auch im Pinzgau durchgeführt. Im März 1942 klagte Landrat Allerberger dem Reichsstatthalter und Gauleiter – Gustav Scheel – in Salzburg, dass er keinen geeigneten Dolmetsch zur Verfügung habe, die Kreispolizeibehörde erst einige Stunden vor Ankunft des Sammeltransportes im Wege der Kreisbauernschaft von der Ankunft der Polen erfuhr und die Erfassung der Zivilpolen gleich nach Ankunft in Zell am See vor ihrer Verteilung auf die Gemeinden (...) unmöglich sei, weil hierfür zu wenig Zeit zur Verfügung steht. Auch auf den einzelnen Gemeinden konnte laut Landrat die Erfassung nicht durchgeführt werden, weil weder die Gendarmerie- noch die Gemeindebeamten polnisch sprachen. Zudem konnten die polnischen Arbeiter die erforderlichen Lichtbilder nicht beschaffen, da besonders auf dem Land, fast keine Berufsfotografen mehr vorhanden waren und es zudem am entsprechenden Filmmaterial fehlte.[46] Schlussendlich scheint man doch noch Wege gefunden zu haben, die Probleme in den Griff zu bekommen. Wie ein Schreiben der Gendarmerie Taxenbach vom August 1944 beweist, fand die Abnahme der Fingerabdrücke auch später noch in den einzelnen Gemeinden statt.[47] Auch Wladimir B. erzählt, dass auf der Gemeinde

Maria S.
Privatbesitz Olena Dorosch (Ukraine).

Maishofen sein Name, seine Herkunft, sein Geburtsdatum eingetragen worden ist und dass ihm die Fingerabdrücke abgenommen wurden, wofür man seine Finger anstach und sein eigenes Blut verwendete. Im Archiv der Gemeinde Maishofen und der Gemeinde Niedernsill finden sich auch heute noch Listen mit den Namen ausländischer Arbeiter sowie die Namen der Bauernhöfe welchen die Zivilarbeiter zugeteilt wurden.[48]
Im Zusammenhang mit der Verteilung sprechen die Interviewpartner immer wieder von den „Einkäufern" die sie abholten, was wohl mit dem Eindruck eines Sklavenhandels erklärt werden kann. Iwan D.:

> (…) das war nicht weit von der Station, gab es so einen kleinen Platz oder so was wie ein Feld (…). Und dann hat man alle in die Reihen gestellt und dann kamen diese Einkäufer und sagten, diese drei und diese zwei (…).

Dazu ist anzumerken, dass die Aufteilung vor Ort vom sogenannten „Ortsdreieck", dem Ortsgruppenleiter, dem Ortsbauernführer und dem Bürgermeister vorgenommen wurde.[49]
Jan B. fuhr nach der Verteilung in Zell am See mit der Schmalspurbahn zu seinem Einsatzort nach Wald im Pinzgau weiter, Maria R. und die Mädchen aus ihrem Dorf brachte ein „schöner Mann" mit einem Pferdeschlitten nach Maishofen und Wladimir B. wurde von seinem zukünftigen Dienstgeber mit einem Motorrad abgeholt. In Unken vermerkte ein Gendarm Ende Mai 1942 die Ankunft von 23 „Ostarbeitern", wovon die Hälfte Frauen waren.[50] Und in Neukirchen am Großvenediger trafen zur gleichen Zeit, neben 39 sowjetischen Kriegsgefangenen, die beim Oberbau der Pinzgauer Lokalbahn verwendet wurden, 10 „Ostarbeiter" ein, die man auf die örtlichen Landwirte verteilte.[51] Ein Teil der Neuankömmlinge musste sich nach der Ankunft in den verschiedenen Gemeinden auf einen langen Fußmarsch zu den Gebirgsbauernhöfen gefasst machen.

Pinzgauer Hof. Maishofen am 28. Oktober 1943. Privatbesitz Fam. Nußbaumer, Maishofen.

Die Anfangszeit für die großteils jungen Polen, Ukrainer und Russen, die zum ersten Mal in ihrem Leben ihr Zuhause verlassen hatten, war oftmals sehr schwierig. Diese fanden sich nach der Deportation in einem fremden Land, auf einem Bauernhof bei fremden Leuten mit einer unverständlichen Sprache wieder. Dazu kamen noch fremde Gewohnheiten und der Anblick einer unwirtlichen Gebirgslandschaft, die bei den Menschen aus der Ebene Angstgefühle auslösen konnten. Seine Mutter habe sich gefürchtet, dass die Berge zusammenfallen und sie erschlagen könnten, sagt Gustav C. Auch Eva W. erinnert sich daran, dass ihre Mutter (die Mutter von Eva W. kam nach Ramsau bei Berchtesgaden in Bayern und hat nach dem Krieg in den Pinzgau geheiratet) mit den Bergen nicht „fertig" wurde:

> (...) sie hat gesagt, wenn ich am Abend hinausgeschaut habe, ich habe immer das Gefühl gehabt, die Berge kommen auf mich zu. Sie hat sich gefürchtet, sie hat das Gefühl gehabt, die kommen auf mich zu. Die erdrücken mich, wenn ein schlechtes Wetter oder irgendetwas war, sie hat gesagt, das war einfach grauenhaft. Und wenn ich gesagt habe, schau Mami wie schön die Berge, dann hat sie gesagt, von denen kann ich nicht herunterbeißen. Weil für sie war das fruchtbare, weite Land erwähnenswert, aber nicht die Berge, die Steinhaufen, wie sie immer gesagt hat. (...)

Neben dem Gefühl, in einem Keller angekommen zu sein, wie sich Jan B. ausdrückt, weil die Berge so „unheimlich" hoch waren, vermissten die meisten Interviewpartner die Sonnenauf- und Untergänge ihrer Heimat. Lachend erzählt Jan B., dass die Sonne erst nach einem halben Jahr herausgekommen und ansonsten die ganze Zeit hinter dem Berg gewesen sei. Zudem sind dem Gesprächspartner die Lawinen, die im Winter von den Bergen donnerten, noch in eindrücklicher Erinnerung. Olga W. spricht davon, dass sieben Personen aus ihrem Heimatdorf in Österreich durch ein Lawinenunglück ums Leben gekommen sind.

Saalfelden - Gerling.
Privatbesitz Margarethe Hörl, Saalfelden.

Aber nicht nur von den landschaftlichen sondern auch von den landwirtschaftlichen und religiösen Eigenheiten der Region wurden die Interviewpartner überrascht. Peter R. verblüfften die vielen Heustadeln (1960 gab es allein im Oberpinzgau noch 5.000 Heustadel)[52] und die Nichteinhaltung der Sonntagsruhe. Daheim sei es ja streng gewesen mit „katholisch". Wobei dies auch im Pinzgau nicht der Tradition entsprochen haben dürfte. Der Pfarrer von Maria Alm kritisierte in seinem Seelsorgebericht für 1941, dass aufgrund des Arbeitskräftemangels die Sonntagsarbeit um sich „griff".[53]

Um das eigene Los so erträglich wie möglich zu gestalten, versuchten die Menschen mit gemeinsam verschleppten Freunden, Schulkollegen und Verwandten so lange wie möglich zusammenzubleiben. Eustachius N. beschreibt die Aufteilung auf die einzelnen Bauernhöfe und den temporären Verlust seiner Freunde als das Schwerste. Die erste Zeit in Taxenbach war für ihn von einem „Verlorensein" geprägt. Er habe sich weder verständigen können, noch habe er

gewusst, wo der Weg ins Dorf hinunterführt. Die Freunde mussten auf den Hof hinaufkommen, um ihn zu holen.
Zu allem Überfluss hatten die jungen Menschen auch noch mit den Vorurteilen der Einheimischen zu kämpfen. „Feine Demütigungsrituale" konnten am Anfang der oftmals jahrelangen Arbeitsverhältnisse stehen. Zudem versuchten diese „den Fremden" die eigene deutsche Sprachkultur aufzudrücken[54]: aus Helena wurde dann Helga[55] und aus Jan wurde Johann. Das sei heute in Österreich nicht anders, sagt Peter R.: „Ausländer ist Ausländer". All diese Erfahrungen verstärkten das Heimweh, von dem die Interviewpartner vor allem in der Anfangszeit geplagt wurden. Allerdings waren nicht alle Dinge im Pinzgau fremd. Eustachius N. stellte mit Erstaunen fest, dass sein Dienstgeber dieselbe Militäruniform wie sein Vater aus der Zeit der Habsburgermonarchie besaß. Zudem gab es polnische Zwangsarbeiter, die bereits kurz nach Beginn des Zweiten Weltkrieges in den Pinzgau verschleppt wurden und von deren Erfahrungen die Neuankömmlinge so wie Eustachius N. profitieren konnten.

Arbeits- und Lebensalltag

Iwan D.,
eingesetzt in Stuhlfelden.

Der „Arbeitseinsatz" begann für die Zivilarbeiter meist unmittelbar nach ihrer Ankunft auf den Höfen. Während Iwan D. eine Sense bekam, wurde Wladimir B. ein riesiger Korb mit Sägespänen, der größer war als er selbst, in die Hand gedrückt, um bei den Pferden auszumisten und einzustreuen. Dieser Korb scheint für ihn die harte landwirtschaftliche Arbeit, der er am Anfang aufgrund seiner Jugend nicht gewachsen war, zu symbolisieren.
Er suchte sich einen kleineren Korb, der ihm aber von seiner Dienstgeberin weggenommen wurde, woraufhin er gezwungen war, wieder den großen Korb, sozusagen als sein Schicksal, anzunehmen. Auch andere Interviewpartner sprechen davon, dass ihnen die Arbeit am Anfang sehr schwer fiel. Es gab keine Technik, sagt Jan B., alles musste auf dem Rücken getragen werden. Zu seinen Aufgaben gehörte es, Mist auf die Berghänge zu befördern, um diesen dort zu verteilen. Alles habe aus Stein und Fels bestanden, erinnert sich der Interviewpartner, erst durch den Dünger sei dort oben überhaupt Gras gewachsen. Olga W. ist der Meinung, dass die Ukrainer in diesem Gebiet auf sich allein gestellt glatt verhungern müssten, aber die Österreicher hätten es sogar zustande gebracht, auf den Berghängen Getreide anzubauen. Etwas was die Ukrainer nie getan hätten. Maria R. dagegen spricht davon, dass die Rübenernte in Maishofen damals schon mit Maschinen erledigt wurde, was sie heute noch verwundert. Wie die Aussagen der Interviewpartner verdeutlichen, wurden die ausländischen Arbeiter nahtlos in die traditionelle Pinzgauer Gebirgslandwirtschaft eingebunden. Das heißt, dass deren Arbeitstage mit der Versorgung des Viehs und der Verrichtung von Holz-, Heu- und Feldarbeiten ausgefüllt waren.[56]
Jan B. erinnert sich daran, dass man im Frühjahr damit begann, das Gras zu

mähen, was man bei jedem Wetter „durchzog", danach ging man in den Wald, um Bäume zu fällen, die im Winter ins Tal transportiert wurden. Auch das Heu, das man im Sommer geerntet hatte, brachte man im Winter mit Hilfe von Schlitten zu Tal. Die körperlich anstrengende Arbeit wurde durch die Witterungsbedingungen zusätzlich erschwert. Der Schnee (die Kriegswinter werden in der Pfarrchronik von Saalbach anschaulich beschrieben) sei ihm teilweise bis zur Hüfte gegangen. Seine Kinder würden ihm keinen Glauben schenken, sagt der Interviewpartner, wenn er über seine entbehrungsreiche Jugendzeit erzählt. Da auch die Einheimischen so hart gearbeitet haben, sah der Gesprächspartner keine Alternative zum beschwerlichen Arbeitsalltag. Wobei sie auch keine Wahl hatten, wie Peter R. anmerkt, sonst wären sie sofort zum Militär eingezogen worden.

Winterlandschaft in Maishofen.
Privatbesitz Fam. Nußbaumer, Maishofen.

Zu Beginn des Zwangsarbeitseinsatzes, im Februar 1940, klagte Landrat Allerberger, dass die Landarbeiterfrage weiterhin ein schweres Problem sei, dem auch durch die Einsetzung polnischer Arbeiter, die ja ungelernte Arbeiter sind, nicht beizukommen ist. Und einen Monat später vermerkte er, dass der Landarbeitermangel (...) im verstärkten Ausmasse vorhanden ist, da wieder viele Einberufungen erfolgt sind.[57]
Auch jene Interviewpartner, die auf dem Land aufgewachsen waren, mussten oftmals erst für die landwirtschaftliche Arbeit eingelernt werden. Die Bauern versuchten daher bereits bei der Verteilung auf den Bahnhöfen die besten Arbeitskräfte zu ergattern. Maria R. erinnert sich, dass an sie und ihre Freundinnen die Frage gestellt wurde, wer melken könne. Diejenigen Zivilarbeiter, die älter und von Zuhause her mit der Arbeit vertraut waren, besaßen gegenüber den ungelernten Arbeitskräften einen „Startvorteil". Er war die Arbeit gewohnt, versichert Peter R., der zusammen mit zwei Ukrainerinnen auf einem Hof in Niedernsill eingesetzt wurde. Zu Hause besaß seine Familie auch Kühe. Was ihm die Anerkennung des Dienstgebers, der als Invalide aus dem Ersten Weltkrieg heimgekehrt war, gesichert haben dürfte: (...) ich bin ja der Erste gewesen, der (...) es bei den Viechern kann, da habe ich ja alles tun müssen, die Anderen nicht. Nur beim Mähen hätte man aufgrund des ungewohnt steilen Terrains aufpassen müssen, dass man nicht abstürzte.
Das Erlernen der Arbeit erfolgte auf einem Bauernhof traditionellerweise durch die Mitarbeit unter Kontrolle des Bauern, der Bäuerin oder älterer Dienstboten.[58]

Olga W. wurde von ihrer Dienstgeberin in die Arbeit eingewiesen. Zu ihrem Aufgabenbereich gehörte es ebenso wie bei Peter R. die Kühe, von denen sie noch ein paar Namen in Erinnerung hat, zu melken. Durch die allgemein gebräuchliche Technik des Vorzeigens und des Nachmachens der jeweiligen Handgriffe dürften die sprachlichen Verständigungsschwierigkeiten nicht weiter ins Gewicht gefallen sein. Während der Dienstgeber von Wassyl H. – möglicherweise aufgrund einer Kriegsgefangenschaft im Ersten Weltkrieg – russisch sprach, hat ihm der Nachbar, der ihn manchmal zur Arbeit holte, mit den Händen gezeigt, wie diese zu verrichten sei.
Am Anfang scheint man den jugendlichen Zivilarbeitern oftmals kleinere und danach größere Verantwortungsbereiche übertragen zu haben, um Schäden an Arbeitsgeräten und Tieren durch die Unerfahrenheit der Neuankömmlinge zu vermeiden.[59] Von Wladimir B. wird diese Vorgehensweise als eine Art Belohnung angesehen. Der Interviewpartner wurde zuerst mit der Betreuung der Schafe und Ziegen betraut und durfte danach, wie er sich ausdrückte, die Kühe und das andere Vieh pflegen. Dabei stellt sich die Frage, ob aufgrund des Arbeitskräftemangels überhaupt die erforderliche Zeit blieb, um die ausländischen Arbeiter in ihren Aufgabenbereich lange genug einzuweisen. Wassyl H. wurde von seinem Dienstgeber auf einen mit Baumstämmen beladenen Schlitten gesetzt. Ihm wurde erklärt, wie dieser zu steuern ist und was zu tun sei, wenn der Schlitten ins Schlingern geraten würde. Der Interviewpartner hat heute noch das Bild vor Augen, wie er den Weg hinunterraste und hinter ihm der Schneenebel aufstieg, was ihm gefiel. Aufgrund der Wurzeln und der Baumstöcke auf dem Weg und der Ungeübtheit des Jugendlichen überschlug sich der Schlitten allerdings kurz darauf. Da sich der Interviewpartner an die Anweisungen seines Dienstgebers gehalten und die Ketten rechtzeitig gelöst hatte, trug er keine Verletzungen davon. Die Baumstämme lagen danach allerdings auf dem Weg, was den Bauern zu einer Schimpftirade veranlasste. Das deutsche Schimpfwort „Sakrament" ist Wassyl H. in guter Erinnerung geblieben, was darauf schließen lässt, dass er dieses öfters zu hören bekam.
Der Arbeitstag selbst war meistens lang und orientierte sich an der Jahreszeit und an den zu verrichtenden Arbeiten. So waren die Sommermonate in der Landwirtschaft aufgrund der Erntezeit arbeitsintensiver als die Wintermonate. Wobei die meisten Interviewpartner hinsichtlich der Arbeitsintensität keine jahreszeitlichen Unterschiede feststellen konnten, vor allem für die männlichen Zwangsarbeiter schien die Arbeit nie auszugehen. Peter R.:

> (...) Holz arbeiten und Holz liefern (...) und dann Heu liefern, (...) Mist liefern wieder, haben wir ja wieder Heu herunterziehen müssen, von der Alm herunter, es ist immer Arbeit gewesen, (...) es ist immer Arbeit, (...) es ist immer gleich dahin gegangen.

Aber auch Olga W. spricht davon, dass man sich nur beim Essen erholte und ansonsten immer der Arbeit nachging. Und Iwan D., der sich an schwere und leichte Arbeiten erinnert, erzählt, dass man, sofern es möglich war, bis in die späte Nacht arbeitete. In Bezug auf die Länge des Arbeitstages spielten aber auch die den ausländischen Arbeitskräften zugeteilten Aufgabenbereiche und die Größe des Hofes eine Rolle. Während für Olga W. um vier Uhr früh das Klopfen der Dienstgeberin an die Wand bedeutete, aufzustehen und mit der Stallarbeit zu beginnen, wurde Iwan D. in Stuhlfelden um sechs Uhr in der Früh durch das Läuten einer Glocke auf dem Hausdach geweckt. Jan B. arbeitete von sieben Uhr am Morgen bis sieben Uhr am Abend und der Arbeitstag von Eustachius N. erstreckte sich im Sommer von halb vier Uhr in der Früh bis acht Uhr am Abend und im Winter von Finster bis Finster. Vor allem auf den kleineren Höfen war die Arbeitsteilung weniger stark ausgeprägt, was für die ausländischen Arbeitskräfte bedeutete, dass sie einen größeren Aufgabenbereich zu erledigen hatten. Als man im Laufe des Krieges immer mehr einheimische Männer zum deutschen Militär einzog, scheint sich aber auch für jene ausländischen Zivilarbeiter, die auf größeren Höfen eingesetzt wurden, der Aufgabenbereich und der Arbeitsumfang erheblich ausgedehnt zu haben. Vor allem die Frauen übernahmen dann – so wie in der Landwirtschaft üblich – oftmals die „typischen Männerarbeiten".[60]

Weronika S. arbeitete zum Beispiel in der Küche, auf dem Feld, auf der Alm und auf dem zum Hof gehörigen Sägewerk, also überall dort wo „Not am Mann" war. Wenn ganze Ausländerfamilien auf den Bauernhöfen eingesetzt wurden, dann gingen die Eltern der jeweiligen landwirtschaftlichen Arbeit nach, während man ihre kleinen Kinder für Hilfsarbeiten, wie Kühe treiben oder Holz holen, verwendete.

Weronika S. (mit angewinkelten Armen) in einer Gruppe von einheimischen Arbeitskräften in Gries im Pinzgau. Privatbesitz Weronika S., Czaplinek (Polen).

Da die Zivilarbeiter oftmals der physischen Nähe des Dienstgebers oder den noch verbliebenen und nicht zum Militär einberufenen einheimischen Dienstboten ausgesetzt waren, konnten sich diese dem allgemeinen Arbeitsdruck nur schwer entziehen. Jan B. spricht davon, immer mit dem Bauern zusammengearbeitet zu haben und Eustachius N. war ständig mit zwei einheimischen Knechten „draußen herum". Aber auch einheimische Kriegsversehrte überwachten die Arbeiten der Zwangsarbeiter. Iwan D.:

> (...) der Bauer war im Alter [von] etwa fünfundvierzig Jahren, sein Sohn war an der Front und wurde dort verletzt und er kam behindert nach Hause zurück. Er arbeitete nicht, sondern war wie ein Aufseher für die Arbeiter, die auf dem Bauernhof gearbeitet haben. (...)

Was die „Arbeitsmotivation" der ausländischen Arbeitskräfte betrifft, so dürfte diese – vorausgesetzt, dass die Menschen auf einem Bauernhof aufgewachsen waren – nur zum Teil mit dem vorherrschenden Zwang durch die Einheimischen und das NS-System zu erklären sein. Oftmals spielte dabei auch deren eigenes bäuerliches Selbstverständnis eine Rolle. Peter R.:

> (...) das hat es nicht gegeben, dass es dich nicht interessiert oder was [[lacht]]. (...) da gibt es nicht, dass es dich nicht interessiert. Da musst du in der Früh auf, schnell, sechs Uhr auf, dann geht es bis auf sieben Uhr auf der Nacht. Wenn es zum Heuen gewesen ist, sowieso länger arbeiten, bis wir fertig geworden [sind]. Oft ist es neun Uhr [am Abend] geworden (...). Bei den Bauern ist das immer so (...), das gibt es ja nicht anders. Wenn es regnerisch wird, musst du schnell schauen, dass du es hereinbringst [das Heu].

Weiters scheint die Schlussfolgerung von Hornung/Langthaler/Schweitzer in ihrer Studie über Zwangsarbeit in Niederösterreich und dem nördlichen Burgenland auch auf den Pinzgau zuzutreffen, wonach vor allem die jugendlichen männlichen Zivilarbeiter aufgrund der entmenschlichten Erfahrung bei der Vermittlung verstärkt zur Selbstausbeutung neigten.[61] Ziel dabei war, die Anerkennung des Dienstgebers zu erlangen, um das verlorengegangene Selbstwertgefühl zurückzugewinnen. Jan B. ist der Meinung, dass er die Sympathie der Einheimischen gewann, weil er so arbeitswillig und genau war. Zudem habe ihn sein Dienstgeber – wie er von anderen Bauern erfuhr – immer wieder für seine Arbeitsleistung gelobt. Weiters dürfte es zur Strategie der ausländischen Arbeiter gehört haben, die ihnen aufgetragenen Arbeiten so gut wie möglich zu erledigen, um Problemen so weit wie möglich aus dem Weg zu gehen. Trotzdem war der Arbeitsalltag von Ausländern und Einheimischen nicht immer von Harmonie geprägt. Weronika S. erinnert sich an einen Konflikt, zu dem es zwischen ihr und einer einheimischen Magd kam. Für die Interviewpartnerin scheint weniger der Streit selbst, als vielmehr die Tatsache, dass ein inländischer Knecht die Einheimische aufgrund des Vorfalls maßregelte und sich diese danach bei ihr entschuldigen musste, erwähnenswert zu sein. Es wird deutlich, dass Weronika S. neben Pflichten auch Rechte zugesprochen wurden, die für das Funktionieren der innerhäuslichen Beziehungen auf einem Bauernhof von großer Bedeutung waren und das Abgleiten von individuellem Verhalten in bloße Willkür verhindert werden sollte.[62]
Obwohl in Unken ein Gendarm Anfang Juni 1942 vermerkte, dass die fremdländischen Arbeitskräfte zum Großteil gute Arbeiter geworden sind[63], ist davon auszugehen, dass es aufgrund der Unerfahrenheit der ausländischen Arbeiter und der allgemein als sehr gefährlich einzustufenden Land- und Forstwirtschaft[64] öfters zu Problemen und zu Arbeitsunfällen kam. Ende Oktober 1943 beauftragte ein Bauer in Lend seinen zwanzigjährigen ukrainischen „Dienstboten", bei einem Holzschlag Abfallholz aufzuschlichten. Ein Gendarm schrieb dazu in seinem Bericht, dass der Arbeiter um sieben Uhr früh ein Feuer

anzündete, um sich zu wärmen, und aufgrund des herrschenden Windes auch die ringsherum liegenden, geschlägerten Stämme zu brennen anfingen.[65] Der Zivilarbeiter versuchte den Brand zu löschen, was ihm aber nicht gelang. Als ein einheimischer Holzknecht das außer Kontrolle geratene Feuer bemerkte und mit den Brandbekämpfungsmaßnahmen begann, lief der Jugendliche davon. Der Brand konnte schließlich gelöscht werden, der Schaden soll sich allerdings auf 1.000,- RM summiert haben. In der darauffolgenden Nacht hielt sich der Ukrainer in verschiedenen Heustadeln versteckt und wurde von der Gendarmerie, die mehrere Streifen einsetzte, um nach ihm zu forschen, festgenommen. Aufgrund des Delikts der „fahrlässigen Brandstiftung" überstellte man den Arbeiter an das Amtsgericht Zell am See, weiters wurde Haftanzeige an den Oberstaatsanwalt in Salzburg erstattet und die Kriminalpolizeistelle in Salzburg von dem Vorfall fernmündlich verständigt.

Wenn es zu Arbeitsunfällen kam, zogen sich die ausländischen Arbeiter nicht nur Brüche oder anderweitige Verletzungen zu, manchmal gingen diese auch tödlich aus. Im November 1942 verletzte sich in Piesendorf ein neunzehnjähriger ukrainischer Zwangsarbeiter beim Sturz von einem Heufuder so schwer an der Wirbelsäule, dass er im Spital von Zell am See starb.[66] In derselben Gemeinde wurde im Herbst 1944 eine 21-jährige ukrainische Zivilarbeiterin „beim Kühhüten" von einem Stier angegriffen. Sie verstarb am 10. Oktober 1944 im Bauernhaus ihres „Dienstgebers"[67] an einer schweren offenen Bauchverletzung.[68]

Französische Kriegsgefangene auf dem Weg zur Holzarbeit. Privatbesitz Alois Buchner, Niedernsill.

Und in Saalbach ertrank am 19. Jänner 1945 beim Holzziehen im Löhnersbachgraben ein 27-jähriger französischer Kriegsgefangener.[69] Obwohl sich solche Unfälle in der Land- und Forstwirtschaft nie ausschließen lassen, ist davon auszugehen, dass es den ausländischen Arbeitern mit der Zeit und der zunehmenden Erfahrung möglich wurde, lebensgefährliche Situationen besser einzuschätzen bzw. rascher zu erkennen.

In Bezug auf den Arbeitswillen und die Arbeitsleistung wird den ausländischen Zivilarbeitskräften seitens der einheimischen Interviewpartner auch heute noch Respekt gezollt. Simon H.:

> (...) da haben wir ein Dirndl bekommen, das wird so sechzehn, siebzehn Jahre alt gewesen sein. (...) Marie hat die geheißen und einen Burschen (...). Ich weiß nicht, der Josef wird vielleicht auch achtzehn, neunzehn Jahre alt gewesen sein. So in dem Alter werden sie gewesen sein, wir haben uns eigentlich mit denen recht gut verstanden und da ist früher auch gar kein Unter(schied) [gemacht worden], wir haben die gleiche Arbeit machen müssen und sie haben mit uns mitgearbeitet. (...) Und später wie (...) der Rußlandfeldzug gewesen ist, da haben wir sogar einen Ukrainer gehabt, Lugow hat der geheißen (...), der echt

ist so gewissenhaft gewesen und der hat auch viel mit den Pferden getan (...), wenn es im Frühjahr zum Rösseln gewesen ist, der ist ja fast vom Roßstall nicht heraus, so angelegen ist ihm das eigentlich gewesen.

Theresia O. erzählt von einer Ukrainerin, die beim Mähen eine solche Geschicklichkeit an den Tag legte, dass der auf dem Hof verbliebene und leicht behinderte Knecht zornig wurde. Notburga H. arbeitete auch mit ausländischen Arbeitskräften zusammen:

(...) Ja ich habe einmal mit einem jungen polnischen Mädchen, ist in meinem Alter gewesen, da drüben bei einem Bauern Weizen geschnitten. (...) ich habe auch gemeint, ich kann gut schneiden, aber (...) die ist ungeheuer gut gewesen. Und am nächsten Tag hat die Bäuerin gesagt, so jetzt geht runter und macht da im Feld unten fertig. Dann hat sie gesagt, „Alles schon fertig!" (...) das ist ihre Arbeit gewesen. (...)

Der Pfarrer von Taxenbach dagegen sah den Einsatz von ausländischen Arbeitskräften skeptisch. In seinem Seelsorgebericht für das Jahr 1943 bemängelte der Geistliche, dass die Teilnahme der Einheimischen an den „Herz-Jesu-Feiertagen" seit Kriegsbeginn sehr stark abgenommen hat: die Leute entschuldigen sich immer wieder mit Zeit-Kräftemangel. Ja, wie viele Väter, Söhne, Töchter u. Knechte entreißt nicht der Krieg der Familie, der tägl. Arbeit? Die Fremden sind kein entsprechender Ersatz.[70] Ob der letzte Satz in quantitativer oder qualitativer Hinsicht zu verstehen ist, kann hier nicht beantwortet werden. Möglicherweise hat der Pfarrer beides gemeint, was näher betrachtet eine gewisse Berechtigung zu haben scheint. Einerseits standen mit den vermehrten Einberufungen der Einheimischen und dem stetigen Rückzug der Deutschen Wehrmacht immer weniger einheimische und ausländische Arbeitskräfte zur Verfügung – im Seelsorgebericht der Pfarre Mittersill ist für das Jahr 1944 vermerkt, dass sich der Mangel an männlichen Arbeitskräften zur „Viehwartung" immer mehr bemerkbar macht[71] – und andererseits konnten die ausländischen Arbeiter nicht einfach unterschiedslos gegen alle inländischen Landarbeitskräfte ausgetauscht werden. Für bestimmte Arbeitsprozesse war jahrelanges Erfahrungswissen notwendig.[72] Einem Schreiben der Salzburger Landesbauernschaft zufolge wurden für den Sommer 1942 Alpfachleute, die sich bei Ersatzeinheiten der Wehrmacht befanden, für die Bewirtschaftung der Almen „unabkömmlich" gestellt, da es an geeigneten Zivilarbeitern fehlte.[73] Die ausländischen Arbeiter übernahmen dann, so wie Weronika S., oftmals die Hilfsarbeiten:

(...) In der einen Hand Taschenlampe, in der anderen Hand der Stock und dann die Kühe treiben. Die Kuh hatte eine Glocke, die hieß „Killing" und die ging als erste und alle anderen hinter ihr her. Also man musste sie melken, da war dieser Schweizer [umgangssprachliche Bezeichnung für den Knecht, der für die Käseerzeugung zuständig war] auch, also mit der Zentrifuge da, dann aus der Sahne Butter machen. Und der Schweizer hatte so einen großen Kessel, wo die Milch da reinkam, und daraus hat er so Hüttenkäse gemacht, so eine Art. Und auch einen Schweizerkäse hat er gemacht (...) ein Faß, da waren so kleine Löcher von oben nach unten, überall so kleine Löcher in dem Faß, und da kam der Käse rein und

(...) das Wasser kam dann raus. Und (...) das was rauskam, dieses (...) Wasser, das bekamen dann die Schweine, die auch auf der Alpe waren (...). Und am Samstag musste ich dann diese Butter runtertragen, also vielleicht ein 2 Kilo-Stück, sicherlich 2 Kilo, das musste ich auf meinem Rücken dann runtertragen. Und auf dem Rückweg musste ich dann selber für uns und den Schweizer das Essen mitbringen, also Brot, Zucker (...). Also viel lieber hab ich das runtergetragen, die Butter, als die 10 Kilo (...) hoch.

Wenn die ausländischen Arbeitskräfte erst einmal angelernt waren, dürften sie ihren Dienstgebern aufgrund ihres Wissens über den Arbeits- und Lebensablauf des jeweiligen Hofes unersetzlich erschienen sein.[74] Zudem waren die Bauern bei der Arbeit mit den Tieren daran interessiert, dass diese wenn möglich immer von derselben Person erledigt wurde, da Kühe weniger Milch geben, wenn sie nicht von dem gewohnten Knecht bzw. der gewohnten Magd gemolken werden und auch bei den Pferden die individuelle Behandlung und richtige Fütterung für deren Zugleistung und Gesundheit ausschlaggebend ist. Weiters verlangten die landwirtschaftlichen Produktionsverhältnisse die ständige Verfügbarkeit der jeweiligen Arbeitskraft, was eine enge Klientelbindung an den Wirtschaftbetrieb notwendig machte.[75] Wenn diese Ordnung gestört wurde, dann konnte dies schwere Konflikte nach sich ziehen. Ende 1942/Anfang 1943 kam es in Maria Alm zu einem Eklat zwischen einer Bäuerin und dem Bürgermeister der Gemeinde, weil dieser der einheimischen Frau eine ukrainische Zwangsarbeiterin wegnehmen und vorübergehend zu einem anderen Bauern umvermitteln wollte. Die Bäuerin setzte alles daran, die Ukrainerin, die seit Juni 1942 auf ihrem Bauernhof arbeitete, nicht ziehen zu lassen, weil diese zur Arbeit schon gut angelernt war und sie diese eingekleidet hatte.[76] Der Streit ging schließlich sogar so weit, dass die einheimische Frau dem Bürgermeister ein korruptes Naheverhältnis zu jenem Bauern unterstellte, wo die Zivilarbeiterin hinkommen sollte.

Der Gedanke, mit der eigenen Arbeitskraft die Kriegsanstrengungen „des Feindes" unterstützt zu haben, scheint keinem der Interviewpartner gekommen zu sein. So wie die interviewten Personen auch die Frage nach Sabotagehandlungen weit von sich weisen. Einerseits war dafür die menschliche Behandlung durch den jeweiligen Dienstgeber ausschlaggebend und andererseits fürchteten die Gesprächspartner Repressionen durch das NS-Regime. Olga W. zum Beispiel hatte aufgrund der ländlichen Bedingungen im Dorf nicht das Gefühl, für den Feind zu arbeiten und andererseits hat sie ihrer Meinung nach sowieso nie für sich selbst gearbeitet. Womit sich die Interviewpartnerin auf ihre Arbeit in der Kolchose in der Nachkriegszeit beziehen dürfte. Auch Wladimir B. hat seiner Meinung nach nicht für den Feind gearbeitet, da die Arbeitgeber „gute und herzliche Leute" waren und er immer genug zu essen bekam.

Obwohl das NS-Regime das Herrschaftsmodell des bäuerlichen Paternalismus (in der bis Mitte des 20. Jahrhunderts vorindustriell geprägten Pinzgauer Gebirgslandwirtschaft wurden die sozioökonomischen Beziehungen zwischen

Dienstgebern und Dienstnehmern durch mündlich vereinbarte Regeln geordnet, die sich aus einer Reihe von gegenseitigen Verpflichtungen zusammensetzten) aus ideologischen Gründen zu untergraben versuchte, trug dieses – wie in dieser Arbeit noch näher beschrieben wird – wesentlich zum Funktionieren des landwirtschaftlichen „Arbeitseinsatzes“ bei. Weiters sehen es einige Interviewpartner als Glücksfall an, nach Österreich und nicht auf das Gebiet des heutigen Deutschlands verschleppt worden zu sein. Peter R. ist der Meinung, dass die Arbeits- und Lebensbedingungen während des Krieges dort schlechter waren, weil man auch in der Rüstungsindustrie eingesetzt werden konnte. Was die schwierige Akkulturation zu Beginn des „Arbeitseinsatzes“ betrifft, so ist davon auszugehen, dass die ausländischen Arbeiter von der vergleichsweisen „Sprachlosigkeit“ des bäuerlichen Milieus profitiert haben. Bei vielen Arbeitsabläufen waren nur wenige Worte erforderlich, Anweisungen erfolgten oftmals mittels Gesten. Aber auch bei anderen alltäglichen Dingen gebrauchte man zur Verständigung zunächst „Hände und Füße“. Gertraud D.:

> (...) ich weiß halt noch der Franzos, wie er gekommen ist (...). Kein Wort Deutsch, kein Wort Deutsch. Dann ist er vor dem Haus draußen gewesen, dann hätte er Klo gehen sollen (...), dann hat er sich halt so hingehockt [[lacht]], dass er uns das erklären hat können, dass er Klo gehen muss (...).

Während ein Großteil der Interviewpartner lediglich einen Minimalwortschatz erwarb – Olga W. spricht davon, dass sie wusste welche Arbeit zu verrichten war, wenn sie von ihren Dienstgebern irgendwohin geschickt wurde – erlernten andere Zivilarbeiter mehr oder weniger gut die deutsche Sprache. Dies dürfte aufgrund des im Pinzgau vorherrschenden Dialekts ein schwieriges Unterfangen gewesen sein. Aber wenn der Dialekt das Einzige ist was man hört, so Peter R., erschließt sich einem über kurz oder lang die Bedeutung des Gesagten. Eustachius N. erlernte den Dialekt mit Hilfe der auf dem Hof lebenden Kinder vollkommen akzentfrei. Seine Absicht war, den Verwandten in der galizischen Heimat, in die er nie wieder zurückkehren sollte, den Pinzgauer Dialekt sozusagen als Geschenk mitzubringen. Um seine Assimilationsfähigkeit zu demonstrieren, erzählt Jan B. von einer Zugfahrt, bei der er von einem deutschen Soldaten nicht als Ausländer identifiziert werden konnte. Vielmehr habe ihm dieser, nachdem er erfuhr, dass der Interviewpartner sechzehn Jahre alt war, mitgeteilt, dass er im darauffolgenden Jahr zur Deutschen Wehrmacht eingezogen werden würde. Die „P“-Kennzeichnung, die die polnischen Arbeitskräfte tragen mussten, hielt Jan B. zu dem Zeitpunkt unter der Oberbekleidung verborgen. Mit dem Ablegen der Muttersprache und dem Verstecken des Abzeichens konnte Jan B. zum einen den Makel des „Polenjungen“ zum Verschwinden bringen und zum anderen scheint dieser den Feldversuch unternommen zu haben, die von den NS-Ideologen gepredigte „rassische Andersartigkeit“ der Polen zu widerlegen. Der Interviewpartner ist der Meinung, dass er mit der Zeit immer mehr einer von „ihnen" – den Einheimischen – wurde. Negative Erfahrungen mit den Arbeitgebern werden von den Interviewpartnern bis auf die beschriebenen Schwierigkeiten zu Beginn des „Arbeitseinsatzes" nicht angesprochen. Durch das gemeinsame Leben und Arbeiten scheint sich die Situation für die Ausländer nach und nach gebessert zu haben. Vertrauensverhältnisse entwickelten sich und rassistische Stereotype seitens der Einheimischen traten zunehmend in den Hintergrund.[77] Diese Annahme wird auch durch die Bemühungen der Dienstgeber, die Zivilarbeiter nach Kriegsende zum Bleiben zu bewegen, unterstrichen. Vor allem bei den jugendlichen Zwangsarbeitern dürfte es oftmals zu Quasiadoptionen durch die Bauernfamilien gekommen sein. Jan B. spricht davon, mit den einheimischen Kindern gespielt zu haben und vom Sohn des Bauern sehr lieb und herzlich begrüßt worden zu sein, als dieser auf Fronturlaub kam. Mit der Zeit habe man sich aneinander gewöhnt, was schließlich sogar soweit ging, dass ihn die Bäuerin als ihren Sohn bezeichnete. Und beim Abschied nach Kriegsende weinte die Familie, wie sich der Interviewpartner schmunzelnd erinnert. Auch für Eustachius N. scheint es das Normalste der Welt gewesen zu sein, den Dienstgeber und die Dienstgeberin mit „Vater" und „Mutter" anzusprechen, was vom starken Bedürfnis des jugendlichen Zwangsarbeiters nach familiärem Anschluss und erwachsenen Bezugspersonen zeugt. Manchmal konnte dies sogar soweit gehen, dass die Zivilarbeiter wegen ihres lieblosen Aufwachsens in der Heimat auf einem „deutschen" Bauernhof zum ersten Mal in ihrem Leben ein zu Hause fanden[78] oder dass die ausländischen Männer die zum deutschen Militär eingezogenen Väter ersetzten, indem sie deren Plätze bei Tisch einnahmen und für deren Kinder zu Weihnachten Schaukelpferde bastelten.[79] Das Leben der Zwangsarbeiter konnte aber auch ganz anders aussehen. Eine in Großbritannien lebende ehemalige polnische Zwangsarbeiterin schrieb im Jahr 2001 folgenden Brief an das Salzburger Landesarchiv:

> (...) I was sent to Salzburg, Austria. I was put in a camp outside Salzburg, called Parsh [sic!]. There were other young Polish people. I was put with a German Nazi family to work as a home help, doing the laundry, by hand, for the wholefamily as well as all the other cleaning jobs. Frau [H.] (...), was the name of the woman of the household. She was very hostile to me and said that I was too young to work and not strong enough for the work, she often called me the „Polnishe Swine"! The Administration then sent me to several other families. I remember most of all Frau Mitzi [S.] (...), at number (...) Haymel Gasse, Maxglan a suburb of Salzburg. I was there about a year. I also remember working in a place called Salfelden [sic!] – they never gave me any dinner, but gave me just enough money to buy soup or pancakes. All the time I was told that I must forget about going home to Poland and I would never see both my parents again. I was forbidden to speak to Polish people or to use my Polish language. I will add that they wanted to Germanize us that´s why we were forbidden to even think to make friends with Polish people and to speak in my native Polish tongue. I was not allowed to go to Church. By the end of the war I found myself suffering from TB [Tuberculosis], because of the poor living conditions.(...)[80]

Auch einzelne Interviewpartner sprechen davon, dass ihnen von Einheimischen bezüglich einer Heimkehr wenig Mut gemacht wurde. Gemäß der nationalsozialistischen Diktion vom „Lebensraum im Osten" teilte man Peter R. mit, dass er in Niedernsill bleiben müsste, während „die Deutschen" den osteuropäischen Raum besiedeln würden. Auch Maria R. erinnert sich daran, dass ihr von der Dienstgeberin unter der Bedingung, eine gute Arbeitsleistung zu erbringen, ein Heimaturlaub versprochen wurde. Danach müsste sie allerdings wieder nach Maishofen zurückkehren. Der Arbeits- und Lebensalltag selbst wird von den Interviewpartnern oftmals als ereignislos bzw. als eintönig beschrieben. Jeder Tag sei derselbe gewesen, sagt Jan B. Auch Wladimir B. spricht davon, dass er nur mit der Arbeit beschäftigt war. Und alles war so ruhig, wie sich Maria R. erinnert. Ganz im Gegensatz zur Heimat wo das „deutsche" Militär wütete. Die Zivilarbeiter, denen es erlaubt war, monatlich ein- bis zweimal nach Hause zu schreiben und auch Post zu erhalten[80], erreichten im Pinzgau immer wieder schlechte Neuigkeiten. Iwan D. erzählt von den sporadisch eintreffenden Briefen, denen man entnehmen konnte, dass das Dorf niedergebrannt und die Menschen erschossen worden waren. Maria R. bekam im August 1943 die Nachricht von der Verhaftung des Vaters, der seitdem als verschollen gilt. Er war Kommunist und Leiter der örtlichen Kolchose. Obwohl sie sehr unter der Situation litt und auf „ihrem" Hof öfters auf den Grund ihrer Traurigkeit angesprochen wurde, verheimlichte die Interviewpartnerin, dass sie aus der Familie eines Kommunisten stammte, da sie Repressionen befürchtete. Aber auch das plötzliche Abreißen des Schriftverkehrs, wie im Fall der Schwester von Peter R., konnte Anlaß zur Vermutung geben, dass der oder die Verwandte ums Leben gekommen war. Obwohl die meisten Interviewpartner der Meinung sind, dass ihre Dienstgeber keine Anhänger des NS-Regimes waren, scheinen politische Gespräche zwischen den Einheimischen und den Ausländern – auch aufgrund der bestehenden Sprachbarriere – grundsätzlich die Ausnahme geblieben zu sein. Wassyl H. sagt, dass alle mit der Arbeit beschäftigt waren und keine Zeit zum Quatschen blieb. Nur einmal habe er ganz leise gesagt, dass „der Deutsche" den Krieg sowieso verlieren würde. Woraufhin der Bauer nur gelacht hat und – ohne das Thema weiter zu erörtern – wegging. Der Dienstgeber von Wladimir B. teilte diesem an einem Silvester mit, dass seine Heimatstadt Kirowograd befreit wurde (8. Jänner 1944) und er sich darüber freuen solle. Iwan D. erinnert sich daran, dass ihm sein Arbeitgeber versichert hätte, dass „Hitler kaputt" sei und Olga W. rief zusammen mit der Dienstgeberin den Geist deren Mutter an, um Gewissheit zu erlangen,

Maria R.,
eingesetzt in Maishofen.

welche Seite als Sieger aus dem Krieg hervorgehen wird. Wie bei den Interviews festgestellt werden konnte, dürften die von den „deutschen" Truppen in Osteuropa verübten Verbrechen an der Zivilbevölkerung das Verhältnis zwischen den Ausländern und den Inländern beim „Arbeitseinsatz" nicht weiter belastet haben. Vielmehr drängt sich das Gefühl auf, dass die Zivilarbeiter und die einheimische Bevölkerung, vor allem als das Scheitern des „Tausendjährigen Reiches" immer offensichtlicher wurde, gemeinsam versuchten, den Krieg und die nationalsozialistische Diktatur so unbeschadet wie möglich zu überstehen. Auch das „Aufeinander-angewiesen-sein" von Bauern und „Dienstboten" in der vorindustriell geprägten Pinzgauer Gebirgslandwirtschaft dürfte sich für die Zwangsarbeiter oftmals positiv ausgewirkt haben.[82] Einzelne Interviewpartner sprechen davon, aufgrund der drohenden Strafmaßnahmen durch das NS-Regime von ihren Dienstgebern ermahnt worden zu sein, keine Beziehungen mit einheimischen Mädchen anzufangen sowie auf die einheimischen Denunzianten acht zu geben bzw. sich nicht mit „diesen Leuten" einzulassen. Jan B.: wenn was ist, immer den Leuten gegenüber (...) sagen „gut, gut".

Die Dauer des Krieges, dessen Ausgang und damit der zwangsweise Aufenthalt im Pinzgau, war für die Zivilarbeiter und die Kriegsgefangenen lange Zeit ungewiss. Jan B. spricht davon, dass sein Bauer kein Radio besaß, und wegen der vielen Arbeit auch keine Zeit hatte, die Zeitung zu lesen, und dieser hinsichtlich der Kriegsgeschehnisse über genauso wenige Informationen wie er selbst verfügte. Nur von den einheimischen Soldaten, die zwischenzeitlich kamen, konnte man erfahren, welchen Verlauf der Krieg nahm. Da wie allgemein bekannt der Zweite Weltkrieg für das „Großdeutsche Reich" verloren ging, blieb den Menschen das Schicksal einer lebenslangen Zwangsarbeit im Pinzgau schlussendlich erspart. Für die Interviewpartner ist der 8. Mai 1945, der Tag, an dem der Krieg in Europa zu Ende ging, ein markantes Datum, es ist der Tag, an dem sie nicht mehr arbeiten mussten. Zusammenfassend kann festgehalten werden, dass die jungen Osteuropäer vor allem in der Anfangszeit durch die Trennung von den ebenfalls verschleppten Freunden und Verwandten nach dem Verlassen der Transportzüge, den sprachlichen Verständigungsschwierigkeiten mit den Einheimischen, des Heimwehs sowie aufgrund der physischen Überforderung durch die schwere Arbeit mit einer Reihe von Problemen konfrontiert waren. Nach und nach dürfte sich die Situation allerdings verbessert haben. Die deutsche Sprache wurde mehr oder weniger gut erlernt und die Menschen wuchsen mit den an sie gestellten Aufgaben. Die arbeitsmäßige Überforderung wurde als Herausforderung bzw. als Chance, die Anerkennung des Dienstgebers zu erlangen, wahrgenommen. Die Einheimischen würdigten dies mit der Aufnahme der Ausländer in die jeweilige „Hofgemeinschaft" und der gleichberechtigten Behandlung mit den einheimischen Dienstboten. Wie in diesem Buch noch ausführlich beschrieben wird, konnte aber auch das genaue Gegenteil der Fall sein.

Physische Existenz

Unterbringung

In Salzburg ging es im Februar 1940 im Hinblick auf die extensive Ausweitung des „Arbeitseinsatzes“ um die Frage, ob die Polen in Lagern oder auf den Bauernhöfen untergebracht werden sollten.[83] Das Arbeitsamt Salzburg sprach sich für die Höfe aus, da der Bauer schon aus eigenem Interesse etwaigen Widersetzlichkeiten oder verdächtigen Machenschaften seiner polnischen Gesindekräfte sofort wirksam entgegentreten würde und Widersetzlichkeiten und Arbeitsverweigerungen – wenn sie hier und dort einzeln auftreten und nicht in einem Lager Nährboden und Rückhalt finden – unschwer zu brechen seien. Weiters sollte den Polen durch den Einzeleinsatz die Herreneigenschaft des Bauern deutlicher zum Bewusstsein gebracht werden.[84] Wobei davon ausgegangen werden kann, dass die Durchsetzung dieser Herrschaft im Gegensatz zum traditionellen paternalistischen Modell der ländlichen Gesellschaft, mit seinen wechselseitigen Rechten und Pflichten[85], nur eine Richtung kennen sollte, nämlich von oben nach unten. Zudem war man sich bewusst, dass sich die oftmals langen Anmarschwege zwischen dem Lager und der Arbeitsstätte, aufgrund der „hiesigen Gegend“ und der „hiesigen Siedlungsart“, sowie die lagermässige Zernierung auf die Arbeitsleistung der ausländischen Arbeiter negativ auswirken mussten. Durch die fehlende Bewachung leichter eine Fluchtmöglichkeit gegeben war und sich eine Anbahnung von unerwünschten persönlichen Beziehungen zwischen In- und Ausländern durch die Unterbringung in Lagern trotzdem nicht verhindern lassen würde, denn die gemeinsame Arbeit und etwa die Einnahme von Mahlzeiten, bieten tagsüber hinreichend Gelegenheit bei unverständiger Haltung des Bauern Vertrautheiten aufkommen zu lassen, die nicht geduldet werden können.[86]

In der Stellungsnahme der Landesbauernschaft finden sich weitere Argumente, die gegen eine Lagerunterbringung sprachen. So ging man davon aus, dass es unmöglich sei, Lager für die eingesetzten polnischen Arbeitskräfte aufzutreiben und dass selbst wenn eine Anzahl von Lagerräumen sichergestellt werden könnte, die dafür notwendigen Betten, Strohsäcke und Decken fehlen würden und diese heute auch kaum zu beschaffen seien. Bereits 1939 sollen sich beim „Landdienst- und Ernteeinsatz" der HJ diesbezüglich die allergrößten Schwierigkeiten ergeben haben. Und auch für 1940 sei es nicht möglich gewesen, die erforderlichen Lager für den weiblichen Arbeitsdienst aufzutreiben – der, wie man nicht vergaß anzumerken, als Arbeitskraft ungleich willkommener war als die Polen. Da sich auch eine Bewachung der ausländischen Zivilarbeiter nicht realisieren ließ, drang die Landesbauernschaft darauf, die Polen einzeln einzusetzen, da ansonsten – wie man herausstrich – der Einsatz der polnischen Landarbeiter zur Gänze unterbleiben müsste.[87]

Es ist davon auszugehen, dass die Argumente aus Salzburg in Berlin nicht auf fruchtbaren Boden gefallen sind[88], da der Reichsführer SS Ende März 1940 verfügte, dass die zum Einsatz kommenden Arbeitskräfte polnischen Volkstums durch die Arbeitsämter möglichst in geschlossenen Unterkünften untergebracht werden mussten, deren Bewachung dann die Ordnungspolizei und die örtlich zuständigen Gliederungen der Partei wie SA und SS übernehmen sollten.[89] Obwohl es der effizienten Ausbeutung von ausländischer Arbeitskraft entgegenstand, hielt das Regime zu diesem Zeitpunkt noch krampfhaft an seinen sicherheitspolitischen und rassenideologischen Überzeugungen fest. Dem Schreiben von Himmler kann man weiters entnehmen, dass der Einsatz in Einöden zu vermeiden war und bei der Errichtung von Gemeinschaftslagern die Anmarschwege und die Möglichkeit einer Bewachung berücksichtigt werden mussten.

Mit dem Andauern des Krieges wurden die Bemühungen des Regimes, die Einheimischen und die Ausländer bei der Unterbringung zu separieren, endgültig ad absurdum geführt. In einem Schnellbrief von Mitte Oktober 1941, in dem Himmler die „Hereinnahme" von Arbeitskräften aus den bisher sowjetrussischen Gebieten des ehemaligen Polen in größerer Anzahl ankündigte, kann man lesen, dass die landwirtschaftlichen Arbeiter im Gegensatz zur bis dahin geltenden Praxis hauptsächlich einzeln eingesetzt werden sollten.[90]

Obwohl es im Pinzgau bereits im Jänner 1940 Lager für die polnischen Arbeiter gab[91], wurden diese, so wie in anderen Gebieten des Deutschen Reiches auch, von Anfang an einzeln auf den Bauernhöfen untergebracht[92], was der Landrat in Zell am See im Dezember 1939 kritisch kommentierte. Dieser sah in „rassischer" Hinsicht eine große Gefahr, da die Möglichkeiten des Geschlechtsverkehres stets gegeben sind.[93] Dass diese „Gefahr" vor allem vom „ausländischen Mann" ausging, kann man daran erkennen, dass die später eingesetzten „Ostarbeiterinnen", die laut Salzburger Volksblatt vor allem die Kleinbauern und -bäuerinnen entlasten helfen[94] sollten, von Beginn an einzeln untergebracht werden durften, wogegen für die männlichen „Ostarbeiter" und die Kriegsgefangen zunächst

geschlossene Barackenlager vorgesehen waren.[95]
Als Mitte August 1940 im Pinzgau für landwirtschaftliche Arbeiten, für Aufräumarbeiten nach Vermurungen, für den Ausbau von landwirtschaftlichen Zufahrtswegen und andere Arbeiten eine Reihe von französischen Kriegsgefangenen unter entsprechender Bewachung eintraf, wurden diese in Krimml[96] ebenso wie in Piesendorf[97] auf einem Hof untergebracht. In Neukirchen am Großvenediger diente den Gefangenen das „Zuhaus" eines Bauernhofes als Unterkunft.[98] In Stuhlfelden und Mittersill wurden die Franzosen auf fünf verschiedene Bauernhöfe aufgeteilt[99] und in der Gemeinde Fusch eine Lagerbaracke für diese errichtet[100]. In Zell am See richtete man ein landwirtschaftliches „Auffanglager" ein, das Anfang September 1942 mit 50 Kriegsgefangenen belegt war.[101] Und in Saalbach gab es für die französischen und serbischen Kriegsgefangenen drei Lager,[102] wovon zwei ausschließlich für die Franzosen bestimmt gewesen sein dürften. Der Pfarrer vermerkte nach Kriegsende, dass rund 40 französische Gefangene jubelnd fort in die Heimat fuhren und manche über vier Jahre in den Arbeitslagern Reitermühle und Hasenau untergebracht waren, von wo man sie zur Dienstleistung an die Bauern abgab.[103]

Baracken des „Russenlagers" (im Bild unten rechts) in der Zellerstraße in Saalfelden. Repro Familie Philipper Saalfelden. Aufnahme J. Brandmüller, Saalfelden.

Die Bestimmung, dass Kriegsgefangene in Sammelunterkünften schlafen mussten, wurde vom OKW Ende 1941 mit Ausnahme der sowjetischen Kriegsgefangenen aufgelockert und der Einzeleinsatz von Kriegsgefangenen in der Landwirtschaft genehmigt.[104] Dabei hatten die Dienstgeber, wenn keine militärische Bewachung beigestellt wurde, geeignete Personen als Hilfswachmänner namhaft zu machen. Die Kriegsgefangenen durften nicht frei herumgehen, waren vom Betriebsführer unter ständiger Bewachung zu halten und mussten vom jeweiligen Lager abgeholt und wieder abgeliefert werden.[105] Gertraud D. spricht davon, dass die Gefangenen, die während der Woche auf den Bauernhöfen schliefen, das Wochenende im Lager verbringen mussten und dabei, durch das kriegsbedingte Fehlen vieler einheimischer Männer, von Kindern begleitet wurden. Obwohl ihnen die ausländischen Männer „schön getan" bzw. sie „gern gehabt" hätten, ist es der Interviewpartnerin unverständlich, dass sie und andere Kinder mit diesen mitgeschickt wurden.
Dabei handelte es sich aber nicht – wie man vermuten könnte – um Einzelfälle. Auch andere einheimische Interviewpartner erzählen davon, als Kinder beauftragt worden zu sein, Kriegsgefangenen am Wochenende das Essen in

die Unterkunft zu bringen oder „russische Arbeiter“ vom Bahnhof abzuholen. Peter R. spricht davon, dass französische Kriegsgefangene in Niedernsill auch alleine von den Lagern zu den Bauernhöfen zur Arbeit gingen.
Entgegen aller ideologischen und sicherheitspolitischen Bedenken musste der Reichsführer SS im April 1942 den kriegswirtschaftlichen Erfordernissen ein weiteres Opfer bringen und die Einzelunterbringung von männlichen sowjetischen Zivilarbeitskräften genehmigen.[106] Eustachius N. der als galizischer Ukrainer eigentlich eine NS-rechtliche Besserstellung gegenüber den sowjetischen Arbeitskräften einnahm, spricht davon, dass ihn sein Dienstgeber in sein Zimmer hätte einsperren sollen. Dies sei aber nicht geschehen. Vielmehr habe er selbst, wie er sich lachend erinnert, aus Angst vor den Einheimischen die Türe von innen verriegelt. Auch die anderen Interviewpartner wurden in den Bauernhäusern in eigenen Zimmern untergebracht oder teilten sich die Schlafräume mit auf denselben Höfen eingesetzten ausländischen Zivilarbeitskräften und verbotenerweise mit inländischen Dienstboten. Einheimische Interviewpartner erinnern sich daran, dass die Zivilarbeiter zusammen mit den Inländern getrennt nach Geschlechtern und nicht getrennt nach „Rassen“ in den sogenannten „Mannerleutkammern“ und „Weiberleutkammern“ der Bauernhäuser schliefen.[107] Im Pinzgau wurden die Zwangsarbeiter aber auch in zugigen Ställen bei den Schweinen untergebracht.[108] Der Grund dafür ist einerseits im Platzmangel und andererseits wohl auch in ausländerfeindlichen Ressentiments zu suchen.
Trotz der „ideologischen Bauchschmerzen“ des Regimes scheint in einer Gebirgsregion wie dem Pinzgau, aufgrund der oftmals langen Anmarschwege, dem Mangel an Bewachungspersonal und wenn man an die Witterungsverhältnisse im Winter denkt, die landwirtschaftliche Einzelunterbringung der ausländischen Zivilarbeiter und eines Teils der Kriegsgefangenen vielfach der einzige gangbare Weg gewesen zu sein. Vorteilhaft wirkte sich dabei aus, dass dadurch die Erhaltungskosten für die Lager entfielen und durch die ständige Verfügbarkeit von ausländischen Arbeitern auf den Höfen deren Arbeitskraft besser ausgenutzt werden konnte.[109]

Ernährung

Im Wissen um den Hunger, dem die deutsche Bevölkerung während des Ersten Weltkrieges ausgesetzt war, und des sozialpolitischen Sprengstoffs, der diesem inne wohnt, war es im Zweiten Weltkrieg oberster Grundsatz des NS-Regimes, die deutschen Soldaten und die deutsche Bevölkerung – auch auf Kosten der Menschen der besetzten Gebiete – ausreichend mit Lebensmitteln zu versorgen. Das bedeutete, dass man die eroberten Länder ausplünderte und die sowjetischen Kriegsgefangenen zunächst bewusst dem Hungertod preisgab oder durch die Wehrmacht und SS ermorden ließ, um diese nicht ernähren zu müssen.

Als sich die Nationalsozialisten angesichts des Scheiterns der deutschen Blitzkriegsstrategie im Herbst 1941 für den „Arbeitseinsatz" der Sowjetbürger im Reich entschieden, erfolgte gezwungenermaßen ein Wechsel in der Ernährungspolitik. Die Arbeitskräfte mussten ernährt werden, wenn sie für die deutsche Kriegswirtschaft gewinnbringend eingesetzt werden sollten. Dennoch erreichten die Nahrungsmittel für die sowjetischen Arbeiter in quantitativer und qualitativer Hinsicht auch im weiteren Kriegsverlauf nicht annähernd den Standard, der den Inländern zugestanden wurde. Auf dem Papier erhielten Ausländer bis August 1944 einschließlich der meisten Polen zwar dieselben Nahrungsmittelrationen wie die Deutschen, doch Kriegsgefangene, „Ostarbeiter", Juden und „Zigeuner" deutlich weniger. Bei den sowjetischen Arbeitern wurde sogar mit einem eigenen „Russenbrot", das aus Roggenschrot, Zuckerrübenschnitzel, Zellmehl, Strohmehl und Laub bestand, experimentiert, was in Folge bei den Menschen zu Krankheiten des Magen-Darm-Trakts führte.[110] Demgegenüber hatten die Arbeitskräfte, die nicht in Lagern, sondern direkt auf den Bauernhöfen untergebracht wurden, einen Vorteil. Mitte 1942 wurde es den bäuerlichen Klein- und Mittelbetrieben bei einer geringen Anzahl an „Ostarbeitern" – oder wenn eine unterschiedliche Zubereitung der Mahlzeiten nicht möglich war – erlaubt, diesen dieselbe Verpflegung wie allen anderen landwirtschaftlichen Arbeitskräften zu verabreichen.[111] In der Praxis scheint es sich als nicht durchführbar erwiesen zu haben, dass man die sowjetischen Arbeitskräfte bei der Zuteilung von Vollmilch, Eiern und Butter, – die auf einem Bauernhof zu den Grundnahrungsmitteln gehörten, – ausschloss. Schließlich wurden ab Oktober 1942 die einzeln in der Landwirtschaft eingesetzten Arbeitskräfte vom Reichsernährungsministerium der „Selbstversorgergemeinschaft" eines Hofes zugerechnet und damit zumindest pro forma den Einheimischen mit Ausnahme der Sonderzuteilungen gleich gestellt. Für den jeweiligen Betrieb erhöhte sich dadurch die erlaubte Schlachtmenge, da die Verpflegungsrationen in der Regel auf die Schlachtkarte angerechnet wurden. Zudem hatten die Zivilarbeitskräfte Anspruch auf Zucker-, Marmelade-, Nährmittel- und Fettkarten, die man allerdings nicht den Arbeitern selbst, sondern dem jeweiligen Betriebsführer aushändigte.

Die Zurechnung zur „Selbstversorgergemeinschaft" bedeutete jedoch nicht, dass damit automatisch eine bessere Versorgung der Zivilarbeiter gegeben war. Vielmehr hatten die Dienstgeber einen großen Handlungsspielraum, der sich – wie die Akten über Diebstähle und „Arbeitsvertragsbrüche" sowie die Aussagen der Interviewpartner verdeutlichen – für manche Arbeiter nachteilig auswirkte. Eustachius N.:

> (...) manchmal wie ich aufgestanden bin [vom Tisch], ja Herrgott habe ich gegessen oder nicht [[lacht]]. Beim Wachsen [im Wachstum] (...). Das ist einfach gekocht [worden] (. . .), hingestellt für alle und aus, Teller ein jeder (...). Manchmal ist extra gekocht worden, sie [die Bäuerin], der Bauer hat in der Küche draußen gegessen und wir in der Stuben drinnen, (...) in

> der Früh, wie es Winter gewesen ist, (...) da hat sie [die Bäuerin] uns an jeden eine Schnitte Butterbrot, mit Butter drauf und ich bin neben dem Knecht gesessen, so nebeneinander (...) haben sie uns geweckt, wenn [es] zum Essen gewesen ist, hat sie [die Bäuerin] schon hergerichtet (...) Butterbrot. (...) für die Kinder und alles und ich bin neben dem Knecht gehockt und der Vater [der Dienstgeber] ist in der Küche draußen gewesen (...) und der Knecht hat so dick Butter drauf gehabt (...), ein paar Mal ist es gewesen, dass die Tür zu gewesen ist. In der Küche ist die Bäuerin gewesen, dann habe ich ausgetauscht [die Butterbrote]. Meines hinüber getan und seines herüber [Eustachius N. war zu diesem Zeitpunkt alleine in der Stube], (...) dann hat sie [es] gemerkt, dann hat sie die Tür nicht mehr zu gemacht, hat sie immer offen gehabt, (...) dann hat sie immer geschaut [[lacht]].

Dass „manchmal extra gekocht" wurde, ist ein Hinweis darauf, dass die Dienstgeber zumindest teilweise qualitativ besser gegessen haben. Dass auch der einheimische Knecht bei der Ernährung bevorzugt behandelt wurde, lässt einen ausländerfeindlichen Beweggrund der Bäuerin gegenüber dem Interviewpartner vermuten. Dem widerspricht Eustachius N. Vielmehr sei die Liebesbeziehung zwischen der einheimischen Frau und dem Knecht für deren Handlungsweise ausschlaggebend gewesen. Die darauffolgende permanente Überwachung durch die Bäuerin verdeutlicht neben der Machtposition, die die Dienstgeberin aufgrund ihrer Zuständigkeit bei der Zubereitung und Verteilung der Lebensmittel einnahm, dass Eustachius N. nicht damit rechnen konnte, mehr Butter auf sein Brot zu bekommen. Über das Verhalten bzw. die Reaktion des einheimischen Knechts schweigt sich der Interviewpartner aus, entweder konnte dieser hinter seiner bevorzugten Behandlung kein Unrecht erkennen oder war diesem die Not des ausländischen Arbeiters nicht bewusst bzw. im schlimmsten Fall sogar gleichgültig. Auch wenn man die Liebesbeziehung als Entschuldigungsgrund gelten lassen will, wird deutlich, dass die Ausländer in viel stärkerem Maß der Willkür ihrer Dienstgeber ausgeliefert waren als dies bei einheimischen Arbeitkräften aufgrund der dörflichen Sanktionsmechanismen der Fall gewesen sein dürfte.

Für den Interviewpartner scheint das außereheliche Verhältnis der Bäuerin, außer dem Verständnis für ihre Vorgehensweise, keinen weiteren Nutzen gehabt zu haben. Es gab überhaupt wenig zu essen, sagt Eustachius N. Frühstück habe er zwar immer bekommen, aber zu Mittag sei manchmal gar nichts gekocht worden. Auch Peter R. ist der Meinung, dass das Essen in quantitativer Hinsicht zu wenig war. Vom Vorwurf einer vorsätzlichen, böswilligen Handlungsweise spricht er die Einheimischen allerdings frei. Diese besaßen selbst zu wenig. Auch Weronika S. und Jan B. erinnern sich an Fälle, wo ausländische Arbeiter von ihren Dienstgebern zu wenig Essen oder lediglich trockenes Brot bekamen. Die Ausländer hätten dann „rumkombiniert"; jemanden um andere Lebensmittel gebeten und auch untereinander getauscht. Andererseits wiederum machten die Interviewpartner bei der Ernährung sehr positive Erfahrungen. Die Menschen zählen die Anzahl der täglichen Mahlzeiten auf, erwähnen die verschiedenen Lebensmittel und Speisen, an deren deutsche Bezeichnung sie sich teilweise auch heute noch erinnern können, loben den guten Geschmack und sprechen davon, dasselbe wie die Bauersleute gegessen zu haben. Grundsätzlich scheint die Tischgemeinschaft zwischen den Einheimischen und den Ausländern beim „Arbeitseinsatz“ dieselbe symbolische und materielle Funktion eingenommen zu haben, die sie auch bei den Einheimischen selbst besaß. Einerseits versinnbildlichte das gemeinsame Essen die Aufnahme der „Dienstboten“ in die „Hofgemeinschaft“ und andererseits sollte aus Sicht der Dienstgeber mit einer ausreichenden und guten Ernährung die Motivation der Bediensteten, ihre Arbeitskraft zu verausgaben, sichergestellt werden.[112] Im Grunde wurde durch die Bauern eine Schuldabhängigkeit geschaffen, die der Bekräftigung der Herrschaftsbeziehungen diente und welche die ausländischen Arbeiter veranlasste, ihr eigenes „Überleben“ mit zufriedenstellenden Leistungen abzusichern.[113]

Aber auch ethische Überlegungen bzw. christliche Werte scheinen eine Rolle gespielt zu haben. Die Dienstgeberin von Olga W. besorgte für deren Schwester, die auf dem Gebiet des heutigen Deutschlands in einer Rüstungsfabrik arbeitete und hungerte, Lebensmittelmarken. Die positive Sicht der ehemaligen „Ostarbeiter“ hinsichtlich der Ernährungssituation während des „Arbeitseinsatzes“ dürfte durch die Hungererfahrungen vor und nach dem Zweiten Weltkrieg sowie durch die Mangelversorgung, der die Menschen in kommunistischer Zeit und nach dem Zusammenbruch der Sowjetunion ausgesetzt waren, verstärkt worden sein. Aber auch bei Weronika S., die in Polen aufwuchs und die bezüglich der Ernährung in ihrer Heimat allem Anschein nach keine negativen Erfahrungen machte, nimmt das Essen während des Aufenthalts in Österreich eine wichtige Rolle ein. Sie denkt lachend an die Knödel, bei denen sich der Käse lang zog und die sie nicht mochte. Sie erzählt von den vier Schweinen und der Kuh die geschlachtet wurden, dem Fleisch, das man räucherte sowie vom Brot, das sie zusammen mit der einheimischen Magd buk. Die schier „überwältigende“ Fülle an Lebensmitteln wirft die Frage nach Schwarzschlachtungen auf. Das Wissen darum stellte für die osteuropäischen Zwangsarbeiter in ihrer vollkommen rechtlosen Situation ein wichtiges Faustpfand dar. Die Dienstgeber waren gezwungen, sich der Loyalität ihrer ausländischen „Dienstboten“ zu versichern, um sich nicht der Gefahr von Denunziationen auszusetzen.[114]

Auch die Kriegsgefangenen, denen beim landwirtschaftlichen „Arbeitseinsatz“ von den Bauern freie Verpflegung zu gewähren war[115], dürften im Normalfall von der Verköstigung auf einem Bauernhof profitiert haben, da diese von Sonderzuteilungen wie Eiern, Bohnenkaffee, Pralinen, Geflügel, Wild usw. ausgenommen[116] und die Kriegsgefangenenlager ebenso wie die „Ostarbeiterlager“ mit „bedingt tauglichem und minderwertigem Fleisch“, dem sogenannten „Freibankfleisch“ beliefert wurden[117]. Es mutet grotesk an, wenn man in einem

Erlass des Reichsministers für Ernährung und Landwirtschaft liest, dass die Angehörigen der Staaten, die feindselige Handlungen gegen das Großdeutsche Reich unternommen haben, vom Bezuge von Schokoladenerzeugnissen und sonstigen Süßwaren, soweit er auf Grund von Berechtigungsausweisen erfolgt, auszuschließen sind.[118] Die Menschen jener Länder, die vom Deutschen Reich überfallen worden waren, sollten also nicht in den Genuss von „Gaumenfreuden" kommen. Dabei muss allerdings berücksichtigt werden, dass die französischen Kriegsgefangenen das Privileg hatten, alle zwei Monate ein Paket von bis zu fünf Kilogramm und pro Monat zwei Päckchen zu 500 Gramm oder eines zu 1.000 Gramm, aus der Heimat in Empfang zu nehmen. Einheimische und ausländische Interviewpartner sprechen davon, dass auch die serbischen Kriegsgefangenen Pakete erhielten, in denen sich getrocknete Pflaumen befanden. Durch diese Lebensmittelpakete war es den Kriegsgefangenen möglich, ihr Ansehen bei In- und Ausländern zu stärken, sich durch Tauschgeschäfte mit Dingen des täglichen Bedarfs zu versorgen sowie Beziehungen zu einheimischen Frauen zu knüpfen.[119] Zudem gibt es Berichte, wonach die Kriegsgefangenen und die Zivilarbeiter auch während des „Arbeitseinsatzes" versuchten, die heimatlichen Ernährungsgewohnheiten aufrecht zu erhalten. Aloisia M., die während des Krieges als „Pflichtjahrmädchen" auf einem Bergbauernhof in Stuhlfelden arbeitete, erinnert sich daran, dass der auf demselben Hof eingesetzte französische Kriegsgefangene an Sonntagen zusammen mit seinen Kameraden Hasenbraten mit Rosinen zubereitete. Die „Pinzgauer Kost" dagegen hätte ihm nicht sehr geschmeckt, da sei er „heikel" gewesen. Und in Niedernsill kochten französische Gefangene auf dem Herd einer Bauernküche Schnecken.[120]
Grundsätzlich ist davon auszugehen, dass hinsichtlich der Quantität und der Qualität der Nahrungsmittel die Ernährung auf einem Bauernhof weit über der Lagerkost stand. Allerdings gab es auch Fälle, in denen die Dienstgeber die Rechtlosigkeit der ausländischen Arbeiter zu ihrem eigenen Vorteil auszunutzen versuchten. Wobei die mangelhafte bzw. schlechte Ernährung auf einem Hof nicht immer dem Charakter der einheimischen Dienstgeber sondern auch der jeweiligen wirtschaftlichen Situation eines Betriebes und wohl auch den „Kochkünsten" mancher Bäuerin zuzuschreiben ist.

Bekleidung

Zu Beginn des „Arbeitseinsatzes", als die Anwerbung der Zivilarbeiter oftmals noch auf freiwilliger Grundlage basierte, wiesen die Verantwortlichen die ausländischen Arbeiter darauf hin, genügend Kleidung und Schuhe mitzunehmen, da es nicht möglich sei, sich diese Dinge nachträglich in Deutschland zu besorgen. Die Ausländer bekamen im Deutschen Reich im Gegensatz zur einheimischen Bevölkerung zunächst auch keine Bezugsscheine für Bekleidung, sondern erhielten lediglich einen Berechtigungsschein, um sich vierteljährlich

Wladimir B. 1943 in Maishofen. Privatbesitz Familie Buhajow, Kirowograd (Ukraine).

Nähzeug für 0,20 RM kaufen zu können.[121] Diese Regelung wirkte sich im Pinzgau bereits kurz nach Kriegsausbruch nachteilig auf die Einsatzfähigkeit der ausländischen Arbeiter aus. Landrat Allerberger bemängelte im Dezember 1939 die Arbeitsleistung der polnischen Zivilarbeiter, da diese mit Kleidung und Schuhen schlecht ausgerüstet waren.[122] Wenn man die Jahreszeit berücksichtigt, dann ist davon auszugehen, dass die Zivilarbeiter lediglich Sommerkleidung besassen. Ein halbes Jahr später, Mitte Juni 1940, kritisierte der Landrat des Landkreises Salzburg in einem Schreiben an den Reichsstatthalter, dass die Ausgabe von Kleiderkarten und Bezugscheinen für Schuhe und Textilien an Polen verboten ist, die Versorgung mit Altkleidern durch die NSV bis zu diesem Zeitpunkt nicht durchgeführt wurde und es auch den Arbeitgebern unmöglich war, die Polen mit Arbeitskleidung und Schuhen auszustatten. Die sich daraus ergebenden Schwierigkeiten sind derart, dass die Polen vielfach in gänzlich zerrissener Kleidung zur Arbeit antreten müssen.[123] Aber auch in der Folgezeit besserte sich die Versorgungslage für die ausländischen Arbeiter nicht, da der einheimischen Bevölkerung bei der Bekleidung ebenso wie bei der Ernährung der Vorrang eingeräumt wurde. Im Laufe des Krieges kamen infolge der zwangsweisen Verschleppungen immer mehr Arbeitskräfte ins Reich, die nur das am Leib hatten, was sie auch bei ihrer Ergreifung trugen oder was ihnen die Angehörigen noch kurz vor der Abfahrt zustecken konnten. Auch Wassyl H. hat noch immer die eigene bedauerliche Erscheinung bei seiner Ankunft im Pinzgau – die Gummischuhe und die alten Kleider – vor Augen. Aufgrund der prekären Ausstattung der ausländischen Arbeitskräfte und der damit einhergehenden Gefährdung ihrer Arbeitsfähigkeit, waren die Nationalsozialisten bald gezwungen, von ihrer harten Linie abzuweichen und Kleidung und Schuhe auch an die Ausländer auszugeben.[124] Im April 1942 wurden die Wirtschaftsämter angewiesen, für russische Zivilarbeiter, wie für andere ausländische Wanderarbeiter in dem für den Arbeitseinsatz unbedingt erforderlichen Umfang Bezugsscheine für den Bezug von Arbeitskleidung und Schuhwerk zur Verfügung zu stellen.[125]

Zynisch mutet dabei an, dass Kohl – der Beauftragte für den „Arbeitseinsatz" im Reichsgau Salzburg – darauf hinwies, dass sichergestellt werden musste, dass die Ausländer nicht hereinkämen um sich hier einzukleiden und dann wieder abzuhauen.[126] Den „unbedingt erforderlichen Umfang" scheint man zudem sehr streng gehandhabt zu haben, da die Saalfeldener Bauern im September 1942 an den Bürgermeister der Gemeinde besondere Wünsche hinsichtlich der Kleidung und Beschuhung der Gefangenen und Ostarbeiter herantrugen.[127] Auch die „Ukrainer" erhielten zunächst keine Reichskleiderkarte, was damit begründet wurde, dass diese erst ganz kurz im Reichsgebiet arbeitsmäßig eingesetzt sind und aufgrund der erheblichen Zahl von Angehörigen dieser Volksgruppe, die ins Inland zum Arbeitseinsatz für vorerst unbestimmte Dauer gekommen sind, bezw. noch kommen werden, eine volle Versorgung im Hinblick auf die beschränkten Versorgungsmöglichkeiten der deutschen Bevölkerung allgemein nicht für tragbar gehalten wird.[128]

Wladimir B. 1943 in Maishofen. Privatbesitz Familie Buhajow, Kirowograd (Ukraine).

Ab Mitte Dezember 1942 fand einer dienstlichen Mitteilung der Landesbauernschaft zufolge „wieder" eine Versorgung der „Ostarbeiter" mit Schuhen statt. Die Betriebsführer wurden angewiesen im Bedarfsfalle Anträge auf Bewilligung von Schuhbestellscheinen einzubringen.[129] Zudem begann die Textilindustrie wegen des großen Mangels an Bekleidung Ende 1942 mit der Herstellung von besonders einfachen und robusten Bekleidungsstücken für die sowjetischen Arbeiter, die bei der Arbeit und in der Freizeit getragen werden konnten. Die ethnischen Polen dagegen erhielten seit Oktober 1941 eine gesonderte „Spinnstoffkarte für Polen".[130] Auch im Archiv der Gemeinde Maishofen findet sich noch eine Liste mit den Namen der polnischen Arbeitskräfte für die Spinnstoffkartenzustellung, deren Empfang die Dienstgeber mit ihrer Unterschrift bestätigen mussten.[131] Jan B.:

> (...) Winterbekleidung hat 120 Punkte gekostet. (...) es sah (...) in der Realität so aus, das halt alle zwei Jahre konnte man sich einfach Schuhe leisten. Und der Bauer (...) hat (...) diese (...) Holzschuhe dann organisiert. (...) dann lief man in diesen Holzschuhen halt rum. Aber sie waren halt unbequem, weil wenn man auf den Bergen damit rumlief. Also die Beine taten unheimlich weh. Aber was sollte man machen, der Bauer hat ja auch nicht mehr bekommen.

Von Jan B. wird weder das System, noch der Bauer kritisiert. Vielmehr scheint der Interviewpartner seinem Dienstgeber für die Schuhe, die entweder ganz aus Holz waren oder zumindest hölzerne Sohlen hatten und sich dadurch nicht biegen ließen[132], dankbar gewesen zu sein. Da die Versorgungsprobleme vom Regime nicht annähernd gelöst werden konnten, mussten von den Bauernfamilien, wenn diese die Leistungsfähigkeit und –willigkeit ihrer ausländischen „Dienstboten" nicht gefährden wollten, die Dinge selbst in die Hand genommen werden. Die Interviewpartner erzählen von den Pullovern und den

Handschuhen welche die Bäuerinnen strickten und als Weihnachtsgeschenke dienten, von den Hemden und Hosen, die sie für Sonntag bekamen und den Schuhen, die der Bauer selbst anfertigte. Oftmals dürften die Zivilarbeiter dabei mit „volkstümlicher Kleidung" ausgestattet worden sein, was der Landrat in Zell am See vehement ablehnte. Dieser hielt es für sehr zweckmäßig, das Verbot des Tragens von Lederhosen, Janker und dergleichen durch die polnischen Arbeiter in die Ermächtigungsurkunde des Verwaltungsstrafgesetzes aufzunehmen.[133]
Auch Olga W. erhielt für Sonntagsausflüge von ihrer Dienstgeberin bessere Kleidung bzw. fertigte ihr diese Kleider und einen Pullover an, obwohl die Familie selbst unter dem Mangel an Kleidung litt. Einmal habe die Bäuerin allerdings Kleidung gebracht, die ihrer Vermutung nach von „vergasten" Juden stammte. Ein darunter befindlicher Mantel sah so aus, wie ihn die Juden trugen. Niemals, beteuert Olga W., hätte sie diese Kleider angezogen, woraufhin die Dienstgeberin die Sachen wieder wegbrachte. Wie aus den Gerichts- und Gendarmerieakten im Salzburger Landesarchiv hervorgeht, war der Mangel an Kleidung auch der Grund für Diebstähle durch die Zivilarbeiter.
Die Kriegsgefangenen behielten beim Arbeitseinsatz die Kleidung, die sie auch bei ihrer Gefangennahme trugen.[134] Ein Gendarm in Mittersill stellte Anfang November 1939 fest, dass die 114 eingetroffenen polnischen Kriegsgefangenen mit ihren khakifarbenen Uniformen und zerrissenen Schuhwerk einen sehr armseligen Eindruck machten.[135] Während bei der Arbeit die Betriebsführer die Kleidung zu stellen hatten[136], wurden die Gefangenen wegen des Kleidermangels auch von den Stalags mit ausrangierten deutschen Uniformen ausgestattet. Die westlichen Gefangenen hatten den Vorteil, dass sie – wie bereits erwähnt – Pakete von Zuhause erhielten, wodurch sie ihre Kleidung einigermaßen instand halten konnten. Dagegen hatten die sowjetischen Kriegsgefangenen und die IMI (italienischen Militärinternierten) meist keine Möglichkeit der Abnutzung ihrer Kleidungsstücke entgegen zuwirken.[137]

Entlohnung

Die Zivilarbeiter aus Nord-, West-, Süd- und Südosteuropa wurden im Deutschen Reich hinsichtlich der Entlohnung, Besteuerung und Sozialversicherung den deutschen Arbeitskräften, mit Ausnahme einiger weniger Abweichungen, im Prinzip gleichgestellt. Die Osteuropäer dagegen, die in der Land- und Forstwirtschaft zahlenmäßig bei weitem überwogen, unterwarf das NS-Regime erheblichen Diskriminierungen.[138] Seit Jänner 1940 galt für die polnischen Arbeitskräfte in der Landwirtschaft eine eigene Reichstarifordnung, nach welcher die Löhne für Männer um 36 bis 52 % und für Frauen um 40 bis 55 % unter denen der inländischen Normal-Arbeitskräfte lagen. Nach dieser Tarifordnung wurden die Brutto-Monatslöhne für männliche Arbeitskräfte auf 23,50 RM

und für weibliche Arbeitskräfte auf 15,- RM festgelegt. Zuschläge oder Sozialleistungen waren nicht vorgesehen. Die Entlohnung der „Ostarbeiter" war noch niedriger. Diese erhielten aufgrund des „Beschäftigungsverhältnisses eigener Art" keinen Lohn sondern lediglich ein spezielles Entgelt. Diesem lag ein fiktiver Bruttolohn zugrunde, wovon fiktive Kosten für Unterkunft und Verpflegung sowie die „Ostarbeiterabgabe", die an die Stelle der Lohnsteuer trat, abgezogen wurden. Netto entsprach dieses Entgelt schließlich einem Taschengeld. Darüber hinaus wurde den in der Landwirtschaft eingesetzten „Ostarbeitern" in den ersten Monaten ihres Aufenthaltes im Reich oftmals überhaupt nichts ausbezahlt. Im April 1943 erfolgte schließlich eine Anhebung der Arbeitsentgelte der sowjetischen Zivilarbeitskräfte und im Juli 1944, als sich die militärische Lage für das Reich immer mehr zuspitzte, wurde für die „Ostarbeiter" in der Landwirtschaft eine eigene Reichstarifsordnung geschaffen, die den Tariflöhnen der polnischen Arbeitskräfte entsprach. Damit wurden auch diese sozialversicherungspflichtig und erhielten einige Zuschläge. Im März 1945 kam es schließlich sogar noch zur rechtlichen Gleichstellung der „Ostarbeiter" mit den inländischen Arbeitskräften. Praktische Auswirkungen auf deren Arbeits- und Lebensbedingungen im Deutschen Reich hatte diese Angleichung allerdings nicht mehr.
Im Gegensatz zu den zivilen Arbeitskräften wurden die Kriegsgefangenen nicht vom Dienstgeber selbst entlohnt, sondern dieser schloss einen kollektiven Überlassungsvertrag mit dem Deutschen Reich ab. Die Kriegsgefangenen erhielten dann einen Teil der „Entschädigung", die von den Bauern an das Stalag entrichtet wurde. Pro Arbeitstag musste ab Oktober 1941 für jeden in der Landwirtschaft eingesetzten Kriegsgefangenen bei freier Kost 0,80 RM bezahlt werden. Die Kriegsgefangenen aus West- sowie Südosteuropa erhielten davon täglich 0,70 RM, Polen 0,50 RM und Sowjetbürger 0,20 RM.[139]
Wie aus den Akten hervorgeht, dürfte sich die lohnpolitische Benachteiligung der Zivilarbeiter auf deren „Arbeitswilligkeit" ungünstig ausgewirkt haben. Während der Landrat von Zell am See im Jänner 1942 dem Reichsstatthalter in Salzburg meldete, dass nur vereinzelt Anzeigen wegen Arbeitsunlust, Arbeitsverweigerung und Lohnansprüchen gemacht worden sind[140], ist in einem Schreiben von Mitte August 1942 plötzlich ein Meinungsumschwung festzustellen. Zwar lobt Allerberger die polnischen Frauen, vermerkt deren „gute Verwendbarkeit", den polnischen Männern dagegen attestierte er „Arbeitsunwilligkeit und Faulheit", da sie auf vielen Höfen fast alleine zur Arbeit da gewesen sind und sich bereits als „Herren" zu fühlen begonnen hätten. Den angeblich besser zu behandelnden galizischen Ukrainern, unterstellte er dasselbe Verhalten. Der Landrat resümierte, dass wiederholt ganz energisches Eingreifen gefordert war, um die Polen zur Vernunft zu bringen.[141] Wie dieses „energische Eingreifen" aussah, darüber schweigt sich Allerberger aus. Dieses dürfte sich

allerdings nicht auf „gutes Zureden" beschränkt haben.
Der Landrat schreibt weiter von dem Fall, dass ein Bauer dem andern den Polen oder Ukrainer wegnehmen will und ihm mehr bietet, als der bisherige Dienstherr zahlt. Die Leute werden dadurch in ihren Gefühlen, dass sie unentbehrlich und notwendig sind, immer mehr bestärkt. Wenn das Arbeitsamt dem Dienstplatzwechsel nicht zustimmt, treten ununterbrochen Schwierigkeiten auf. Schliesslich wird es dann dem ersten Dienstherrn zu dumm und der Pole hat sein Ziel erreicht, indem er doch wo anders hinkommt (der Landrat des Landkreises Salzburg hat sich bereits Ende Jänner 1942 über das „Verhalten" der Polen beklagt. Er schrieb an den Reichsstatthalter in Salzburg, dass gegen widerspenstige und arbeitsscheue polnische Landarbeiter gegebenenfalls stets schärfstens eingegriffen wird. Dass dem Ersuchen des Arbeitsamtes und der Geheimen Staatspolizei um Verhängung von Schutzhaft gegen solche Personen jeweils sofort nachgekommen wird und dass nach den eingeholten Berichten mit diesen Personen im Allgemeinen folgende Erfahrungen gemacht wurden: Die polnischen Landarbeiter sind zum Teil disziplinlos. Sie wollen das „P" nicht tragen, sind abends zur vorgeschriebenen Zeit nicht zu Hause usw. Ein Teil davon arbeitet gut, manche sogar sehr gut. Dies aber nur dann, wenn vom Dienstgeber ihre Wünsche erfüllt werden. Die Bauern sagen, sie sind den Polen ausgeliefert, da sie ansonsten keine Arbeitskräfte bekommen. Daher wollen die Bauern auch keine Anzeigen gegen disziplinlose Polen machen. Den dringenden Wunsch nach Rückkehr in die Heimat haben fast alle Polen. Vom bewilligten Heimaturlaub sind jedoch im hiesigen Bereich einige Polen nicht zurückgekehrt. Für Widersetzlichkeiten der Polen sind zum Teil auch lohnpolitische Gesichtspunkte maßgebend. Die meisten Bauern zahlen den Polen höhere Löhne als gesetzlich zulässig. Dies spricht sich unter den Polen herum und so versucht jeder den höchstmöglichen Lohn vom Bauern zu erpressen. Bei Nichtbewilligung werden sie arbeitsunwillig)[142]. Ich habe ja schon in meinem Monatsbericht wiederholt darauf hingewiesen, dass Lohnüberzahlungen durch die Bauern immer wieder gegeben werden. Andererseits werden aber vielfach Fehler gemacht, dahingehend, dass dem Polen eine derartige Behandlung zuteil wird, die wirklich nicht mehr menschlich ist, denn nur mit Schlägen allein kann man auch nichts erreichen. Abschließend versicherte Allerberger dem Reichsstatthalter, dass er im Zusammenspiel mit der Kreisbauernschaft und dem Arbeitsamt die schlimmsten Misstände immer wieder regeln konnte.[143] Der alarmierende Ton im Schreiben des Landrats sagt allerdings nichts über die Häufigkeit der Vorfälle aus, da – wie aus anderen Quellen hervorgeht – die Verantwortlichen auch in Einzelfällen, scheinbar um das Bedrohungspotential und die Probleme groß genug erscheinen zu lassen, oftmals in der Mehrzahl schrieben. Dennoch scheinen die Zivilarbeiter in Zeiten des Arbeitskräftemangels im Entzug der eigenen Arbeitskraft eine Möglichkeit gefunden zu haben, das gesetzlich

vorgeschriebene und für die Osteuropäer äußerst niedrige Lohnniveau zu umgehen, sowie den schlechten Arbeits- und Lebensbedingungen, die auf manchen Höfen vorherrschten, generell zu entkommen. Auch die Bauern selbst scheinen bereit gewesen zu sein, „arbeitswilligen" und geschickten Arbeitskräften höhere Löhne zu bezahlen, so wie die Konkurrenz zwischen den Bauern um die verfügbaren Arbeitskräfte von jeher fixer Bestandteil des Alltags in einer Gemeinde waren.[144] Von den Nationalsozialisten wurde dies argwöhnisch beobachtet, da man mit der genannten Reichstarifordnung für die polnischen Arbeitskräfte auch das Ziel verfolgte, dem Anstieg der Dienstbotenlöhne Einhalt zu gebieten.[145] Was die „arbeitsunwilligen" Zwangsarbeiter betrifft, dürften diese meist keinen allzu großen Handlungsspielraum vorgefunden haben, da in letzter Konsequenz immer der Repressionsapparat des Regimes und teilweise die Dienstgeber selbst bereit standen, um sie zu disziplinieren.
Wie aus den Akten und den Aussagen der Interviewpartner hervorgeht, fanden aber nicht nur Überschreitungen der Tariflöhne statt, sondern es wurde das Zwangsarbeitsverhältnis von den Dienstgebern teilweise auch dazu genutzt, um ihren ausländischen „Dienstboten" weniger oder gar keinen Lohn bezahlen zu müssen. Anfang Februar 1943 erschien beim Arbeitsamt in Zell am See ein polnischer Zivilarbeiter in völlig zerlumpter Kleidung und bat um die Versetzung zu einer anderen Arbeitsstelle. Jan H. beklagte sich, von seinem „Dienstgeber", nennen wir ihn Josef K., schlecht behandelt zu werden und keinen Lohn sowie schlechtes Essen zu erhalten. Daraufhin beauftragte Allerberger die Gendarmerie in Mittersill um die Erhebung des Sachverhaltes. Zudem war das allgemeine Verhalten von Josef K. seinen „deutschen" und ausländischen Arbeitskräften gegenüber, sowie die politische Einstellung des Gebirgsbauern von Interesse.[146] In dem Gendarmeriebericht wurde festgehalten, dass der Bauer seine Dienstboten alle gleich, zwar streng, jedoch nicht schlecht behandelte. Für die mangelhafte Verpflegung des Dienstpersonals wurde die finanzielle Lage des Dienstgebers verantwortlich gemacht. Als Begründung für die schlechte Bekleidung des unter seiner Obhut stehenden Zwangsarbeiters gab der Bauer an, die Kleiderkarte zu spät erhalten zu haben. Die Entlohnung von Jan H. erfolgte nach Aussage von Josef K. wöchentlich mit ein bis zwei Reichsmark. Dies rechtfertigte er damit, dass dieser bei einmaliger Auszahlung seinen Lohn sofort verbrauchen würde. Bezüglich der politischen Einstellung vermutete der Gendarm, dass der Bauer alles andere als ein „Patriot" des NS-Regimes war. Schließlich trat der Beamte mit Rücksicht auf das Verhalten des Bauern dem Polen gegenüber, für eine Umvermittlung des Zwangsarbeiters ein.[147] In den Akten findet sich auch die verdolmetschte Aussage von Jan H.:

> Ich kann bei meinem jetzigen Bauen nicht bleiben. Seit zwei Jahren bin ich dort und bekomme keinen Lohn; ich kann mich nur erinnern, im Sommer vielleicht zwei mal 5.- und zwei mal 2.- RM bekommen zu haben. Das Essen ist sehr wenig und schlecht. Ich bekomme

> (...) immer nur Kartoffeln, Fleisch o.a. habe ich nur zu Weihnachten bekommen. Der Bauer (...) schlägt mich öfter, genau weiß ich nicht wie oft, es war aber viel mehr als 5 mal. Er hat mich an den Haaren gerissen und mit den Händen geschlagen. Anzuziehen habe ich nur das, was ich hier anhabe (blauen Monteuranzug, zwei zerlumpte Westen, 1 Hemd, 1 paar Schuhe, statt Strümpfe Fetzen von Schürzenstoff); auch für kalte Tage, geschweige denn für Sonntags, habe ich nichts anderes. Ich habe mir selbst auch nie etwas kaufen können, weil ich kein Geld habe. (...)[148]

Einem Schreiben des Landrats an die Gestapo in Salzburg zufolge, dürfte die Behandlung des Polen noch viel schlechter gewesen sein, als in dem Gendarmeriebericht dargestellt wurde.[149] Die Gestapo war mit der Umvermittlung von Jan H. einverstanden und drohte dem Stuhlfeldener Bauern an, ihm im Wiederholungsfall keine Arbeitskräfte mehr zuzuweisen.[150] Von einer Bestrafung des Bauern war keine Rede. Der Zeitpunkt der Vorsprache beim Arbeitsamt dürfte von Jan H. bewusst gewählt worden sein. Es handelte sich um Maria Lichtmess, jenem Feiertag, wo traditionellerweise der heimische Dienstbotenwechsel vonstatten ging.[151] Die taktisch kluge Vorgehensweise des Zwangsarbeiters, in deren Folge die zuständigen Behörden nicht düpiert wurden, sowie die „unnötig schlechte Behandlung" durch den Bauern und dessen regimekritische Haltung dürften schließlich dafür ausschlaggebend gewesen sein, dass der Pole nach drei Tagen auf einen anderen Bauernhof in derselben Gemeinde kam.[152]
Der Fall veranschaulicht, neben den Lebens- und Arbeitsumständen denen die ausländischen Arbeiter auf manchen Höfen ausgesetzt waren, auch eindrücklich die soziale Konstellation innerhalb der „Hausgemeinschaft". Trotz der schlechten Behandlung, die in unterschiedlichem Ausmaß möglicherweise alle „Dienstboten" auf diesem Bauernhof betraf, dürfte es zu keiner Allianz zwischen den inländischen Arbeitskräften und dem polnischen Zivilarbeiter gekommen sein. Für den Ausländer, der die deutsche Sprache kaum oder gar nicht beherrschte, hat sich anscheinend niemand eingesetzt. Schlimmstenfalls nahm er sogar die Funktion eines Prellbocks ein, an dem sich der Bauer abreagieren konnte, während im Gegenzug die einheimischen Dienstboten, einem stillschweigenden Einverständnis gleichkommend, mehr oder weniger in Ruhe gelassen wurden. Es ist auch schwer vorstellbar, dass der Bauer seinen einheimischen Dienstboten keinen Lohn zu zahlen brauchte, sowie diese ungestraft schlagen und schlecht verpflegen konnte. Bei einem ausländischen „Dienstboten" dagegen, der mit Artikulationsschwierigkeiten zu kämpfen hatte und der keinen Anschluss fand, musste der Einheimische nicht befürchten in Misskredit gebracht und von der Dorfgemeinschaft sanktioniert zu werden. Diese Aufgabe konnten nur die auf dem Hof beschäftigten einheimischen Dienstboten für den Polen erledigen und allem Anschein nach hat sich diesbezüglich zwei Jahre lang nichts getan.[152] Weiters wird deutlich, dass sich die systemoppositionelle Haltung von einheimischen Arbeitgebern nicht, wie man vermuten könnte, automatisch positiv auf ihre ausländischen Arbeitskräfte auswirken

musste, sondern dies vielmehr mit dem Charakter eines Dienstgebers zu tun hatte. So gab es noch andere Dienstgeber, die im Umgang mit ihren Arbeitskräften nicht zimperlich waren. Bereits im Februar 1940 hatte der Landrat festgestellt, dass der Dienstbotenwechsel zu Lichtmess im Pinzgau im großen und ganzen reibungslos vorüber gegangen sei und diejenigen Bauern, die ihre Dienstboten anständig behandelten, sich ihre Arbeiter immer wieder erhalten konnten, während die anderen Schwierigkeiten hatten.[154]

Wie aus weiteren Schriftstücken hervorgeht, hatte Allerberger, der sich um die Einkleidung des Polen kümmerte, auch nach dem Verlassen des Hofes durch den Zivilarbeiter noch weiteren Verdruss mit dem Bauern. Josef K., wurde angewiesen, die entstandenen Kosten für die Kleidung zu bezahlen, da sich der ausländische Arbeiter durch sein Verschulden nicht hatte einkleiden können. Der Bauer zögerte jedoch die Bezahlung solange hinaus, bis sich der Landrat drei Monate später gezwungen sah, den ausstehenden Betrag durch die Gendarmerie eintreiben zu lassen.[155] Ob der Einheimische aus Kalkül handelte oder ob die wirtschaftliche Not auf diesem Bauernhof wirklich so groß war, kann hier nicht beantwortet werden.

Auch einzelne Interviewpartner sprechen davon, bei der Entlohnung durch den Dienstgeber benachteiligt worden zu sein. Während Wladimir B. seinen Angaben zufolge überhaupt nie einen Lohn erhielt, bekam Wassyl H. ab und zu ein paar Mark. Eustachius N. scheint seine eigene Rechtlosigkeit so stark verinnerlicht zu haben, dass er der Überzeugung ist, dass es den Bauern überlassen blieb, ob diese den ausländischen Arbeitern einen Lohn bezahlten oder nicht. Zur Wehr setzte sich der Interviewpartner trotzdem:

> (...) weiß ich, wie ich hergekommen bin, am Anfang, einige Monate habe ich überhaupt nichts gekriegt, (...) dann habe ich mich einmal beschwert bei einigen, sind wir zum Reden gekommen. Sage ich (...), dass ich nicht bezahlt werde, (...) bei die Kollegen und Frauen [bei den einheimischen Tagelöhnern die auf demselben Bauernhof gearbeitet haben] (...), ja sage ich, ich kriege (...) keinen Groschen nicht, ich werde nicht bezahlt (...). Und die haben dann geschaut, (...) haben sie den Bauern geschnappt [haben mit dem Bauern geredet]. Ja und dann habe ich gekriegt bei die 20 Mark.

Wie aus der Aussage hervorgeht, erwies sich bei Eustachius N. im Zusammenhang mit der Einforderung des ausstehenden Lohns der Spracherwerb[156] als großer Vorteil. Er suchte sich Unterstützung bei einheimischen Arbeitskräften, die den Bauern daraufhin auf seine Verpflichtung hinwiesen, die „Dienstboten" gerecht zu entlohnen. Wobei es in diesem Fall offensichtlich unerheblich war, dass es sich bei dem „Arbeitskollegen" um einen Ausländer gehandelt hatte. Vielmehr ist davon auszugehen, dass die einheimischen Tagelöhner selbst daran interessiert waren, dass sich die Dienstgeber an die Regeln der moralischen Ökonomie hielten. Zudem brauchten sich diese nicht davor zu scheuen, auf Konfrontationskurs mit dem Bauer zu gehen, da sie einerseits nicht der „Hausgemeinschaft" angehörten und andererseits während des Krieges Arbeitskräfte knapp und somit begehrt waren. Der Bauer dagegen hatte den Nachteil auf seiner Seite, da er um seinen „Ruf" in der Gemeinde fürchten musste. Und der Verlust an symbolischem Kapital ging meist einher mit dem Verlust an ökonomischem Kapital.[157] Der Barlohn dürfte für Eustachius N. aber trotzdem nicht mehr als eine symbolische Anerkennung seiner Arbeitsleistung gewesen sein, da die meisten Dinge des alltäglichen Bedarfs durch die Bezugsscheinpflicht geregelt und Konsumgüter für ausländische Arbeiter auf dem offiziellen Markt kaum erhältlich waren. Die Interviewpartner erwarben mit ihrem Lohn vor allem Kleinigkeiten wie Limonade, Halsketten, Bier usw., setzten dieses beim Kartenspiel ein oder bezahlten damit die Strafen, die ihnen bei Regelverstößen durch die Gendarmerie oder die NS-Justiz auferlegt wurden. Auch Jan B. misst dem Geld, das er bekommen hat, keine weitere Bedeutung zu:

> (...) die 18 Mark die man da im Monat bekommen hat, (...) was sollte man dafür kaufen, nichts. Man musste Punkte für alles haben. (...) ohne Punkte kannst du nichts kaufen, auch wenn du viel Geld hast.

Da auch auf dem Schwarzmarkt die Kaufkraft der Löhne durch die überhöhten Preise entwertet wurden, ist davon auszugehen, dass für die osteuropäischen Arbeiter die in der Landwirtschaft damals üblichen nicht-monetären Gegenleistungen wie Ernährung, Unterkunft, Bekleidung und Krankenversorgung, die in der Zwischenkriegszeit rund die Hälfte der Gesamtentlohnung ausmachten, viel wichtiger als der Barlohn waren.[158]

Die Kriegsgefangenen erhielten im Gegensatz zu den Zivilarbeitern die Entlohnung nicht in Reichsmark sondern in Lagergeld, womit das Ziel verfolgt wurde Fluchtversuche zu erschweren. Mit diesem Lagergeld konnte dann in lagereigenen Magazinen Seife, Toilettenpapier usw. erworben werden. Das Umtauschverhältnis von Lagergeld zu RM soll auf dem Schwarzmarkt 10 zu 1 betragen haben.

Wie aus den einzelnen Beispielen hervorgeht, waren die osteuropäischen Arbeiter bei der Entlohnung nicht nur den diskriminierenden Maßnahmen des Staats ausgesetzt, sondern es wurde deren rechtlose Situation teilweise auch noch durch die Dienstgeber zu ihrem Vorteil ausgenutzt. Der dabei von manchen Zivilarbeitern unternommene Versuch durch den Entzug der eigenen Arbeitskraft eine Lohnerhöhung bzw. eine Verbesserung der Arbeits- und Lebensbedingungen zu erreichen, dürfte aufgrund der Repressionsmaßnahmen des Regimes oftmals nach hinten los gegangen sein.

Medizinische Versorgung

Die Gesundheit der ausländischen Arbeitskräfte stellte die Grundvoraussetzung für die „effiziente Ausbeutung" ihrer Arbeitskraft dar. Daher führten die Nationalsozialisten im Zweiten Weltkrieg die Sozialversicherungspflicht für alle ausländischen Zivilarbeiter, außer den „Ostarbeitern", ein. Während es für die

sowjetischen Arbeiter bis April 1944 lediglich einen Krankenversorgungsschutz gab, bestand für alle anderen Arbeiter formal ein Krankenversicherungsschutz. Erst 1944 wurden auch die „Ostarbeiter" sozialversicherungspflichtig.[159]
Im Widerspruch dazu gab es seitens des NS-Regimes Bestrebungen die am meisten diskriminierten Ausländergruppen aus rassenideologischen[160] und wohl auch aus politischen Gründen nicht gemeinsam mit den Inländern medizinisch versorgen zu lassen, sowie die Krankenkassen, die Krankenhäuser und die Ärzte durch die „Nicht-Behandlung" der ausländischen Arbeitskräfte in finanzieller und arbeitsmäßiger Hinsicht zu entlasten. Wenn schon die eigene Bevölkerung auf die „besonderen Verhältnisse" im Krieg Rücksicht nehmen muss, so der O-Ton in einer dienstlichen Mitteilung der Landesbauernschaft, sei dies umsomehr von den fremdvölkischen, besonders von den polnischen Arbeitern, die früher keine auch nur annähernd gleichwertige Gesundheitspflege genossen haben, zu verlangen.[161] Wie aus einem Schreiben vom März 1942 an den Dezernenten III/1 Oberregierungsrat Tünkl im Chiemseehof in Salzburg hervorgeht, sollten die Krankenkassen angewiesen werden, im Falle der polnischen Arbeitskräfte, die Krankenhausbehandlung nur in wirklich dringenden Fällen zu bewilligen, um einer nicht notwendig erscheinenden Krankenhausbehandlung und damit einer allzu starken Belastung der Krankenhäuser vorzubeugen.[162] Die Bauern hatte man bereits einen Monat früher davor gewarnt, die krankfeiernden Polen in ihren übertriebenen Ansprüchen zu unterstützen.[163]
Aber nicht nur „harmlose" sondern auch langwierige Verletzungen und Krankheiten sollten nicht behandelt werden. Seit Oktober 1941 gab es die Regelung, dass die ausländischen Arbeiter bei einer zu erwartenden Genesungsdauer von über drei Wochen in ihre Herkunftsländer zurücktransportiert werden mussten.[164] Aus dem Schreiben einer ehemaligen ukrainischen Zwangsarbeiterin, die in Saalbach eingesetzt war, geht hervor, dass diese wegen eines Magenkatarrhs in den Krankenhäusern Zell am See, Salzburg und Linz behandelt und anschließend für den Arbeitseinsatz im Deutschen Reich als untauglich erklärt und heimgeschickt wurde.[165]
Als im weiteren Kriegsverlauf immer weniger Arbeitskräfte zur Verfügung standen, dehnten die zuständigen Behörden im Februar 1944 die Genesungsfrist auf sechs bis acht Wochen aus. Die Frage bezüglich Rücktransport oder medizinische Behandlung erledigte sich schließlich durch den sukzessiven militärischen Rückzug der Deutschen Wehrmacht von selbst. Was ab Sommer 1944 sogar soweit ging, dass man dauerhaft arbeitsunfähige Zwangsarbeiter zum Sterben in Sonderlager brachte oder ermordete.[166] So weit scheint es zumindest im Pinzgau nicht gekommen zu sein. Die Wiederherstellung der ausländischen Arbeitskraft stand im Vordergrund. Für die Spitäler von Saalfelden[167], Mittersill[168] und Taxenbach[169] finden sich Aufzeichnungen, welche belegen, dass Arbeiter aus Osteuropa auch über die genannten drei Wochen hinaus medizinisch

behandelt wurden. Die Interviewpartner verweisen auf Narben, die sie als Andenken an den „Arbeitseinsatz" behalten haben und sprechen davon aufgrund von Problemen mit der Lunge geröntgt worden zu sein. Sie bekamen Medikamente gegen Bauchschmerzen oder wurden wegen eines Schlüsselbeinbruchs vom Dienstgeber nach einem langen Fußmarsch ins Krankenhaus gebracht. Nicht die „NS-Ausländergesundheitspolitik" sondern die verkehrstechnische Rückständigkeit der Region[176] scheint für die Zivilarbeiter und die Einheimischen im Hinblick auf eine rasche medizinische Versorgung manchmal die größere Herausforderung gewesen zu sein.
Für das Schloss Farmach in Saalfelden sind insgesamt 200 Krankenhausaufenthalte von polnischen, ukrainischen und russischen Arbeitskräften vermerkt.[171] In Taxenbach sind es 100[172], in Leogang 35[173] und in Mittersill 132.[174] Die für Farmach angeführten Verletzungen, wie Bruch des rechten Knöchels, Gehirnerschütterung, Rippenbruch, Handverletzung, Unterschenkelbruch, Knieverletzung, Verbrennung des linken Arms, Verletzung der Kniescheibe, Risswunde am Kopf und Fußverletzung deuten auf Arbeitsunfälle hin.[175] Neben der Geburt von Kindern behandelte man die Menschen dort aber hauptsächlich wegen Krankheiten. Sehr häufig angeführt ist dabei Skabies, die sogenannte Krätze, die oftmals bei unhygienischen Zuständen in den Wohn- und Schlafräumen der „Dienstboten" entstand.[176]
Auch in den Gendarmerieberichten des Pinzgaues finden sich vereinzelt Verletzungsanzeigen von Arbeitsunfällen. Im Juli 1942 trennte sich in St. Martin bei Lofer ein 54-jähriger ukrainischer Zivillandarbeiter beim Holzhacken den linken Zeigefinger ab.[177] Der Doktor legte ihm einen Verband an und entließ ihn in häusliche Pflege. Ende Oktober 1943 löste sich im Gemeindegebiet von Zell am See der Anhänger von einem Traktor, der von einem französischen Zivilarbeiter gelenkt wurde.[178] Dieser rollte anschließend von der Straße in eine Wiese. Dabei wurden die auf dem Anhänger sitzenden „Ostarbeiterinnen" abgeworfen und vier davon verletzt. Eine Arbeiterin musste aufgrund einer Quetschung im Krankenhaus in Zell am See behandelt werden. Im August 1943 lief eine 19-jährige ukrainische Studentin, die in der Gutsverwaltung Fischhorn in Bruck an der Großglocknerstraße zur Arbeit eingesetzt war, aufgrund ihrer eigenen Unvorsichtigkeit oder Kopflosigkeit, wie der Gendarm nicht vergaß anzumerken, bei der Roggenernte in den Mähbalken eines Traktors und zog sich am rechten Fußgelenk eine schwere Verletzung zu.[179] Man brachte die Frau noch am selben Tag ins Krankenhaus nach Schwarzach im Pongau, wo ihr, wie sie in einem Brief vom März 2001 an das Salzburger Landesarchiv beschreibt, das Bein abgenommen werden musste. Im Winter 1944 (in Schwarzach war die Frau vom 10. August 1943 bis 24. Februar 1944 in Behandlung) wurde sie wieder entlassen, erhielt in Salzburg eine Prothese und arbeitete danach bis zum Kriegsende in einer Küche.[180] In einem weiteren Brief an das

Landesarchiv Salzburg schreibt ein Mann aus Krakau, dass er bei Holzarbeiten im Pinzgau verunglückte, anschließend in den Krankenhäusern Uttendorf und Zell am See behandelt wurde und in seiner Heimat aufgrund der Folgeschäden um die Feststellung seines Behinderungsgrades angesucht hat.[181] Wie aus den Aufzeichnungen für das Spital von Uttendorf hervorgeht, verbrachte der polnische Staatsbürger dort von November 1942 bis Dezember 1942 dreizehn Tage in Behandlung.[182] Neben den genannten Fällen dürften viele Verletzungen und Krankheiten nie aktenkundig geworden sein. Zum einen ist der Grund dafür in den Selbstheilungsversuchen der ländlichen Gesellschaft in der ersten Hälfte des 20. Jahrhunderts[183] und in der Pflege durch die Dienstgeberinnen zu suchen und zum anderen in der Strategie des „Funktionieren - Müssens"[184] der Zwangsarbeiter. Dies kam natürlich den Bestrebungen der Nationalsozialisten, nämlich die ausländischen Arbeiter nicht behandeln zu müssen, sehr entgegen. Allerdings konnte das Weiterarbeiten trotz Krankheiten und Verletzungen auch extrem kontraproduktive Züge annehmen. Beispielsweise versuchte Wladimir B. eine Blutvergiftung vor seinen Dienstgebern zu verheimlichen.
Was die Kriegsgefangenen betrifft, so mussten diese unfallversichert werden.[185] Bei Erkrankungen wurden die Gefangenen an das Stalag zurückgestellt und nach der Genesung wieder den alten Bedarfsträgern rücküberstellt.[186]
Der eigenen Ideologie zum Trotz und mit Rücksichtnahme auf die kriegswirtschaftlichen Erfordernisse war das NS-Regime gezwungen, die osteuropäischen Arbeitskräfte medizinisch versorgen zu lassen. Zähneknirschend scheint man sich eingestanden zu haben, dass man nicht jeden kranken Polen oder „Ostarbeiter" umbringen oder heimschicken konnte. Und die Bauern dürften sich neben arbeitsökonomischen Überlegungen vor allem im Bewusstsein ihrer paternalen Verantwortung um die ausländischen „Dienstboten" gekümmert haben.

Freiräume

Kirche und Religion

Die Politik der Nationalsozialisten

Im Zusammenhang mit dem „Ausländereinsatz" sah sich das NS-Regime durch die katholische Kirche in zweierlei Hinsicht bedroht. Einerseits stand der „ultramontane Internationalismus, der das Glaubensbekenntnis über die Volkszugehörigkeit stellte" dem nationalsozialistischen Primat der „Rasse" entgegen und andererseits gab es die Befürchtung, dass die katholischen Geistlichen, die oftmals eine oppositionelle Haltung zum Nationalsozialismus einnahmen, mit den ausländischen Arbeitern kollaborieren könnten.[187] Aber auch das Misstrauen gegenüber der einheimischen Bevölkerung saß tief. Landrat Allerberger meldete für den Jänner 1940 nach Salzburg, dass im Pinzgau katholische bäuerliche Kreise den Polen freundlich gegenüber stehen, weil sich diese den Anschein grosser Frömmigkeit geben und beim Eintritt in die Kirche sich gleich zehnmal auch niederknien.[188]

Einem Erlass des Reichsministers für die kirchlichen Angelegenheiten vom 13. Juni 1940 zufolge, mussten ein halbes Jahr später für die polnischen Katholiken an Sonn- und Feiertagen eigene Gottesdienste abgehalten und die Ortspolizei davon in Kenntnis gesetzt werden. Die Geistlichen, die man bei dieser Gelegenheit an ihr deutsches Volkstum und ihre staatsbürgerlichen Pflichten erinnerte, wurden bei einem zu beanstandendem Verhalten mit staatspolizeilichen Maßnahmen bedroht. Der Erlass wurde aber vorerst nicht in seiner ganzen Strenge umgesetzt. Es gab die Ausnahmeregelung, dass in einem Pfarrbezirk mit einer geringen Anzahl an polnischen Arbeitern diese an den Gottesdiensten der deutschen Bevölkerung teilnehmen konnten. Dabei mussten ihnen separate, von den Einheimischen getrennte Plätze zugewiesen werden.[189] In Weißbach bei Lofer zum Beispiel gab es einen mit „P" gekennzeichneten Kirchenstuhl auf der „Männerseite" für die polnischen Frauen und Männer.[190] Und wie die Gestapo im September 1940 vermerkte, fanden im Reichsgau Salzburg aufgrund

der geringen Anzahl (im März 1941 arbeiteten in der Pinzgauer Landwirtschaft erst rund 400 Zivilarbeiter)[191] an ausländischen Arbeitern zunächst auch keine eigenen Gottesdienste statt.[192]
Für die Kriegsgefangenen dagegen gab es keine Ausnahmeregelung, diese durften weder gemeinsam mit der einheimischen Bevölkerung noch zusammen mit den polnischen Zivilarbeitern einen Gottesdienst besuchen. Es mussten eigene Messen abgehalten werden.[193] Ende Februar 1940 holte der Pfarrer von Piesendorf diesbezüglich beim Ordinariat in Salzburg eine Erlaubnis ein. Er wollte an Sonn- und Feiertagen um 6 und 8 Uhr für die Pfarrgemeinde und um 10 Uhr für die gefangenen Polen den Gottesdienst feiern.[194] Und in Saalbach wurde 1940 für rund 30 französische Kriegsgefangene jeden zweiten Sonntag um 10 Uhr in der Kreuzkapelle die Messe gelesen.[195] Allerdings entzog das Oberkommando der Wehrmacht im Juni 1941 den deutschen Geistlichen die Erlaubnis der seelsorglichen Betreuung der Kriegsgefangenen schon wieder.[196]
Im selben Zeitraum zog auch der Reichsminister für die kirchlichen Angelegenheiten seine Zustimmung für den gemeinsamen Gottesdienstbesuch von Polen und Deutschen zurück. Der Minister rechtfertigte diese Maßnahme mit dem Vorkommen von höchst unliebsame[n] und jedes Gefühl für nationale Würde und Selbstachtung entbehrende[n] Erscheinungen. So sollen den Polen in den Kirchen nicht nur eigene, sondern sogar bevorzugte Plätze zugewiesen worden und diese den deutschen Kirchenbesuchern als Vorbild hingestellt worden sein. Zudem hätten Priester an einzelnen Orten durch zweisprachige Rundschreiben die Zivilarbeiter zum Besuch deutscher Gottesdienste mit dem Hinweis eingeladen, dass ihnen gute Plätze zur Verfügung gestellt werden und die Dienstgeber aufgefordert, ihren Arbeitern Fahrräder für die Fahrt zur Kirche zur Verfügung zu stellen.[197]
Unabhängig davon, in welchem Ausmaß diese „Vorfälle" zutrafen, beschreiben sie doch eine recht gewinnbringende Symbiose zwischen den Zivilarbeitern und den Geistlichen. Während die ausländischen Arbeiter in den Kirchen gewisse Freiräume gegenüber dem Alltag vorfanden, zogen die Pfarrer in der Zeit, in der die kirchliche Macht durch die Nationalsozialisten stark eingeschränkt wurde, zumindest einen symbolischen Nutzen aus vollen Gotteshäusern.[198] Dies dürfte auch die „Gegenseite" so gesehen haben. Ab Mitte Juli 1941 war nur mehr die Abhaltung von eigenen „Polengottesdiensten" erlaubt und die Verwendung der polnischen Sprache dabei verboten.[199] Im Februar 1942 wurden von den zuständigen Behörden die Bestimmungen weiter verschärft und die „Polengottesdienste" durften – außer an hohen Feiertagen – nur mehr am ersten Sonntag im Monat in der Zeit zwischen 10 und 12 Uhr abgehalten werden.[200] Für den Reichsgau Salzburg hatte diese Regelung zunächst noch keine Gültigkeit, allerdings war es nicht gestattet, die sonntäglichen Messen zwischen 10 und 12 Uhr anzusetzen, da der Ablauf von Parteiveranstaltungen[201] nicht gestört

werden sollte. Diese Sonderregelung wurde schließlich wieder aufgehoben und auch für den Gau Salzburg die reichsweit geltende Regelung umgesetzt.[202] Für die „Ostarbeiter" war der Kirchenbesuch generell verboten.[203]

Die seelsorgerische Betreuung in der Praxis

Aufgrund der staatlichen Erlässe und Verbote stellt sich die Frage, wie die religiöse Betreuung der Osteuropäer in der Praxis ausgesehen hat. Aus den Schreiben der Pinzgauer Pfarren an das Ordinariat in Salzburg ergibt sich das Bild, dass die Geistlichen trotz der massiven staatlichen Einschränkungen zumindest versucht haben, für die Zivilarbeiter seelsorgerisch tätig zu sein. Neben den Taufen und Beerdigungen sind hierbei die Bemühungen zu nennen, Gottesdienste für die ausländischen Arbeiter abzuhalten. Dabei hat sich allem Anschein nach der Pfarrer von Weißbach bei Lofer, der in den Lageberichten des Landrats von Zell am See als fanatischer Geistlicher mit großem Einfluss und Ansehen bei der schwarzen Landbevölkerung[204] beschrieben wird, besonders hervorgetan. Obwohl dieser Pfarrer namens Balthasar Linsinger Mitte Juli 1940 zusammen mit anderen Geistlichen wegen Vergehens gegen die Feiertagsordnung[205] festgenommen und rund einen Monat inhaftiert[206] worden war, ließ er sich durch das NS-Regime nicht einschüchtern. Deutlich wird dies in seinem Antwortschreiben an das Bürgermeisteramt in Lofer (die heute eigenständigen Gemeinden Lofer, St. Martin bei Lofer und Weißbach bei Lofer wurden unter den Nationalsozialisten zur Großgemeinde Lofer zusammengeschlossen) vom Mai 1941, nachdem der Pfarrer zu einem Zeitpunkt, als die Teilnahme der polnischen Arbeitskräfte an den Messen der Einheimischen noch erlaubt gewesen ist, diesbezüglich kritisiert wurde. Als erstes stellte Pfarrer Linsinger klar, dass nach den staatlichen Bestimmungen der Gendarmerie nur von der Abhaltung eigener Sondergottesdienste Kenntnis zu geben wäre und merkte weiters an, dass man den im hiesigen Pfarrbezirk weilenden polnischen Zivilarbeitern bei den sonntäglichen Gottesdiensten einen eigenen Platz zugewiesen hatte und ein Sondergottesdienst aufgrund der geringen Anzahl an ausländischen Arbeitern, sowie der Tatsache, dass er der einzige Seelsorger in Weißbach wäre, nicht in Frage komme. Die Teilnahme der Polen am Gottesdienst in St. Martin bei Lofer lehnte er wegen des weiten Weges ab und mit seinem Hinweis, dass ein Fußmarsch auch leichter zu Mißbräuchen Anlaß geben könnte, dürfte er mit den sicherheitspolitischen Bedenken des Bürgermeisters gespielt haben. Selbstbewusst vermerkte Linsinger zum Schluss, dass die Teilnahme dieser Polen an unserem Pfarrgottesdienste in dieser Form durchaus im Einklang steht mit den Reichsgesetzen, daher wohl gestattet ist.[207] Als ein Jahr später, im Herbst 1942, die Abhaltung von Sondergottesdiensten für die polnischen Zivilarbeiter nur mehr am ersten Sonntag des Monats erlaubt war, versuchte der Geistliche beim Landrat in Zell am See eine Verlegung des Gottesdienstes auf den zweiten Sonntag des Monats zu bewirken, da er am ersten Sonntag des Monats zweimal eine Messe für die Einheimischen abhalten wollte.[208] Als er diesbezüglich – wie es scheint – zweimal eine abschlägige Antwort[209] erhielt, wandte sich der Pfarrer mit seinem Anliegen an das Salzburger Ordinariat. Wie die Sache ausging, geht aus den vorliegenden Quellen nicht mehr hervor. Aus Salzburg wurde dem Geistlichen lediglich mitgeteilt, dass nach Rückkehr des Referenten hinsichtlich des „Polengottesdienstes" eine besondere Antwort zugehen wird.[210]

Was die Abhaltung von Sondergottesdiensten betrifft, scheint die Situation im Pinzgau generell äußerst uneinheitlich gewesen zu sein. In Kaprun war 1943 die Seelsorge an den Arbeitern unmöglich und im Jahr 1944 den Polen der Besuch des Gottesdienstes verboten.[211] Und in Rauris sollen sich 1943 eine Unmenge von Leuten befunden haben, die von einer religiösen Betreuung ganz aus geschlossen war.[212] Auch der Pfarrer von Taxenbach schreibt in seinem Seelsorgebericht für 1943 von der „bedauerlichen Erscheinung" der anwesenden Polen u. Ukrainer, Franzosen und Serben, welche jede religiöse Betreuung entbehren müssen.[213] Im Gegensatz dazu fand 1944 in Neukirchen am Großvenediger einmal im Monat die Messe für die polnischen Zwangsarbeiter statt.[214]

Es dürften verschiedenste Gründe dafür verantwortlich gewesen sein, dass in manchen Gemeinden keine eigenen Gottesdienste für die Polen abgehalten wurden. Zum einen konnte der Landrat aus allgemeinen oder Arbeitseinsatzgründen den Ausfall der Sondergottesdienste für kürzere oder längere Zeit anordnen[215] und zum anderen spielte wohl auch das Alter einzelner Pfarrer eine Rolle. Bereits Ende August 1941 beklagte sich der Pfarrer von Taxenbach, dass, nachdem die Polen nicht mehr am allgemeinen Gottesdienste teilnehmen dürfen, er an Feiertagen genötigt sei, einen dritten Gottesdienst abzuhalten, was für einen Herrn, der im 70. Lebensjahre steht nicht leicht ist.[216] Weiters ist davon auszugehen, dass sich die Einberufung der Geistlichen zum Militärdienst, also der Mangel an Personal, auf die Abhaltung von Sondergottesdiensten negativ ausgewirkt haben.

Auch die Aussagen und die Erfahrungen der Interviewpartner lassen keinen allgemeingültigen Schluss über die seelsorgerische Betreuung der ausländischen Arbeiter in der Praxis zu. Während sich bei manchen Gesprächspartnern nicht nur die nationalsozialistische Politik, sondern auch deren orthodoxe Konfession auf die Ausübung der Religion nachteilig auswirkte, besuchten andere wiederum zusammen mit der einheimischen Bevölkerung die Messen. Maria R. spricht beispielsweise davon, den Gottesdienstbesuch der Einheimischen in Maishofen nur aus der Ferne beobachtet zu haben, da es sich um eine katholische Kirche handelte. Die Konflikte waren beim gemeinsamen Kirchenbesuch allerdings oftmals schon vorprogrammiert. Olga W. nahm ihr „Ost"-Zeichen ab, wenn sie zusammen mit der Tochter der Dienstgeber in die Kirche ging, um zum Beispiel das Osterbrot zu weihen. Eustachius N. und seine Freunde wurden in Taxenbach von den Gendarmen aus der Kirche geholt und ihr „Verhalten" mit einer Geldbuße von 5,- RM bestraft. Dies erfolgte trotz der Tatsache, dass die katholischen Ukrainer aus Galizien eine NS-rechtliche Besserstellung gegenüber den anderen osteuropäischen Zivilarbeitern einnahmen. Jan B., der zusammen mit seinem Dienstgeber an den sonntäglichen Messen teilnahm, hatte ebenso mit Ausgrenzung zu kämpfen:

> Bei diesen Katholiken, da gab es halt so (...) einen, die Polen sagen (...) ein „Hitlerischer". (...) so ein „Hitlerischer" hat uns halt aus der (...) Kirche dann vertrieben, nach dem er gesehen hat, dass da (...) paar Leute sind, die halt einen „P"-Aufnäher haben.

Jan B.,
eingesetzt in Wald im Pinzgau.

Motrona T.,
mit Eltern in Rauris eingesetzt.

In der Erzählung des Interviewpartners wird neben der erfahrenen Ausgrenzung aber auch die Akzeptanz durch die anderen einheimischen Gottesdienstteilnehmer sichtbar. Unter Außerachtlassung nationaler und ethnischer Unterschiede kann dies sogar als partieller Anschluss an die Dorfgemeinschaft verstanden werden.[217] Umgekehrt sind die Bestrebungen der Ausländer, die Religion über die Volkszugehörigkeit zu stellen, als Versuche zu sehen, die eigene „Wertigkeit" zu demonstrieren. Jan B. nahm immer wieder an den einheimischen Gottesdiensten teil, was seinen Angaben nach auch von Erfolg gekrönt war, weil der Einheimische, der ihn aus der Kirche warf, nicht jeden Sonntag dort war. Auch der Pfarrer der Gemeinde lud die polnischen Arbeitskräfte nach Aussage des Interviewpartners immer wieder dazu ein, zum Gottesdienst zu kommen. Weronika S., die in Gries im Pinzgau zur Arbeit eingesetzt war, spricht davon, dass für die polnischen Arbeiter einmal im Monat zusammen mit der einheimischen Bevölkerung eine Messe abgehalten wurde, was eigentlich ab Mitte Juli 1941 verboten gewesen wäre. Und Motrona T. kann sich daran erinnern, dass sie in Rauris zusammen mit den Eltern manchmal die Kirche im Ortszentrum besuchte, obwohl sie die Sprache nicht verstanden hätten. Den Zutritt habe ihnen dabei niemand verweigert. Die Erfahrungen der Interviewpartner lassen vermuten, dass in manchen Gemeinden die örtlichen Repräsentanten des

Regimes wie Bürgermeister, Ortsgruppenleiter, Ortsbauernführer und Gendarm, dem Verbot des Kirchenbesuchs der ausländischen Arbeiter zusammen mit der einheimischen Bevölkerung nicht die geforderte Aufmerksamkeit schenkten. Was angesichts der Möglichkeit, dass „fremdvölkische" Arbeiter auch an einem sonntäglichen Kriegergottesdienst für gefallene „deutsche" Soldaten teilnehmen konnten, eine bemerkenswerte Erkenntnis darstellt. Überzeugten Nationalsozialisten musste allein der Gedanke daran ein Greuel gewesen sein. Die Position des Ordinariats dagegen war klar: kirchlicherseits lehnen wir es grundsätzlich ab, darüber zu wachen, ob sich nicht etwa jemand unerlaubterweise einschleicht, der nach staatl. Vorschrift daran gehindert ist.[218]
Wie aus den Trauungsbüchern hervorgeht, fanden im Pinzgau während des Krieges auch kirchliche Trauungen von polnischen Zivilarbeitern statt. In Mittersill heiratete im Juni 1941 ein Brautpaar im Alter von zweiundzwanzig und neunzehn Jahren aus dem Kreis Bochnia, wobei einer der Trauzeugen der einheimische Dienstgeber der beiden gewesen sein dürfte. Rund ein Jahr später, Ende April 1942, fand in derselben Gemeinde wiederum eine kirchliche Hochzeit von einem Paar aus dem Kreis Krakau statt.[219] Das Regime stand diesen Eheschließungen ablehnend gegenüber. Polen sollten sich gemäß der nationalsozialistischen Rassenpolitik in Deutschland weder niederlassen noch eine Familie gründen.[220] Als im September 1942[221] die kirchlichen Trauungen von polnischen Zivilarbeitern verboten wurden, sind bis zum Kriegsende im Pinzgau auch keine kirchlichen Hochzeiten mehr nachzuweisen (dabei muss berücksichtigt werden, dass Daten von Lend und Saalfelden fehlen). Lediglich die standesamtlichen Trauungen von zwei russischen Paaren sind für den Oktober 1944 beim Gemeindeamt Kaprun vermerkt.[222] Auch die Deutsche Bischofskonferenz kritisierte im August 1944 die wilden Ehen und die unehelichen Geburten, die bei den Polen von Jahr zu Jahr zugenommen hatten.[223] Trotzdem änderte dies nichts an der Politik der Nationalsozialisten, so blieb das Verehelichungsverbot bis zum Kriegsende aufrecht.[224] Erst nach dem Kriegsende fanden im Pinzgau wieder kirchliche Hochzeiten von ehemaligen Zwangsarbeitern statt.[225] Im Trauungsbuch von Stuhlfelden sind für den 20. Juni 1945 um sieben Uhr früh die Hochzeiten von fünf polnischen Männern mit fünf ukrainischen bzw. russischen Frauen vermerkt.[226] Der Pfarrer vergaß nicht hinzuzufügen, dass die Brautpaare vom Hindernis der Religionsverschiedenheit befreit wurden. Auch Angehörige der US-Armee sowie einheimische Männer[227] und Frauen gingen Ehen mit ausländischen ArbeiterInnen ein. In Weißbach bei Lofer heiratete ein polnischstämmiger Unteroffizier Ende Juni 1945 eine 20-jährige polnische Hausgehilfin.[228] Und in Zell am See fand Mitte Juli 1945 in der Pfarrkirche die Hochzeit eines amerikanischen Sergeanten mit einer 23-jährigen Polin statt.[229] Die Heirat dürfte als Signal für den Aufbruch in ein neues Leben zu verstehen sein.

Wie die einzelnen Beispiele verdeutlichen, war die seelsorgerische Betreuung der Zivilarbeiter durch die Eingriffe des Regimes in kirchliche Belange von mannigfaltigen Schwierigkeiten geprägt. Dennoch haben sich für die Ausländer im Zusammenspiel mit den Einheimischen und den Geistlichen, die an der Religiosität der Menschen aus Osteuropa Gefallen fanden, zumindest zum Teil positive Handlungsspielräume aufgetan. Die Besuche von deutschen Gottesdiensten sind zum einen als Auflehnung gegen die diskriminierenden NS-Bestimmungen zu werten und andererseits dürften diese, so wie bei Weronika S., ein tiefes religiöses Bedürfnis verbunden mit dem kurzzeitigen Abstreifen des Aufenthaltsgrundes dargestellt haben: also in der Kirche habe ich mich ganz, ganz frei gefühlt.

Freie Zeit

Nationalsozialistische Politik und bäuerliche Resistenz

Zur Regeneration gestand das NS-Regime den ausländischen Arbeitskräften eine knapp bemessene Freizeit zu. Der Sonntag war arbeitsfreier Tag, wobei das „Wochenende" am späten Samstagnachmittag begann, wie Eustachius N. betont. Diese freie Zeit wurde von den Nationalsozialisten allerdings aus sicherheitspolizeilichen und aus ideologischen Gründen strengsten Beschränkungen unterworfen. Vor allem hier konnte es zu den unerwünschten Annäherungen zwischen Deutschen und Ausländern kommen. Es galt die Maxime, die Ausländer so weit wie möglich vom öffentlichen Leben fernzuhalten.[230] Mit den „Polenerlassen" vom März 1940 bestand für die polnischen Zwangsarbeiter ein Verbot des „geselligen Verkehrs" mit der deutschen Bevölkerung, der in einem Merkblatt mit dem Besuch von Theatern, Kinos, Tanzvergnügungen, Gaststätten und Kirchen charakterisiert wird. Tanzen und Alkoholgenuß war den polnischen Arbeitern nur in besonders zugewiesenen Gaststätten gestattet.[231] Weiters gab es ein nächtliches Ausgehverbot, das sich im Grunde auf die tägliche arbeitsfreie Zeit erstreckte und es den Arbeitern unmöglich machen sollte, ihren Hof an Arbeitstagen zu verlassen. Dies hat natürlich bei den Menschen, die einzeln auf den Bauernhöfen eingesetzt waren, das Gefühl des „psychosozialen Todes" verstärkt. Sein Bauer besaß nicht einmal ein Radio, erinnert sich Jan B., was wegen der fehlenden Elektrizität auch keinen Sinn gehabt hätte. Das wenige Licht, dass man zur Verfügung hatte, kam von Petroleumlampen. Nach neun Uhr abends war es verboten, sich im Freien aufzuhalten. Man sei gezwungen gewesen, schlafen zu gehen.
Noch viel restriktiver waren die Bestimmungen für die sowjetischen Arbeitskräfte. Die „Ostarbeiter"-Erlasse von 1942 sahen ein Ausgangsverbot vor, das rund um die Uhr galt.[232] Die fremdvölkischen Arbeitskräfte hielten sich aber

nicht daran. Ein Gendarm in Unken stellte Anfang Juni 1942 entnervt fest, dass die Gendarmerie neben der Überwachung des Tragens der Kennzeichen mit der Einhaltung des Ausgehverbotes ständig beschäftigt sei.[233] Erst nach und nach begann man die restriktiven Bestimmungen abzuschwächen. Zuerst wurde den „Ostarbeitern" unter Aufsicht Ausgang gewährt und im Mai 1943 diesen der Ausgang schließlich ohne Aufsicht ermöglicht.[234]
Die Dienstgeber gaben ihren in- und ausländischen Arbeitskräften aber nicht nur an Sonntagen, sondern auch an kirchlichen Feiertagen und den sogenannten Bauernfeiertagen frei. Diese Regelung war in der bäuerlichen Welt Bestandteil der „moralischen Arbeitszeit", die keinen fixen Urlaub kannte, sondern darauf abzielte, dass sich die Dienstboten zur Aufrechterhaltung der landwirtschaftlichen Produktion nicht zu lange vom Hof entfernten.[235] Dem NS-Regime war diese „Inszenierung bäuerlicher Herrschaft" nicht nur wegen der scheinbar negativen Auswirkungen auf die Kriegswirtschaft ein Dorn im Auge. Die katholischen Feiertage erschienen im Zusammenspiel mit der Kirche als „systemoppositioneller Akt", durch welche „die rassistisch motivierte Ausgrenzung der AusländerInnen unterlaufen wurde."[236] Und tatsächlich fanden sich die Einheimischen und die ausländischen Arbeiter durch das katholisch untermauerte bäuerliche Herrschaftsmodell des Paternalismus[237] auf derselben Seite wieder. Anton H.:

> Was mich fasziniert hat, in der Karwoche sehr religiös, da haben sie [die polnischen Arbeiter] nichts gegessen (...), strenge Fastenzeit eingehalten und auch gebetet, also sehr katholisch. (...) Bei uns ist ja auch alles katholisch gewesen, das hat sich voll getroffen. Nur haben sie das viel strenger eingehalten, die ganzen Sachen, wie wir selber. (...) da hat man schon gesagt, echt wahr, das sind die besseren Katholiken wie wir. Wenn die [einheimische] Familie selber katholisch ist, dann ist das voll akzeptiert und voll unterstützt worden. Und an diesen Tagen, an die Feiertage, (...) ob das jetzt Lichtmess gewesen ist oder Josephitag, wo ein Bauernfeiertag gewesen ist, den haben die genauso von uns bekommen (...).

Das Regime wollte bereits im März 1940 anstelle der Bauernfeiertage eine klare Urlaubsordnung erlassen.[238] Die Maishofener Bauernschaft dagegen pochte auf deren Beibehaltung.[239]
Schließlich strichen die Nationalsozialisten ein Jahr darauf die meisten kirchlichen Feiertage und hielten die Landbevölkerung an, an diesen Tagen zu arbeiten. Trotzdem musste Landrat Allerberger Ende Mai 1942 feststellen, dass die gesetzliche Feiertagsordnung nicht eingehalten wurde und ein Großteil der Bauern an kirchlichen Feiertagen nicht arbeitete. Selbst dem Gesinde, den Kriegsgefangenen und den ausländischen Landarbeitern wurde an diesen Tagen seitens der Bauernschaft freigegeben. Die Gendarmerie wurde daraufhin über Anordnung der Gestapo angewiesen, das Verhalten der Landbevölkerung zu beobachten, um diesen Übelstand endgültig zu beseitigen.[240] Ende Jänner 1943 berichtete die Gendarmerie Uttendorf dem Landrat in Zell am See, dass in der Oberpinzgauer Gemeinde am 20. Jänner 1943 von der Mehrzahl der Bauern

der Sebastianitag gefeiert und die Kirche besucht wurde und auch die Dienstboten Feiertag hatten. Wie aus dem Schreiben weiter hervorgeht, konnten sich sogar die NS-Funktionäre der Tradition nicht entziehen. Der Ortsbauernführer gab als Ersatz für die fehlende Urlaubsregelung seine Zustimmung zur Abhaltung des Sebastianitags, der Ortsgruppenleiter schritt nicht dagegen ein, weil dieser die Abhaltung des Feiertages als interne Sache der Bauernschaft ansah und die Gemeinde war mehr oder weniger nicht beteiligt und interessiert.[241] Und der Pfarrer, der eine Messe gelesen hatte, gab an, nichts von dem Verbot gewusst zu haben. Für den Landrat eigentlich ein einziger Affront. Ganz sicher war er sich allerdings nicht. Er holte aufgrund des „Vorfalls" eine Stellungnahme bei der Kreisbauernschaft ein.[242] Scheinbar wollte es sich Allerberger mit der Bauernschaft nicht verscherzen.
Die Situation dürfte im Reichsgau überall dieselbe gewesen sein. Bereits Ende Juni 1942 wurde bei einer Besprechung im Büro des Reichsstatthalters die Abhaltung der Bauernfeiertage gemeinsam mit den ausländischen Arbeitern kritisiert[243] und im März 1943 diesbezüglich eine Krisensitzung einberufen. Die Verantwortlichen stellten Überlegungen an, wie die Bauern dazu gebracht werden konnten, auch während der katholischen Festtage die notwendigen landwirtschaftlichen Arbeiten im Interesse der vollen Feldbestellung und Ernteeinbringung durchzuführen. Dem Vorschlag von Kohl, dem Beauftragten des Reichsstatthalters für den Arbeitseinsatz, die Bauern und mit ihnen die ausländischen Arbeitskräfte mittels einer Polizeiverordnung zur Arbeit zu zwingen, standen die Sitzungsteilnehmer ablehnend gegenüber. Man befürchtete eine Missstimmung innerhalb der Bauernschaft. Dagegen fand das Beispiel Oberdonau Gefallen. Dort drohte man den Bauern für den Fall der Nicht-Arbeit während der Bauernfeiertage an, ihnen die Kriegsgefangenen und die „fremdvölkischen Arbeiter" zu entziehen. Auch die Aufhebung von UK-Stellungen (Befreiung vom Wehrdienst) wurde als adäquates Mittel angesehen, um die Dienstgeber gefügig zu machen. Schließlich einigten sich die Teilnehmer darauf, dass zwar nicht die Bauern aber die Ausländer insbesondere in der Zeit von März bis Oktober jeden Jahres die volle Arbeit leisten mussten. Bei Nichtbefolgung der Anweisung sollten den „Arbeitgebern" die Arbeitskräfte entzogen werden. Weiters wollte man die Gestapo einschalten, wenn ein Bauer die Einbringung, die Qualität oder die Quantität der Ernte gefährdet.[244] Ob die angedrohten Repressionen flächendeckenden Erfolg gezeigt haben, muss dahingestellt bleiben. Jedoch wurde 1943 aus der Pfarre Stuhlfelden gemeldet, dass die Leute an den zu Werktagen gestempelten Feiertagen den Gottesdienst nach Möglichkeit in der Früh besuchen.[245] Und dem Seelsorgebericht Niedernsill für 1944 kann man entnehmen, dass bei kirchlich gebotenen Feiertagen mit Werktagsordnung eine Enthaltung von knechtl. Arbeiten fast nicht mehr vorkam.[246]

Freizeitgestaltung

Wladimir B. mit anderem Zwangsarbeiter in Maishofen. Privatbesitz Familie Buhajow, Kirowograd (Ukraine).

In der bäuerlichen Arbeits- und Lebenswelt der ersten Hälfte des 20. Jahrhunderts gab es keine strikte Trennung zwischen Arbeitszeit und freier Zeit. Vielmehr war dies von einer Reihe nicht planbarer Faktoren abhängig: beispielsweise das Kalben einer Kuh während der Nacht oder der Einbringung der Heuernte am Sonntag, um dem Unwetter zuvorzukommen. Einzelne Interviewpartner bringen in ihren Erzählungen diesen Notwendigkeiten Verständnis entgegen. Sie bewerten die Heuernte oder die Arbeit bei den Tieren nicht als Verstoß gegen die „gerechte Arbeitszeit". Demgegenüber gibt es aber auch Beispiele, bei denen Bauern ihren ausländischen „Dienstboten" keinen einzigen freien Tag zugestanden, wie dies der Fall bei Wladimir B. gewesen war. Scheinbar hatte sein Dienstgeber keine Bedenken bei einem Ausländer gegen die Einhaltung der „moralischen Arbeitszeit" zu verstoßen, was man sich bei einer einheimischen Arbeitskraft nicht erlauben konnte. Ein „Leuteschinder" hatte es schwer, gute Dienstboten zu bekommen.

Durch die massive Reglementierung der Nationalsozialisten stellt sich die Frage, was die ausländischen Arbeitskräfte überhaupt mit ihrer frei verfügbaren Zeit anfangen konnten. Jan B. beschreibt seinen „typischen" Sonntag so:

> (...) erst einmal in die Kirche, dann hat man was gegessen und dann gab es ein Treffen mit den anderen Polen. (...) man ist halt spazieren gegangen und hat man sich mit den anderen Polen getroffen. Da gab es ja (...) mehr Polen, aber halt aus allen verschiedenen Himmelsrichtungen Polens, die kamen aus Warschau, aus Lodz. Also (...) was sollten wir schon großartig machen, also singen durften wir nicht, also haben wir uns natürlich unterhalten (...). Also wir haben uns für eine Stunde verabredet, dann war auch schon wieder abends und dann musste man auch schon wieder nach Hause.

Auch die anderen Interviewpartner gingen spazieren oder besuchten sich wechselseitig auf den Bauernhöfen. Laut Iwan D. verwehrte den hoffremden ausländischen Arbeitern niemand den Zutritt zu den Häusern der Einheimischen. Das Bauernhaus scheint also auch beim Zwangsarbeitseinsatz eine Institution „lokaler Öffentlichkeit und paternalistischer Intimität" gewesen zu sein, wo der soziale Austausch unter den Arbeitern sowie zwischen den Dienstgebern und den „Dienstboten" vonstatten ging.[247] Für diese Besuche wurden auch Ausflüge in die Nachbarorte unternommen, was eigentlich streng verboten war. Eustachius N.:

> (...) Haben wir nicht einmal mit dem (...) Postauto rauf fahren dürfen [nach Zell am See], höchstens du hast von der Gemeinde eine Bewilligung gekriegt oder von die Gendarmen,

dass du etwas tun hast müssen. Aber sonst ist alles verboten gewesen (...). Wenn irgendetwas gewesen ist, dann hat mir eh der Bauer getan. (...) manchmal haben es einige probiert weiterfahren [einen Ausflug zu machen], (...) dann haben sie [die Gendarmen] sie [die Zivilarbeiter] schon gehabt, eingesperrt oder Strafe gezahlt (...).

Iwan D. erzählt, dass es ein ganzes Jahr in Anspruch nahm, bis er seine Freunde durch Nachforschungen fand. Die Aufrechterhaltung der Kontakte mit den Landsleuten hatte eine wichtige Funktion, es war der Versuch der Entwertung der eigenen Deutungs- und Handlungsmuster auf den fremden Höfen zu entgehen.

Olga W. fuhr manchmal an Sonntagen mit dem Zug zu ihrer Cousine nach Bischofshofen. Die Erlaubnis dazu bekam die Interviewpartnerin von ihrer Dienstgeberin, was sie als Belohnung für ihre Arbeitsleistung interpretiert. Die Bäuerin stattete Olga W. dafür mit besserer Kleidung und einer Tasche aus, welche die Interviewpartnerin noch heute aufbewahrt. Dabei wurde das Angenehme mit dem Nützlichen verbunden. Olga W. nahm Butter mit, um diese gegen die Holzschuhe, welche die Kriegsgefangenen herstellten, eintauschen zu können. Da diese Ausflüge aber keiner Regelmäßigkeit unterlagen, ist davon auszugehen, dass an freien Tagen die geschlechtsspezifischen Unterschiede, die für die Einheimischen galten, auch für die Ausländer wirksam wurden. Während die Frauen auch an Sonn- und Feiertagen kochten, die Wäsche machten, sonstige Hausarbeiten und die täglich anfallende Stallarbeit erledigten – sich also nicht allzuweit vom Hof entfernen konnten – genossen die Männer ein hohes Maß an Bewegungsfreiheit.[248] Olga W. spricht davon, am Sonntagvormittag die Kirche besucht und am Nachmittag meist wieder gearbeitet zu haben, so wie das in Österreich üblich sei. Die männlichen Zivilarbeiter dagegen vertrieben sich neben den Spaziergängen die Zeit auch mit Kartenspielen. Der Bauer hatte keine Einwände, sagt Peter R., aber vom Gendarmen habe man sich nicht „erwischen" lassen dürfen, sonst wäre man bestraft worden, und „teuer gegangen" sei es manchmal. Es wurde nämlich um Geld gespielt. Aufgrund des Verlustes von Geld und anderer Wertgegenstände bei diesen Kartenspielen kam es auch zu

Maria S. und Olga W.
Privatbesitz Olena Dorosch
(Ukraine).

Kriegsgefangene beim Kartenspiel.
Stadtarchiv Mittersill.

schweren Konflikten zwischen den ausländischen Arbeitern. Mitte April 1943 überfielen drei polnische Zivilarbeiter oberhalb der Ortschaft Stuhlfelden in einem Walde bei einer Strassenkreuzung einen ukrainischen Landarbeiter; laut Gendarmeriebericht haben die Männer dem Ukrainer 230,- RM, sowie eine Damen- und eine Herrenuhr geraubt. Als Grund für den Überfall gaben die polnischen Arbeiter an, dass sie beim Kartenspiel wiederholt Geld gegen ihr Opfer verloren hätten. Die Täter wurden festgenommen und dem Amtsgericht Zell am See zur weiteren Verfügung der Geheimen Staatspolizei Salzburg eingeliefert.[249] Und in Lofer wurden Ende Dezember 1944 einem „Ostarbeiter" im Zuge einer Auseinandersetzung 35 Messerstiche versetzt und dieser anschließend von der Scheffnotherbrücke in die Saalach geworfen. Der Zivilarbeiter verstarb am selben Tag im Krankenhaus von Bad-Reichenhall. Als Täter ermittelte die Gendarmerie einen 23-jährigen Landsmann des getöteten „Ostarbeiters". Dem Streit soll ein verlorenes Kartenspiel vorausgegangen sein, bei dem der Täter 200,- RM und eine Taschenuhr an das spätere Opfer verspielt hatte. Nach seiner Verhaftung wurde der „Ostarbeiter" in das Polizeigefängnis Salzburg eingeliefert und soll später durch den Strang hingerichtet worden sein.[250]
Aber nicht nur untereinander, auch gegen Bauern und deutsche Volksgenossen wurde gespielt. Im Februar 1943 konnte ein Bauer in Piesendorf, der mit der Überwachung der „Ostarbeiter" und Polen beauftragt war, von einer einheimischen Bauerntochter in Erfahrung bringen, dass ein auf demselben Hof eingesetzter polnischer Zivilarbeiter auf einem anderen Bauernhof der Gemeinde mit dem Bauern selbst, anderen Polen und auch deutschen Volksgenossen Karten spielte, wofür dieser nächtliche Ausflüge unternahm. Damit verstieß dieser nicht nur gegen das Ausgehverbot, sondern lag damit auch das Delikt des „Verbotenen Umganges" zwischen Einheimischen und Ausländern vor, was den Landrat, die Gendarmerie und die Gestapo auf den Plan rief.[251]
Neben dem Kartenspielen kamen die ausländischen Arbeiter aber auch zusammen, um Tanzabende und Belustigungen abzuhalten. In Uttendorf trafen sich die polnischen Zivilarbeiter dafür bei einem einheimischen Bauern. Für den Bürgermeister, der sich zusammen mit dem Gendarmeriewachtmeister von den Vorkommnissen in der Silvesternacht 1941 überzeugte, war das keine besondere Angelegenheit. Nur empfand er es als Gemeinheit, wie er es dem Landrat gegenüber ausdrückte, wenn sich ein „deutscher" Bauer dazu herbeiließ, diesen Elementen Unterschlupf zu geben.[252] Während der Bürgermeister die Missachtung des nächtlichen Ausgehverbots durch die ausländischen Arbeiter in seiner Meldung an den Landrat noch nicht thematisierte, schreibt der Gendarm von den Unzukömmlichkeiten seitens der polnischen Landarbeiter.[253] Der Gestapo in Salzburg wurde Meldung erstattet und es ist davon auszugehen, dass In- und Ausländer gleichermaßen bestraft wurden.
Auch die Bräuche der Heimat wurden im Pinzgau gepflegt. Iwan D. erzählt vom

Teufel, vom Juden, der eine Ziege zieht, vom König und der Königin, in die sich die Ukrainer mithilfe der von der Bäuerin geborgten Kleidung verwandelten. Nach Aussage des Gesprächspartners wurden die ausländischen Arbeiter auch in die Bräuche des Pinzgaues mit einbezogen. So lud der Dienstgeber die auf seinem Hof eingesetzten Zivilarbeiter zweimal im Jahr in einen eigenen Raum des Hauses ein, wo gemeinsam Schnaps getrunken wurde. Weiters berichten die Interviewpartner von Ausflügen nach Zell am See, um „voller Angst" auf einem Schiff mitzufahren oder eine Kinovorstellung zu besuchen, nachdem sie ihre Abzeichen entfernt hatten. Auf dem Weg dorthin konnte Maria R. auf dem Fahrrad ihres „ukrainischen Kavaliers" mitfahren. Radfahren galt als schick, signalisierte Autonomie[254] und wurde von den Nazis verboten. Landrat Allerberger konnte allerdings keinerlei Wahrnehmungen machen, welche dieses Verbot gegenüber den Zivilarbeitern gerechtfertigt hätten.[255]
Die Kinobesuche der Ausländer brachten den Gendarmeriepostenführer von Zell am See in Rage, da er aufgrund des geringen Personalstandes die Kinos nur stichprobenartig überprüfen konnte. Er schreibt, dass es kein Problem sei, die Polen schon bei der Kassa zurückzuweisen, vorausgesetzt, dass diese ihr „P" trugen. Kopfzerbrechen bereiteten ihm die Sowjet-Ukrainer, die im August 1942 erst teilweise gekennzeichnet waren und diese von den galizischen Ukrainern, die allem Anschein nach in die Kinos durften, nicht unterschieden werden konnten. Der Gendarm könne höchstens feststellen, dass es ein Slawe schlechthin ist, ob er aber zu dieser oder jener Klasse gehört, lässt sich nicht erkennen. Und ich nehme an, er würde bei jeder Vorstellung einige solche erwischen.[256]
Die Aussage ist wohl als Plädoyer für eine Vereinfachung der differenzierten, im Polizeialltag „nur" Verwirrung stiftenden Behandlung der slawischen Arbeitskräfte zu verstehen. Nicht die Kennzeichnung, sondern das unterschiedslos auf „Untermenschen" dressierte Auge sollte das Maß aller Dinge sein.
Ein Jahr später, im Mai 1943, stieß der Landrat in dasselbe Horn. Dieser scheint sich durch das „Freizeitverhalten" der ausländischen Arbeiter regelrecht bedroht gefühlt zu haben, da er nach Salzburg meldete, dass Zell am See von den ausländischen Arbeitern an Wochenenden aus den umliegenden Orten geradezu überschwemmt wird und diese einen großen Teil der auf dem Zeller See befindlichen Boote sowie die Kuranlagen in Anspruch nehmen.[257] Nachdem er den Polen und „Ostarbeitern" die Benützung von Ruderbooten untersagt und einen Bootsvermieter ermahnt hatte, weil dieser sogar an Kriegsgefangene Boote abgab[258], bat er den Reichsstatthalter das Verbot auch auf alle anderen ausländischen Zivilarbeiter, wie Tschechen und Franzosen, ausdehnen zu dürfen. Der Reichsstatthalter Scheel erlaubte dies nicht, genehmigte aber den Vorschlag Boote in erster Linie an Einheimische und Kurgäste zu vermieten.[259] Das Freizeitvergnügen galt also folglich als Vorrecht der „Herrenrasse".

Französische Kriegsgefangene beim Skifahren.
Privatbesitz Alois Buchner, Niedernsill.

Kriegsgefangene.
Stadtarchiv Mittersill.

Die Verantwortlichen fragten sich offensichtlich, wodurch sich denn der Unterschied zwischen „Siegern" und „Besiegten" manifestiert, wenn „Fremdvölkische" frisch und fröhlich neben den Einheimischen auf „deutschen" Seen herumschipperten? Zudem waren Bäder ebenso wie Kinos und Gasthäuser Orte der Begegnung[260], bei denen es zu unerwünschten Kontakten zwischen einheimischen Frauen und ausländischen Männern kommen konnte und dies womöglich in Badekleidung.

Aus Bruck an der Großglocknerstraße kam im Mai 1943 vom Gendarmeriepostenführer die Anfrage, ob den französischen Zivilarbeitern tatsächlich der Besuch und Aufenthalt in den Gaststätten im gleichen Umfange wie den hiesigen Bewohnern gestattet ist und sie keinen weiteren Beschränkungen unterliegen. Der Gendarm schien ebensowenig wie Allerberger glauben zu können, dass die „Westarbeiter" nicht auf dieselbe Art und Weise wie die Polen und „Ostarbeiter" diskriminiert werden durften, aber in Ermanglung bestehender Vorschriften, wie er vermerkte, kann dagegen nichts unternommen werden und ist ein Einschreiten seitens des Postens nicht begründet solange nicht ein strafbarer Tatbestand vorliegt.

Gründe, die nach Auffassung des Beamten ein Einschreiten gerechtfertigt hätten, gab es zu Genüge: Am letzten Samstag abends verhielten sie sich etwa laut beim Nachhause gehen und benehmen sich auch ansonsten in den Gaststätten und auf der Strasse so als wenn sie der hiesigen bodenständigen Bevölkerung angehören würden.[261] In Bruck hatte es bereits im April Gründe zur Beanstandung gegeben, als etwa zehn Franzosen mit den Armen untergehackt zweimal die Straße versperrten und zwei einheimische Mädchen von ihren Rädern absteigen mussten und vier einheimische Frauen von zwei französischen Burschen angesprochen wurden. Der Bürgermeister beobachtete, dass sich französische Kriegsgefangene und Zivilarbeiter längere Zeit neben der Kirche miteinander unterhielten und einer davon als Wortführer fungierte; einem Trafikanten klar gemacht wurde, dass seine Waren in Frankreich gestohlen worden waren und ein Franzose beim Anblick eines Hitlerbildes gegenüberdemOrtsgruppenleiteräußerte,dassderFührermüdeausschaue.[262] Das „freche" Verhalten der Franzosen war für die NS-Vertreter eine einzige Provokation. Eine Ausweitung der für die osteuropäischen Arbeitskräfte geltenden Restriktionen auf alle anderen ausländischen Arbeitskräfte hätte aus Sicht der lokalen Herrschaftsträger die „Probleme" wohl aus dem Weg geräumt. Der Landrat vergaß nicht in seinem Schreiben an den Reichsstatthalter hinzuzufügen, dass die geschilderten Verhältnisse nicht nur in Bruck zutrafen, sondern in allen Orten wo ausländische Zivilarbeiter, vor allem Franzosen und Tschechen, sind.[263] Aber es half nichts, der Reichsstatthalter wollte die französischen Arbeiter nicht „diffamieren".[264] Den Gasthausbesuch der Polen hatte der Landrat bereits im Jänner 1940 energisch unterdrückt. Wutentbrannt schrieb Allerberger von dem vertraulichen Verkehr, den Verbrüderungsszenen und den gemeinsamen Unterhaltungen zwischen Einheimischen und Ausländern in den Wirtshäusern und dass die Leute vergessen hätten, welche furchtbaren Schandtaten die Polen an der deutschen Bevölkerung begangen haben und diese auch beim Arbeitseinsatz als Feinde zu betrachten sind.[265] Besonders unangenehm für den Landrat war, dass auch Parteigenossen an den polnischen Tanzunterhaltungen teilnahmen.[266] Die einheimischen Männer scheinen abseits aller „rassischen Bedenken" Gefallen an den Polinnen gefunden zu haben. Allerberger ließ die Ortsgruppenleiter im Zusammenspiel mit der Gendarmerie dagegen einschreiten und einzelne kleinere Gasthäuser in der Nähe der Lager der ausländischen Arbeiter überwachen. Den Besitzern stellte er die Schließung ihrer Lokale in Aussicht, falls polnische Zivilarbeiter bei ihnen betrunken angetroffen werden sollten. Und den „deutschen Mädchen" drohte er im Falle eines Geschlechtsverkehrs mit einem polnischen Mann an, sie zum abschreckenden Beispiel an den Pranger zu stellen und ihnen die Kopfhaare abzuscheren.[267]

Während der Landrat die einheimischen Frauen ihrer erotischen Attribute entledigen wollte, machte man sich in Salzburg Gedanken, wie den drohenden blutsmässigen Gefahren von Seiten der Ausländer am besten zu begegnen wäre. Noch vor dem Erscheinen der „Polenerlasse" sollte ein Alkoholverbot, ein Verbot des Verabreichens geistiger Getränke seitens der Gewerbetreibenden, ein Verbot der Teilnahme an Tanzveranstaltungen, sowie ein Ausgehverbot ab 7h abends für alle polnischen Zivilarbeiter erlassen werden.[268] Eustachius N. erzählt von den extra ausgewiesenen Räumen, in denen es ihnen als osteuropäische Arbeiter erlaubt war, ein Bier zu trinken. Er erwähnt auch das Gasthaus, wo die Kellnerin zwar ihre Bestellung entgegennahm, sie aber anschließend vom Wirt „ausgejagt" wurden und ein weiteres, wo sie trotz des Verbots in der Küche ein Bier erhielten, während sich „die Nazis" in der Gaststube aufhielten. Das Wirtshaus dürfte sich auch oder gerade beim Zwangsarbeitseinsatz als Spiegelbild der dörflichen Hierarchien erwiesen haben, wo soziale Barrieren

und Bindungen unverhüllt zutage traten.[269] Die Überschreitung dieser Grenzen wurde auch sofort geahndet, der Gendarm gerufen und von den ukrainischen Arbeitern die Flucht angetreten.
Ende Dezember 1942 griff der Gendarmeriepostenführer von Kaprun neunzehn „Ostarbeiter" auf, die in kleineren und größeren Gruppen ohne Beaufsichtigung im hies. Ortsbereiche herumgingen und sich in die Gasthäuser begaben. In einem Gasthaus bediente man die Arbeiter nicht, zwei Arbeiter wurden beim Betreten eines Cafes „erwischt" und vier weitere in einem Gasthaus im Gastzimmer angetroffen, wo jeder eine Halbe Bier vor sich stehen hatte. Der Gendarm nahm die Kellnerin in Schutz, schreibt, dass die „Ostarbeiter" ihre Kennzeichen nicht trugen und diese daher nicht erkennen konnte, dass es sich um solche handelte. Dem Bericht des Beamten zufolge dachte diese, dass es irgendwelche anderen Ausländer wären. Trotzdem schien ihn zu „befremden", dass sie angeblich gar nicht wusste, dass die Ostarbeiter nicht bewirtet werden dürfen. Über die „Ostarbeiter" verhängte der Postenführer die vorgesehenen Disziplinarstrafen.[270]
Für die ausländischen Arbeiter ging das Bedrohungspotential im öffentlichen Raum aber nicht nur von den Gendarmen aus. Jan B. erzählt von der Hilflosigkeit, gegen die man zu kämpfen hatte, wenn Hitlerjungen auf der Straße „Schweinepolen" brüllten oder ein anderes Mal einem polnischen Arbeiter, der sich für Sonntag zurecht gemacht hatte, mitten auf der Straße die Krawatte abrissen. Die Zwangsarbeiter sollten scheinbar in ständiger Unruhe gehalten werden.[271]
Andererseits konnten osteuropäische Arbeitskräfte bei „arbeitsmäßiger Bewährung" auch weiter entfernte Reisen zu nahen Angehörige unternehmen, was als motivationsfördernde Maßnahme des NS-Regimes zu verstehen ist. Dabei war diesen während der Fahrt mit der Eisenbahn lediglich die Benutzung der dritten Klasse erlaubt und Sitzplätze durften nur dann eingenommen werden, wenn andere Reisende nicht stehen mussten. Eine Genehmigung zur Reise in luftbedrohte oder luftbeschädigte Gebiete wurde ausdrücklich verboten.[272]
Als Jan B. in Steyr ankam, wurde die Stadt gerade bombardiert und der Interviewpartner von Soldaten in einen Luftschutztunnel getrieben. Sein Dienstgeber hatte ihm abgeraten, die Reise zu seiner Schwester anzutreten. Der Bauer befürchtete, dass Jan „verloren gehen" würde und fast wäre dies auch der Fall gewesen. Olga W. bekam einen dreitägigen Urlaub für Wien. Sie war gezwungen das „Ost"-Zeichen zu tragen, bekam einen Passierschein und niemand habe sie „etwas gefragt oder etwas gesagt". Sie ging ganz frei – wie sie betont – und sei von Wagrain ziemlich weit entfernt gewesen.
Die knapp bemessene „freie Zeit" hat für die ausländischen Arbeiter scheinbar mehrere Funktionen erfüllt. Zum einen war es diesen dadurch möglich, kurzfristig der Schwere des Arbeitsalltags zu entkommen und zum anderen

den Kontakt mit den Landsleuten und damit zur Heimat aufrecht zu erhalten. Freiräume wurden vor allem durch den Mangel an Überwachungspersonal geschaffen. Während das Regime allzeit mit Unterdrückungsmaßnahmen zur Stelle war, wenn ein „ungebührliches Verhalten" der Ausländer aufgedeckt werden konnte oder diese die bestehenden Grenzen überschritten, haben sich die Einheimischen meist nicht um das „Verhalten" der Zivilarbeiter gekümmert. Allerdings nur so lange, wie die eigenen „Befindlichkeiten" nicht berührt wurden, ansonsten folgten Denunziationen.

Diskriminierung Kriminalisierung Disziplinierung

Ausgrenzung und Überwachung

Am 8. März 1940 erschienen für das Deutsche Reich die sogenannten „Polenerlasse", mit denen das Regime die Arbeits- und Lebensbedingungen der polnischen Arbeiter bis in das kleinste Detail regelte. Zum einen diente dieses Erlasspaket der Beaufsichtigung und Repression der Ausländer beim „Arbeitseinsatz" selbst und zum anderen wollten die Nationalsozialisten damit ihren eigenen ideologischen Ansprüchen gerecht werden. Das bedeutete einerseits Eingrenzung auf die Einsatzorte und andererseits Ausgrenzung aus der „deutschen Volksgemeinschaft".[273] In einem Merkblatt für deutsche Betriebsführer sind die einzelnen Bestimmungen genau aufgeführt. So gab es für die polnischen Arbeitskräfte ein Verbot, den Aufenthaltsort ohne besondere Genehmigung der Ortspolizeibehörde zu verlassen, ein Ausgehverbot für die Nachtstunden, ein Verbot der Benützung von öffentlichen Verkehrsmitteln, ein Verbot der Benützung von Fahrrädern ohne ortspolizeiliche Erlaubnis, ein Verbot der Benützung des Fernsprechers, ein Verbot des Besuchs von Theatern, Kinos, Gaststätten und Ähnlichem gemeinsam mit der deutschen Bevölkerung, ein Verbot des Fotografierens und der Benützung fotografischer Apparate, was mit der Spionagegefahr und der kriegsbedingten Knappheit an Fotomaterial argumentiert wurde[274], sowie ein Verbot des geselligen und insbesondere des „intimen Verkehrs" mit Deutschen. Zudem waren polnische Arbeitskräfte je nach den gegebenen Möglichkeiten scharf getrennt vom deutschen Gesinde unterzubringen sowie die Mahlzeiten getrennt voneinander einzunehmen.[275] Damit die Polen jederzeit als solche erkannt werden konnten, mussten diese zudem ein fest mit der jeweiligen Kleidung verbundenes Kennzeichen mit dem Buchstaben „P" auf der rechten Brustseite tragen. Diese Kennzeichen hatten die Zivilarbeiter mit ihrem eigenen Geld zu kaufen und wurden in Streifen zu fünf

Stück zum Preis von 0.10 RM je Streifen ausgegeben.[276] Wie man einer Weisung vom 25. August 1942 entnehmen kann, diskriminierte man auch die „Ostarbeiter" auf dieselbe Art und Weise. Diese waren beim Einzeleinsatz in der Landwirtschaft getrennt von allen anderen Gefolgschaftsmitgliedern in verschließbaren, gut zu überwachenden Räumen unterzubringen. Sie durften ihre Unterkunft nur zum Zweck der Arbeitsleistung verlassen und hatten stets ihre mit Lichtbild und Fingerabdruck versehene Arbeitskarte als Ausweis mit sich zu führen.[277] Während das Abzeichen der Polen ein violettes „P" auf gelbem Grund zeigte, erfolgte die Kennzeichnung der „Ostarbeiter" durch ein quadratisches Stoffstück mit der weißen Aufschrift „Ost" auf blauem Grund.[278] Als Belohnung bei „arbeitsmäßiger Bewährung" konnte den „Ostarbeitern" mit Genehmigung der Staatspolizei unter deutscher Bewachung Ausgang gewährt werden. Der Besuch von öffentlichen Vergnügungsstätten, Erholungsplätzen, Gaststätten und Kirchen wurde dabei auch diesen verboten.[279] Darüber hinaus war es den ausländischen Zivilarbeitern und besonders den Polen und „Ostarbeitern" nach einer Verordnung von Reichsstatthalter Scheel in Salzburg untersagt, Trachtenkleider und Trachtenstücke jeglicher Art anzunehmen, zu besitzen und zu tragen.[280]

Die Ukrainer aus Galizien unterlagen einer nicht so starken Diskriminierung wie die anderen osteuropäischen Arbeitskräfte, allerdings mussten diese für ihre NS-rechtliche Besserstellung den Nachweis der „nichtpolnischen Volkstumszugehörigkeit" erbringen. Erst danach konnten sich diese innerhalb des Landkreises Zell am See frei bewegen und wurden von der Kennzeichnungspflicht befreit. Bei einem Geschlechtsverkehr mit „deutschen Volksgenossen" hatten auch die (West-)Ukrainer mit der Todesstrafe zu rechnen.[281] Von den Nationalsozialisten wurden diese Maßnahmen gegenüber der eigenen Bevölkerung damit gerechtfertigt, dass in Polen Kriegsgreuel gegen Volksdeutsche stattgefunden hätten und dass „der Pole" ein Volksfeind sei. Er müsse daher nicht anders als „der Jude" behandelt werden. Weiters wurde erklärt, dass „der Pole" durch sein unterwürfiges Verhalten, das er anfangs zeigt, solange er eine Faust über sich spürt, allzuleicht Mitleid bei der Bevölkerung erschwindelt, um dann frech und herrisch aufzutreten. Auch „beim Ostarbeiter" stellte man fest, dass er der deutschen „Rasse" fremd wäre und jahrzehntelang zum Feind des Großdeutschen Reiches und des Nationalsozialismus erzogen wurde.[282] Um die genannten Bestimmungen durchsetzen zu können und um Fluchtversuche zu verhindern, war aus Sicht der Verantwortlichen eine strenge Überwachung der osteuropäischen Arbeiter notwendig. Bei den Kriegsgefangenen kam als Begründung die Gefahr von Spionage, Sabotage und Zersetzung hinzu. Zudem sollte durch die Überwachung der ausländischen Arbeiter die volle Ausnutzung ihrer Arbeitskraft sichergestellt und durch Abschreckungsmaßnahmen Regelverstöße bereits im Keim erstickt werden.[283]

Als Anfang April 1942 im Pinzgau der „Einsatz“ von sowjetischen Kriegsgefangenen und von sowjetischen Zivilarbeitskräften erwartet wurde, forderte Allerberger seine Gendarmen auf, den Gefangenen ein erhöhtes Augenmerk zu schenken und jedes „Inverbindungstreten“ bzw. jeden „Verkehr“ der Gefangenen und der Zivilarbeiter mit den Einheimischen zu verhindern.[284] Dies sollte sich aber in der Folgezeit als nicht so einfach erweisen. Bereits im August 1942 musste der Landrat dem Reichsstatthalter melden, dass die Überwachung der „Ostarbeiter“ mit den größten Schwierigkeiten verbunden sei, da fast überall nur ein Beamter am Posten ist.[285]

Was die Interviewpartner betrifft, so machten diese hinsichtlich der polizeilichen Kontrolle unterschiedliche Erfahrungen. Während sich Jan B. und Olga W. daran erinnern, dass auf „ihren“ Höfen ab und zu Gendarmen vorbeikamen um sich nach ihrem Verhalten zu erkundigen, sprechen andere Gesprächspartner davon, dass sie auf ihren Arbeitsstellen nie einen Gendarmen zu Gesicht bekamen. Wie aus den schriftlichen Quellen und den Aussagen der Interviewpartner hervorgeht, dürfte vor allem das Freizeitverhalten der Zwangsarbeiter mit Argusaugen überwacht worden sein.

Mit der Zeit konnte von den Nationalsozialisten aber nicht nur die Kontrolle der zivilen Arbeitskräfte sondern auch die lückenlose Bewachung der Kriegsgefangenen nicht mehr aufrechterhalten werden. Laut einem Schreiben des Reichsführers SS vom Mai 1943 war dies der Entwicklung des Arbeitseinsatzes und dem zunehmenden Mangel an Wachmannschaften sowie der Lage der zum Teil weit zerstreuten Einsatzstellen geschuldet. Weshalb die Lagerkommandanten mehr als bisher die Unterstützung der Gendarmerie für alle die Fälle zu erbeten hatten, in denen eine ausreichende Beaufsichtigung nicht mehr gewährleistet war.[286] Da jedoch auch der Gendarmerie zu wenig Personal zur Verfügung stand, war bereits eineinhalb Jahre zuvor, im Jänner 1942, die Aufstellung einer Landwacht erfolgt, für die rüstige, nach Möglichkeit waffenkundige Männer jeden Alters in Betracht kamen und die unter Führung der Gendarmerie den Schutz der Bevölkerung gegen entwichene Kriegsgefangene und andere Personen, die im Herumtreiben die öffentliche Sicherheit und Ordnung gefährden, übernehmen sollten.[287] In Bruck an der Großglocknerstraße wurde ein Landwachtposten, der nichts anderes als eine bewaffnete Bürgerwehr darstellte, in der Stärke von fünf Mann gebildet.[288] Einem Schreiben der Gendarmerie Saalbach zufolge wurden diese Landwachtmänner dazu herangezogen, bei Tag und bei Nacht in der Gemeinde – in der sich Ende Mai 1943 rund 100 Polen, „Ostarbeiter“ und (West-)Ukrainer sowie serbische und französische Kriegsgefangene befanden – Streifendienste zu verrichten.[289] Daneben wurde ein „Partei-Streifendienst“, den man als nebenberuflichen Spitzeldienst bezeichnen könnte, ins Leben gerufen, der den Geschlechtsverkehr sowie alle anderen Beziehungen zwischen Ausländern und Einheimischen zu verhindern hatte.[290]

Zusätzlich nahm das Regime bei der Überwachung der Ausländer die einheimischen Dienstgeber in die Pflicht. So mussten die Betriebsführer alle ihnen zur Kenntnis kommenden Zuwiderhandlungen der polnischen Arbeitskräfte gegen die für diese geltenden Anordnungen und jedes unerlaubte Verlassen des Arbeitsplatzes dem Bürgermeister melden.[291] Und für den Dezember 1942 kann man in der Salzburger Zeitung von den „großen Gefahren" lesen, die das Regime durch den Einsatz der hauswirtschaftlichen Ostarbeiterinnen in politischer, militärischer und wirtschaftlicher Hinsicht befürchtete. Durch die rührige Haltung der deutschen Frau und die richtige Einstellung der ganzen Familie der Ostarbeiterin gegenüber sollten all diese Gefahren auf ein Mindestmaß beschränkt werden.[292]

In diesem Zusammenhang stellt sich die Frage, wie die Ausgrenzung und Überwachung der osteuropäischen Zwangsarbeiter im Pinzgau in der Praxis ausgesehen hat bzw. inwieweit sich die Betroffenen einerseits und die Einheimischen andererseits an die Vorgaben des Regimes hielten. Im Jänner 1942 teilte Landrat Allerberger dem Reichsstatthalter in Salzburg mit, dass über die im Landkreis Zell am See eingesetzten landw. Arbeiter poln. Volkstums (...) nur in Einzelfällen Anzeigen wegen Arbeitsunlust, Arbeitsverweigerung und Lohnansprüchen gemacht worden sind, während die Nichteinhaltung der Bestimmung über die Kennzeichnung der Polen häufig der Fall gewesen sein soll. Gegen die betreffenden Personen verhängte der Landrat über Sonntag Arrest, und wenn eine Arbeitsverweigerung vorlag, im Einvernehmen mit der Gestapo Schutzhaft.[293] Einen Monat später wurden die Bürgermeister und Gendarmen des Pinzgaues darauf hingewiesen, darauf zu achten, dass keine Kennzeichen verwendet werden, die auf mit Anstecknadeln versehenen Platten befestigt sind und es so dem Träger ermöglichen, das Abzeichen nach Bedarf abzulegen. Polnische Arbeiter, die gegen die Kennzeichnungspflicht verstießen, sollten mit einer fühlbaren Geldstrafe belegt werden und waren bei mehrmaligen Verstoß den staatlichen Polizeistellen zur weiteren Behandlung zuzuführen.[294] Während sich die meisten Dienstgeber nach Aussage der Interviewpartner nicht dafür interessierten, ob ihre ausländischen „Dienstboten" die Abzeichen trugen oder nicht, machten die Gendarmen den Bauern Vorwürfe, wenn ihre Arbeiter ohne Abzeichen auf der Straße unterwegs waren, oder teilten Schläge aus, wenn die Abzeichen von den Zivilarbeitern lediglich provisorisch befestigt wurden.
Jan B.:

> (...) man ist halt (...) auf der Straße entlang gelaufen und dann kam ein Polizist auf dem Fahrrad angefahren, weil sie meistens Fahrrad gefahren sind. Und dann hatte man schon sofort Angst, als man ihn gesehen hat, ob er nicht gleich anhält, überprüft ob das auch ordnungsgemäß (...) rangenäht ist und wenn nicht, hätte man halt auf die Fresse bekommen.

Als Zeichen der Schande hätten sie diese Abzeichen empfunden, sagt Iwan D.

Wladimir B.,
eingesetzt in Maishofen.

Und Anton H. spricht davon, dass die ausländischen Arbeiter diese eingefaltet hätten, was wohl als Versuch zu verstehen ist, die „Schande" zu minimieren. Während Wassyl H. ein „Ost-Zeichen" besaß und es seinen eigenen Angaben nach aber nicht benutzte, trug Wladimir B. sein Abzeichen ständig, da er sonst, wie ihm der Bauer gesagt hat, mit der Einweisung in ein Straflager rechnen musste. Selbst zwischen den einzelnen Ausländergruppen führte die Kennzeichnungspflicht zu Zwistigkeiten. Eustachius N. zufolge waren die polnischen und sowjetischen Arbeitskräfte nicht gut auf die galizischen Ukrainer zu sprechen, weil diese von der diskriminierenden Abzeichenregelung ausgenommen waren. Andererseits scheint es Gendarmen gegeben zu haben, die der Versuchung nicht widerstehen konnten, diese auf eigene Faust zu kennzeichnen. Der Landrat schrieb von der „starken Empörung und Erbitterung" der „polnischen Zivilarbeiter ukrainischen Volkstums" über dieses Ansinnen, da sie im schärfsten Gegensatz zu den Polen stehen und jede Gemeinschaft mit diesen ablehnen würden.[295]

Polnische Zwangsarbeiterin
mit ihrem Kind („Ukrainer-Büberl")
in der Tracht der Einheimischen.
Privatbesitz Familie Höllwerth,
Niedernsill.

Aber auch die anderen Verbote wurden nicht eingehalten. Die ausländischen Arbeiter besuchten zusammen mit den Einheimischen die Gasthäuser und die Kirchen, hielten sich nicht an das nächtliche Ausgehverbot, verließen das Gemeindegebiet und posierten für Fotos in der Tracht der Einheimischen. Der Dienstgeber von Jan B. zahlte 60,- RM Strafe für seinen polnischen Arbeiter, weil dieser ein Foto von einem ihm unbekannten Mädchen machte, während der Interviewpartner bereits mit einem Monat Gefängnisaufenthalt gerechnet hatte, weil er die Strafe nicht bezahlen konnte.

Reichsstatthalter Scheel schrieb im März 1942 von der zunehmenden Arbeitsscheu und Disziplinlosigkeit der Polen und wies die Sicherheitsbehörden darauf hin, alles Erforderliche vorzukehren, um die Arbeitsdisziplin der Polen wiederherzustellen. Insbesondere ist mit größerem Nachdruck als bisher auf die Einhaltung der vom Reichsführer SS hinsichtlich der Zivilpolen erlassenen Sonder-Bestimmungen, Tragen des „P", Verbot der Benützung von Verkehrsmitteln, des Besuches von Gasthäusern usw. hinzuwirken. Zudem sollte dafür gesorgt werden, daß die bisher häufig beobachteten Fälle einer Vorschubleistung des ungebührlichen Verhaltens der Polen durch den Betriebsführer oder seine Angehörigen allmählich aufhören. Es kann leider oft beobachtet werden, daß die Haltung der Landbevölkerung gegenüber den Polen in diesem Punkte noch sehr zu wünschen übrig läßt.[296] Aus pragmatischen Gründen und um die Arbeitswilligkeit ihrer ausländischen Arbeitskräfte nicht zu gefährden, scheinen die Einheimischen die Vorgaben des Regimes oft nicht beachtet zu haben, was die Verantwortlichen natürlich maßlos ärgerte. Zudem gab es in der ersten Hälfte des Jahres 1942 allem Anschein nach Bestrebungen seitens des Regimes, „die Zügel" stärker anzuziehen. Dies erfolgte im Hinblick auf die Ausdehnung des „Arbeitseinsatzes" und die „Hereinnahme" von sowjetischen Arbeitskräften sowie den vermehrten Einberufungen der einheimischen Arbeitskräfte zum deutschen Militär. Im Juli 1942 schrieb Scheel von dem „besonders schlechten Verhalten" der Polen, dass diese „ihre Arbeitsherrn" aus Rachegründen zur Anzeige bringen und daß die schärfste Überwachung dieser Arbeitskräfte eine unbedingte Notwendigkeit sei.[297] Bei dem Racheakt handelte es sich um einen einzigen Fall, wo ein polnischer Arbeiter seinen Dienstgeber wegen Schwarzschlachtungen anzeigte.[298] Denunziationen waren zwar erwünscht, wenn aber ein Pole gegen einen „deutschen Volksgenossen" vor Gericht aussagte, dann ging dies aber doch zu weit. Und in Salzburg wollte man nicht glauben, dass die Anzeige aus Gründen der Ernährungssicherung für das „deutsche Volk" geschah.

Französische Kriegsgefangene
mit Alois Buchner in der Mitte.
Privatbesitz Alois Buchner, Niedernsill.

Aber auch die Kritik an den Einheimischen riss nicht ab. In einem Schreiben vom 25. August 1942 mokierte sich der Beauftragte des Reichsstatthalters für den „Arbeitseinsatz"[299] namens Kohl über die vielen Fälle von gerichtlichen Aburteilungen, die fehlende Ehre, die fehlende Würde und das fehlende Verständnis der ländlichen Bevölkerung, weil diese die Kriegsgefangenen wie Glieder der Hausgemeinschaft behandelten, mit diesen an einem Tisch aßen, aus Mitleid besonders gut verpflegten und die Gefangenen bei den Bauern wie zu Hause waren. „Deutsche Arbeitsmaiden" hätten ihre Mahlzeiten an getrennten Tischen einnehmen müssen, während der schon lange beim Bauern beschäftigte kriegsgefangene Franzose oder Serbe mit am Tisch

Französische Kriegsgefangene mit dem Bruder von Alois Buchner in der Mitte (dieser wurde noch von der deutschen Wehrmacht eingezogen und ist gefallen). Privatbesitz Alois Buchner, Niedernsill.

der Familie sitzt.[300] Dieses Schreiben war das Eingeständnis des ungehörten Verhallens nationalsozialistischer Ausgrenzungspolitik am ländlichen „Eigensinn". Die Hierarchie innerhalb einer bäuerlichen „Hausgemeinschaft" orientierte sich auch weniger an Nationen und Ethnien als vielmehr an der Zugehörigkeitsdauer zum Hof, dem Geschlecht und der Generation.[301] Vor allem aber scheinen die Einheimischen die männlichen Ausländer im Gegensatz zu den „deutschen" Mädchen als vollwertige Arbeitskräfte wahrgenommen zu haben, deren Gunst man sich erhalten musste. Ein Teil der ehemaligen Zwangsarbeiter spricht zwar davon, dass beim Essen eine Separierung zwischen den Bauersleuten auf der einen sowie den aus- und inländischen Dienstboten auf der anderen Seite stattfand, was mit der Größe des Hofes, der Anzahl der Dienstboten und den herrschaftlichen Attitüden mancher Besitzer zu tun gehabt haben dürfte. Meistens saßen die Interviewten aber zusammen mit ihren Dienstgebern an einem Tisch und aßen mit diesen sogar aus einer Schüssel.

Bereits im Sommer 1939 hatte man in Salzburg festgestellt, dass sich die ausländischen Arbeiter, welche vor Kriegsbeginn auf freiwilliger Basis in der Landwirtschaft des Reichsgaues arbeiteten, nicht über die schwierigen Verhältnisse im Gebirge beklagten, da ja bei unseren Gebirgsbauern ein Unterschied in der Lebenshaltung zwischen Betriebsführer und Gefolgschaftsmitglied nicht besteht und daher auch das Gefolgschaftsmitglied ruhig unter viel schwierigeren Bedingungen arbeitet, wenn es mit dem Bauer an einem Tisch sitzt.[302] Im Krieg war aber dem NS-Regime die Tischgemeinschaft von Einheimischen und Ausländern aus (sicherheits-)politischen und aus ideologischen Gründen ein Dorn im Auge. Die Integrationsbestrebungen der Dienstgeber fielen unter den sogenannten „Verbotenen Umgang", der neben dem rassistischen Hauptzweck, nämlich der Verhinderung des Geschlechtsverkehrs zwischen Deutschen und Ausländern, zwei weitere Motive hatte. Zum einen wollten die Nationalsozialisten verhindern, dass bei einem zu engen Kontakt zwischen Einheimischen und Kriegsgefangenen gegnerische Spionage und Sabotage erleichtert oder Kriegsgefangenen zur Flucht verholfen werden könnte, und zum anderen war man bestrebt, den von der Propaganda geschürten Hass gegen die Kriegsgegner aufrecht zu erhalten. Vor allem die Anwesenheit der sowjetischen Arbeiter

ließ bei den Nationalsozialisten die Befürchtung aufkommen, dass „kommunistisches Gedankengut in die deutsche Bevölkerung eindringen könnte", was der Grund dafür war, dass man jede Form von Solidarisierung zwischen der einheimischen Bevölkerung und den Sowjetbürgern zu unterbinden suchte.[303] Wie sich bei den Interviews herausstellte, scheint die Tischgemeinschaft zwischen Ausländern und Inländern so selbstverständlich gewesen zu sein, dass selbst die ehemaligen Zwangsarbeiter teilweise nichts von dem Verbot wissen.
Zum Zeitpunkt des Schreibens von Kohl war das „Maß" bereits voll. Die für den „Arbeitseinsatz" Verantwortlichen wollten die „Eigenarten" ländlicher Mentalität nicht länger tolerieren. In einer Abteilungsleiterbesprechung, die am 19. August 1942 in Salzburg stattfand, hatte Kohl bereits festgehalten, dass die Bestimmungen über die Behandlung ausländischer Zivilarbeiter und Kriegsgefangenen wesentlich schärfer zu handhaben sind und in der nächsten Zeit durch Veranstaltung von Schulungen bei den Bürgermeisterämtern und Ausgabe von Merkblättern das Notwendige veranlaßt wird.[304]
Am 26. August schrieb Reichsstatthalter Scheel an den Landrat in Zell am See, dass die Klagen über die ausländischen Arbeiter berechtigt wären, andererseits aber auch die Notwendigkeit bestünde, die Betriebsführer und Bauern im „richtigen Umgang" mit den Zivilarbeitern und Kriegsgefangenen zu schulen.[305] Das Bedrohungspotenzial für den „Arbeitseinsatz" ging für das Regime scheinbar weniger von den ausländischen Arbeitskräften, die man ja bei „unbotmäßigem Verhalten" mit Hilfe von Gendarmerie, Gestapo, Gefängnis und „Arbeitserziehungslager" disziplinieren konnte, als vielmehr vom Verhalten der Einheimischen aus. Rund zwei Wochen später fanden in den einzelnen Pinzgauer Gemeinden Pflichtunterweisungen der einheimischen Bevölkerung statt.[307] Die Bauern „motivierte" man mit der Androhung von einer 150,- RM Strafe oder zwei Wochen Haft an den Sitzungen teilzunehmen[307] und den Bürgermeistern wurde aufgetragen, auch solche Volksgenossen und -genossinnen vorzuladen, deren Verhalten Kriegsgefangenen und ausländischen Arbeitern gegenüber zu wünschen übrig läßt. Als Entschuldigung für ein Fernbleiben von diesen Sitzungen galt nur Krankheit des Vorgeladenen oder Krankheit oder Tod eines Familienangehörigen, wobei die Betriebsführer in einem solchen Fall einen geeigneten Vertreter zu entsenden hatten.[308] Und tatsächlich blieben Einheimische diesen Pflichtunterweisungen fern, weil sie die Nachricht vom Tod des Sohnes erhielten oder am Gottesdienst für einen gefallenen Knecht teilnahmen.[309] Nach den Versammlungen hatten die Bürgermeister über die dabei gemachten Wahrnehmungen Berichte abzuliefern. Wobei sich selbst die NS-Funktionäre manchmal mit den Problemen ihrer Bauern zu identifizieren schienen. Simon Empl schrieb aus Leogang, dass die Unterweisung als notwendig und aufklärend zu bezeichnen ist, jedoch „musste" er anmerken, dass sich die Betriebsführer fast durchgehends dahin äußerten, dass es leicht sei,

Olga W.,
mit der einheimischen Bauernfamilie,
links neben ihrem „Dienstgeber".
Privatbesitz Olga W., Koroliwka (Ukraine).

Verhaltensmaßregeln zu geben, dass es aber ganz anders ist, wenn man mit den Gefangenen, den Zivil-Polen oder Ostarbeiter im gleichen Hause zusammen leben und zusammen arbeiten muß.[310] In Uttendorf kritisierte ein Teil der Bauern, die laut Bürgermeister in allen Dingen zögernder mitkamen, die Notwendigkeit strenger Auseinanderhaltung von den eigenen Haushaltsangehörigen, da sie eine Gegenvergeltung der fremdvölkischen Arbeiter in verminderter Arbeitsleistung befürchteten.[311] Der auf der Versammlung seitens der Bauern geäußerte Wunsch, die Ausländer über die betreffenden Bestimmungen durch einen Dolmetsch aufklären zu lassen, kann als Versuch gedeutet werden, den dadurch befürchteten Missmut auf die dafür verantwortlichen Nationalsozialisten abzulenken. Aus Neukirchen am Großvenediger kam die Meldung, dass die abgesonderte Unterbringung der ausländischen Arbeiter wegen Platzmangels auf Schwierigkeiten stieß.[312] Der Bürgermeister von Lend schrieb, dass Kriegsgefangene immer wieder ohne Bewachung herumgingen und ausländische Arbeiter ohne der für sie bestimmten Bezeichnung gesehen worden sein sollen und dass sich insbesondere die Bauern die erhaltenen Unterweisungen viel zu wenig beherzigt haben[313], während in Piesendorf nach den Pflichtunterweisungen laut Bürgermeister der freie örtliche Verkehr der ausländischen Arbeiter merklich nachgelassen hat.[314] Josef Buchner meldete für Kaprun, dass in einem Gasthaus der Gemeinde „ausländisches Gesindel" zusammenkam, dieses erst spät in der Nacht lärmend den Heimweg beschritt und dass die Polen ihre Kennzeichen nicht tragen wollten.[315] Die Kapruner Gendarmerie, die vom Landrat den Auftrag bekam, energisch dagegen einzuschreiten[316], konnte bezüglich des lärmenden „polnischen Gesindels" keinerlei Wahrnehmung machen und verhängte bei Verstößen gegen die Kennzeichnungspflicht Organstrafverfügungen.[317] Und in Saalfelden drückte Hans Großlercher seine Überraschung darüber aus, dass die geladenen Betriebsführer vollzählig und auch pünktlich im Gasthof Hindenburg erschienen sind. Für den Bürgermeister ein Zeichen, dass sich alle über den Ernst und die Notwendigkeit einer solchen Unterweisung im Klaren gewesen sind. Die Probleme der Bauern scheinen aber weniger ideologischer als vielmehr praktischer Natur gewesen zu sein. Nach der Sitzung hatten diese besondere Wünsche hinsichtlich der Kleidung und Beschuhung der Gefangenen und Ostarbeiter.[318]

Es ergibt sich ein recht zwiespältiges Bild, was die Einhaltung der „NS-Rassenpolitik" gegenüber den Ausländern betrifft. Dies hinderte den Landrat aber nicht daran, Mitte Oktober 1942 nach Salzburg zu melden, dass die Pflichtversammlungen von rund 1100 Arbeitgebern im Landkreis Zell am See durchgeführt und diese sehr gut und verständnisvoll aufgenommen worden sind. Er schmückte seine Erfolgsmeldung noch weiter aus und teilte dem Reichsstatthalter mit, dass in fast allen Gemeinden alle Arbeitgeber vollzählig erschienen sind und diese vielfach ihre „deutschen Gefolgschaftsmitglieder" mitgebracht hätten.[319] Laut Anwesenheitsliste[320] war das eine glatte Lüge. Nur in Bruck an der Großglocknerstraße waren neunundzwanzig Personen mehr gekommen, als vorgeladen wurden. In Fusch waren es, wenn man die entschuldigten Personen abzieht, allem Anschein nach drei und in Leogang fünf. Ansonsten kamen bei rund der Hälfte aller Gemeinden aus entschuldigten und unentschuldigten Gründen weniger Einheimische als ursprünglich vorgeladen waren. Vom Bürgermeister in Taxenbach wollte der Landrat wissen, ob die vorgetragenen Entschuldigungsgründe glaubwürdig wären, ob die Betreffenden Parteigenossen sind und wie sie sich gegenüber ihren ausländischen Arbeitskräften verhalten.[321] Das Misstrauen gegenüber der eigenen Bevölkerung saß tief. Dienstbeflossen stellte der Landrat in seinem Schreiben an den Reichsstatthalter abschließend fest, daß die Pflichtunterweisungen gewirkt haben und sich seitdem das Verhalten gegenüber den fremden Arbeitskräften bessert. Gegen die zwanzig unentschuldigt von den Schulungen Ferngebliebenen leitete er ein Strafverfahren ein.[322]

All die geschilderten Beispiele zeigen, dass die ideologisch motivierte Ausgrenzung der ausländischen Arbeitskräfte von der einheimischen Bevölkerung teilweise eingehalten oder oberflächlich akzeptiert wurde. In der pragmatischen, ländlichen Arbeits- und Lebenswelt stieß diese Ausgrenzung aber oftmals an ihre Grenzen. Einerseits war die Kennzeichnung der ausländischen Arbeitskräfte in einem Dorf nicht notwendig, da ohnehin jeder wusste, wer Ausländer und wer Inländer war[323] und andererseits mussten sich in einer bäuerlichen Familienwirtschaft, die oftmals nur unter dem Einschluss der Dienstboten und Tagelöhner funktionierte, die Vorgaben des Regimes nachteilig auf den geordneten Arbeits- und Lebensablauf eines Hofes auswirken. Für die Gendarmen dagegen, die als verlängerter Arm des Staates mit der Einhaltung der genannten Bestimmungen beauftragt wurden, dürfte sich die Frage nach dem Sinn oder Unsinn der Ausgrenzungsmaßnahmen nicht gestellt haben. Diesen diente ihr Wissen darüber, wer Ausländer und wer Inländer war, vielmehr dazu, das Tragen der Abzeichen zu erzwingen.

Staatliche und betriebliche Bestrafung

Zu Beginn des „Arbeitseinsatzes" gab es noch kein Strafsystem, welches allein die ausländischen Arbeiter betraf. Die Erlässe und Anordnungen der Anfangszeit, die oftmals im Widerspruch zueinander standen und breiten Raum für behördliche Willkür ließen, wurden erst nach und nach vereinheitlicht.[324] Daraus entwickelte sich schließlich ein Sonderstrafsystem, das „unterschiedlich nach Nationalität, Status und Geschlecht – hinsichtlich Bestrafungsgründen und -ausmaß weit über die für Deutsche geltenden Regelungen" hinausging.[325] Im Zuge der Bestrafung von ausländischen Arbeitskräften kam es zu einer schrittweisen Ausschaltung der deutschen Justiz, da einerseits vom RSHA der Umweg über die Gerichte als zu zeitraubend angesehen wurde und andererseits Heinrich Himmler das Ziel verfolgte, das gesamte Sonderstrafsystem für Ausländer vollständig in seine Hand zu bekommen.[326] Bereits in den „Polenerlassen" vom März 1940 war die Bestrafungskompetenz der Staatspolizei, der „wiederholte oder schwere Verstöße" zu melden waren, festgeschrieben worden und erstreckte sich unter anderem auf Sittlichkeitsdelikte, Sabotagehandlungen, Brandstiftungen, „Arbeitsunlust" oder „Arbeitsniederlegung".[327] Und dass die Sicherheitsbehörden auf den genannten Gebieten hoch sensibilisiert waren, zeigt die Vorgehensweise infolge eines Brandes, der in Saalfelden in einem Stallgebäude Anfang Februar 1943 ausbrach. Die Gendarmerie ermittelte speziell nach einem eventuellen Sabotageakt seitens der fremdländischen Arbeiter.[328] Eine polnische Zwangsarbeiterin, die das Feuer entdeckt hatte und sofort zu löschen versuchte, wurde in den Kreis der Verdächtigen mit einbezogen. Die Beamten kamen zu keinem Ermittlungsergebnis und der Schaden war laut Gendarmeriebericht belanglos.
Mit den Ergänzungen zu den „Polenerlassen" vom September 1940 wurde es der Gestapo schließlich freigestellt, ob bei „schweren Fällen" ein Strafverfahren eingeleitet oder ob staatspolizeiliche „Maßnahmen" ergriffen werden sollten.[329] Und mit Ende Juni 1943 konnte das RSHA nach einem lange andauernden Streit mit dem Reichsjustizministerium die Bestrafungskompetenz endgültig an sich reißen.[330] Danach waren „alle Vorgänge über kriminelle Verfehlungen der polnischen und sowjetischen Arbeitskräfte ausschließlich an die zuständigen Gestapo(leit)stellen abzugeben".[331] Begründet wurde dies vom RSHA damit, daß der Pole und Sowjetrusse schon allein kraft seines Daseins im deutschen Herrschaftsraum eine Gefahr für die deutsche Volksordnung darstellt und es daher nicht so sehr darauf ankommt, für eine von ihm begangene Straftat eine angemessene Sühne zu finden als darauf, ihn an einer weiteren Gefährdung der deutschen Volksordnung zu hindern.[332] Für die osteuropäischen Zwangsarbeiter hatte dies zur Folge, dass sie spätestens ab diesem Zeitpunkt nicht mehr mit einem gerichtlichen Verfahren rechnen konnten.[333] Was es bedeutete, ausschließlich der Gewalt des RSHA ausgeliefert zu

sein, geht aus einer Verfügung des Reichsführer SS einen Monat früher hervor. Demnach waren gegen Polen festgesetzte Strafen, ohne die Rechtskraft abzuwarten, unmittelbar im Anschluß an die Behändigung der Strafverfügung zu vollstrecken.[334]
Der Maßnahmenkatalog bei Regelverstößen von Polen und „Ostarbeitern" reichte von Geldstrafen und körperlichen Züchtigungen über Inhaftierungen in Polizeigefängnissen bis hin zu Einweisungen in sogenannte „Arbeitserziehungslager" bzw. Konzentrationslager und der Vollstreckung von Todesurteilen. Diese „Arbeitserziehungslager", die im Deutschen Reich ab 1940 von der Gestapo errichtet wurden und als Straflager für die eingesetzten Zwangsarbeiter dienten, unterschieden sich kaum von den Konzentrationslagern. Das heißt, dass es häufig zu Todesfällen, zu körperlichen Dauerschädigungen und zu psychischen Traumatisierungen kam. In Salzburg hatte die Gestapo ein AEL für Frauen, aber kein eigenes AEL für Männer. Die männlichen Arbeiter wurden, wie auch aus den Zwangsarbeiteranfragen an das Salzburger Landesarchiv hervorgeht, mehrfach nach Innsbruck-Reichenau eingeliefert.[335] Ende Juli 2001 bat ein ehemaliger landwirtschaftlicher Zivilarbeiter um ein Bestätigungsschreiben, dass er während des Krieges in Leogang von der örtlichen Polizei verhaftet, nach Salzburg eskortiert und nach der Verurteilung in das Straflager nach Innsbruck überstellt wurde.[336] Und wie ein Salzburger Gerichtsurteil beweist, kam es schon bei Nichtigkeiten zu Einweisungen in „Arbeitserziehungslager". So wurde im Juli 1943 ein vierzehnjähriger Pole wegen des illegalen Kaufes von Brotmarken zu drei Monaten Haft verurteilt und nach Innsbruck-Reichenau gebracht.[337]
Bei von Kriegsgefangenen begangenen „Delikten" waren im Gegensatz zu den Zivilarbeitern die Militärgerichte zuständig, wobei jene Gefangenen, welche unter völkerrechtlichem Schutz standen, den Vorteil hatten, dass die Gerichtsverhandlungen von ausländischen Militärs überwacht werden konnten.[338] Geflohene sowjetische Kriegsgefangene, bei deren Wiederergreifung festgestellt wurde, dass diese kriminelle Delikte irgendwelcher Art begangen hatten, waren dagegen von den Gendarmerieposten ausschließlich der Gestapo Salzburg zu überstellen. Als kriminelle Delikte galten dabei alle, selbst die kleinsten im Strafgesetzbuch enthaltenen strafbaren Handlungen.[339]
Was Arbeitsverweigerungen von Kriegsgefangenen betrifft, so war es den Dienstgebern sowie allen anderen Personen ausdrücklich untersagt, Selbstjustiz zu verüben. Die Gefangenen unterlagen der militärischen Disziplinargewalt, aufgrund derer die Wehrmacht Arbeitsverweigerer „gefügig machen" konnte.[340] Als sich im Jänner 1942 ein französischer Kriegsgefangener in Viehhofen mehrmals weigerte, bei dem ihm zugewiesenen Bauern die Arbeit aufzunehmen, sowie die Absicht äußerte, flüchten zu wollen und aus einem Einzelraum auszubrechen versuchte, wurde dieser von der Gendarmerie Maishofen

verhaftet und zur „Verfügung des Stalag" für zwei Tage im Gemeindearrest festgehalten.[341] Und im Mai 1942 bedrohte in Maishofen ein serbischer Kriegsgefangener mehrmals einen Landwirt und verweigerte ihm die Arbeit, woraufhin der Landrat die Wachkompanie in Zell am See um die Abstellung des Missstandes bat.[342] Wie aus den Akten und den Aussagen der Interviewpartner hervorgeht, wurden von den Dienstgebern und den Gendarmen körperliche Züchtigungen oftmals als Mittel zur Bestrafung eingesetzt. Im August 1942 kritisierte Landrat Allerberger die Gewaltbereitschaft seiner Bauern im Umgang mit den ausländischen Arbeitskräften.[343] Auch einheimische Interviewpartner erzählen von ihren Vätern und Großvätern, die sich im Zorn auf ihre ausländischen „Dienstboten" stürzten, wenn diese mit dem Hinweis auf den Feierabend die Arbeit verweigerten, oder dass diese die Polizei holten, wenn es zwischen polnischen Männern zum Streit um eine polnische Frau kam. Anton H.:

> (...) Sind zwei oder drei vom Posten Saalfelden Gendarmen gekommen, die haben dann alle in der Stube drinnen zusammengetrieben und haben dann alle drei, Familienvater und den Verführer (...), also sie [die Frau] haben sie zuschauen lassen und alle beide haben sie dann so hergeschlagen, dass sie 14 Tage auf dem Hintern nicht mehr sitzen haben können beim Essen, sondern immer stehen müssen (...).

Der Einsatz von körperlicher Gewalt, die in der alteuropäischen Lebenswelt als Erziehungsmittel galt[344], dürfte bei manchen Dienstgebern die Grenze zum Sadismus überschritten haben. Eustachius N. erzählt von den Bauern, die ihre Arbeiter aus einer Laune heraus schlugen, und in Neukirchen am Großvenediger ging dies sogar soweit, dass ein Einheimischer seinem ukrainischen Arbeiter die Nase brach.[345]

Obwohl es seit August 1942 verboten war, die „Ostarbeiter" zu prügeln, hatten die Dienstgeber bis auf den Abzug oder die „Nicht-Zuteilung" von ausländischen Arbeitskräften keine weiteren Konsequenzen zu befürchten. Selbst Totschlag wurde spätestens gegen Kriegsende nicht mehr sanktioniert.[346] Wobei allerdings davon auszugehen ist, dass die überwiegende Mehrheit der Arbeitgeber im Umgang mit „ihren" ausländischen Arbeitskräften in erster Linie auf die Ausübung von symbolischer Macht und erst in zweiter Linie auf offene Gewalt setzten.[347]

„Arbeitsvertragsbruch"

Im Deutschen Reich lag dem „Arbeitsverhältnis" zwischen Dienstgeber und „Dienstnehmer" grundsätzlich die Annahme eines freiwilligen Vertragsverhältnisses zugrunde. Diesem Vertragsverhältnis wurde vom nationalsozialistischen Staat eine rechtsförmige Oberfläche gegeben und das Delikt des sogenannten „Arbeitsvertragsbruchs" ins Leben gerufen, um eine Legitimation für Disziplinierungsmaßnahmen in der Hand zu haben. Der „Arbeitsvertragsbruch" von ausländischen Arbeitskräften, der in den Zuständigkeitsbereich der Gestapo fiel, galt als besonders schwerwiegend, da von diesen damit das „ureigenste Interesse" der Nationalsozialisten, nämlich ihre Arbeitskraft auszubeuten, unterlaufen wurde.[348] Nach einem Schreiben der Gestapo Salzburg von Mitte April 1941 verstand das Regime als „Arbeitsvertragsbruch", dessen sich auch die inländischen Dienstnehmer schuldig machen konnten, das unberechtigte Lösen eines Arbeitsverhältnisses sowie die pflichtwidrige Arbeitsverweigerung, zu der noch die unbegründete Nichtaufnahme der Arbeit und das unbegründete Fehlen gezählt wurden. In leichteren Fällen von Arbeitsverweigerungen, wie zum Beispiel dem „Blaumachen", sollte das Gefolgschaftsmitglied ohne Anwendung einer Strafe von der Notwendigkeit einer gesunden Arbeitsmoral überzeugt und zu einer geordneten Arbeit im Betrieb angehalten werden. Schwerere Fälle des Vertragsbruches und der Arbeitsverweigerung waren durch den Betriebsführer dem Reichstreuhänder der Arbeit anzuzeigen und bei Gefahr im Verzug musste sofort die Gestapo informiert werden. Diese sprach dann eine Verwarnung aus oder „ahndete" das „Vergehen" mit einer Schutzhaft bis zu 21 Tagen. Eine weitere Möglichkeit war noch die Einleitung eines Strafverfahrens. Und in Fällen von besonderer Bedeutung war zudem die Einweisung in ein Konzentrationslager vorgesehen.[349]

Im Laufe des Krieges verschärfte sich die Gangart. Nach einer Weisung des Reichsführers SS vom September 1943 wurde die Arbeitsverweigerung und das unerlaubte Verlassen des Arbeitsplatzes von polnischen Arbeitern dann ausschließlich mit der Einweisung in ein „Arbeitserziehungs"- bzw. Konzentrationslager beantwortet.[350] Auch in einem Merkblatt über die Pflichten der Zivilarbeiter und -arbeiterinnen polnischen Volkstums während ihres Aufenthaltes im Deutschen Reich kann man lesen, dass wer lässig arbeitet, die Arbeit niederlegt, andere Arbeiter aufhetzt, die Arbeitsstätte eigenmächtig verläßt „Zwangsarbeit im Konzentrationslager" erhält. Bei Sabotagehandlungen und anderen schweren Verstößen gegen die Arbeitsdisziplin erfolgt schwerste Bestrafung, mindestens eine mehrjährige Unterbringung in einem Arbeitserziehungslager.[351]

Als Hauptursachen für „Arbeitsvertragsbrüche" sind neben den grundsätzlichen Bestrebungen der Ausländer, dem Zwangsarbeitseinsatz im Deutschen Reich zu entkommen, die schlechten Arbeits- und Lebensbedingungen an den jeweiligen Einsatzorten zu nennen. Aber auch nicht eingehaltene Versprechungen bei freiwillig angeworbenen Zivilarbeitern sowie das Auseinanderreißen von Familien und die Aufteilung auf verschiedene Arbeitsplätze waren dafür ausschlaggebende Faktoren.[352] Allerberger schrieb im August 1942 an den Reichsstatthalter in Salzburg, dass von den in Kaprun bei den Alpenelektrowerken eingesetzten Sowjetrussen über 100 durchgegangen und in der Umgebung herumgezogen sind. Die Gendarmerie soll tagelang auf Suche gewesen sein, um die Leute wieder einzufangen. Der Landrat kritisierte, dass man Ehepaaren versprochen hatte, dass sie gemeinsam eingesetzt und eine Wohnung bekommen würden. Die „Wirklichkeit" sei dann die gewesen, dass die Männer in ein Arbeitslager kamen und die Frauen im Gastgewerbe arbeiten mussten. Die Leute waren verzweifelt und das Ziel des Arbeitseinsatzes war nicht erreicht. Alle Arreste bei den Amtsgerichten waren voll Sowjetrussen, ein Teil musste sogar an die Gestapo nach Salzburg eingewiesen werden und dies alles nur, weil die Organisation der Anwerbung schlecht war. Man hat wohl auch nicht bedacht, dass die Sowjetrussen aus der Tiefebene kommen. Der Arbeitseinsatz im Hochgebirge, noch dazu wo der Schnee im Hochsommer direkt bis zu den Arbeitsstätten lag, war für diese Leute ärger als eine Verbannung nach Sibirien.[353]

Da ein Arbeitsplatzwechsel vom Arbeitsamt abgesegnet werden musste, aber bei den ausländischen Arbeitern nur sehr selten genehmigt wurde, stellte die Flucht oft die einzige Alternative zum Status quo dar.[354] Während die Fluchtzahlen im Deutschen Reich zunächst vergleichsweise gering blieben, wurde das Problem ab Sommer 1942 akut.[355] Mitte August 1942 stellte der Reichsführer SS fest, dass durch die Arbeitsflucht und Kriminalität fremdvölkischer Arbeitskräfte die Gefangenenzahlen in allen Teilen des Reiches erheblich angestiegen sind. In den Polizeigefängnissen herrschten dadurch teilweise Zustände, die selbst primitiven Ansprüchen an Sauberkeit und Hygiene nicht mehr genügten. Daher wurde angeregt, Säle, Hallen usw. zur Unterbringung der Gefangenen zu nutzen. Weiters sollten die „arbeitsvertragsbrüchigen" Häftlinge außerhalb der Gefängnisse in Massenunterkünften untergebracht werden, sodaß die Polizeigefängnisse in erster Linie für solche Häftlinge zur Verfügung stehen, die sich wegen strafbarer oder staatsfeindlicher Handlungen in Haft befinden.[356]

Wie aus dem Schreiben weiters hervorgeht, dürfte der Hauptgrund für diese Maßnahme nicht die Sorge um das Wohlbefinden der ausländischen Häftlinge sondern die Angst vor Seuchen gewesen sein. Und im September 1942 wurde es dem Landrat von Zell am See anheim gestellt, in allen Gemeinden die Arreste wieder zu öffnen, um ausreichende Vollzugsmöglichkeiten für die evt. Bestrafung der eingesetzten polnischen und altsowjetischen Zivilarbeiter zu haben.[357] Allerberger schrieb dem Reichsstatthalter zurück, dass die Gemeindearreste im Pinzgau immer in Benutzung waren und auch für die Zwecke der Sonderbehandlung polnischer und altsowjetischer Zivilarbeiter herangezogen wurden. Nur die Stadt Zell am See mußte ihre Arresträume notgedrungen in Wohnungen umwandeln. Es wird jedoch in kürzester Zeit dafür gesorgt werden, dass neue Arresträume zur Verfügung stehen.[358]

Was die „Arbeitsfluchten" betrifft, konnten diese durch die abschreckenden Maßnahmen des Regimes nicht eingedämmt werden. Vielmehr gelang es den Menschen durch die vermehrte Hereinnahme von ausländischen Arbeitskräften, dem Durcheinander nach den alliierten Luftangriffen sowie den Einberufungen der deutschen Männer zum Militär, ab 1943 ihre Arbeitsplätze Monat für Monat zu Zehntausenden zu verlassen. Da sich eine Rückkehr in die Heimat vor allem für die sowjetischen Arbeitskräfte meist nicht verwirklichen ließ, versuchten diese innerhalb des Deutschen Reichs einen besseren Arbeitsplatz zu finden.[359] In diesem Zusammenhang ist von Interesse, wie die Situation im Pinzgau in quantitativer Hinsicht ausgesehen hat. Obwohl Landrat Allerberger die Arbeitsleistung der polnischen Arbeiter wegen ihrer schlechten Ausrüstung mit Kleidung und Schuhen im Dezember 1939 äußerst negativ bewertete[360] und sich auch im Februar 1940 darüber beklagte, dass mit den ungelernten ausländischen Arbeitskräften dem Arbeitskräftemangel nicht beizukommen sei,[361] war dieser, wie aus weiteren Berichten[362] hervorgeht, mit deren Arbeitswilligkeit zunächst durchaus zufrieden. Allem Anschein nach hat sich daran in den folgenden zwei Jahren auch nichts geändert. Erst ab Anfang 1942 finden sich für den Pinzgau die ersten Hinweise auf Arbeitsverweigerungen und Fluchten von ausländischen Arbeitern.

Im Jänner 1942 teilte Allerberger dem Reichsstatthalter in Salzburg mit, dass gegen die Polen in Einzelfällen Anzeigen wegen Arbeitsunlust, Arbeitsverweigerung und Lohnansprüchen erstattet worden sind.[363] Für Mitte April 1942 ist die Flucht eines 21-jährigen polnischen Zivilarbeiters in Unken dokumentiert.[364] Anfang August 1942 beschwerte sich der Gendarmerieabteilungsführer von Zell am See bei verschiedenen übergeordneten Stellen, dass täglich Ausländer aufgegriffen werden, die ihren Arbeitsplatz verlassen haben oder aus einem anderen Grunde auf der Strasse oder in der Stadt herumvagieren. Dem Gerichte können sie nicht in allen Fällen eingeliefert werden und so weiß der Posten überhaupt oft nicht, was damit anzufangen wäre. Die so verlausten und verdreckten Ausländer sitzen oft Stunden, ja halbe Tage am Gendarmerieposten, wo sie obendrein noch bewacht werden müssen. Es sind dies Zustände, die den Dienstbetrieb arg beeinträchtigen. Die Frage, warum diese Menschen ihren Arbeitsplatz verlassen haben und wieso sie verlaust und verdreckt waren, schien sich für den Beamten nicht gestellt zu haben. Weiters bemängelte der Postenführer, dass er keinerlei Weisungen erhalten hätte, wie gegen die verschiedenen Arten dieser ausländischen Arbeiter vorzugehen sei. Es bestehen lediglich die Weisungen für die Polen, doch über all die anderen Ausländer, die hier und in der Umgebung in so reicher Anzahl beschäftigt sind, hat die Gendarmerie noch keine Anweisungen erhalten. Das Fehlen eines Polizeiarrestes in Zell am See macht gerade jetzt sehr grosse Schwierigkeiten.[365]

Ende August 1942 verhaftete die Zeller Gendarmerie eine 43-jährige ukrainische Zwangsarbeiterin, die bei einem Bauern in Rauris zur Arbeit eingesetzt war, wegen eigenmächtigen Verlassen des Arbeitsplatzes und wegen Arbeitsunlust. Sie wurde beim Amtsgericht in Zell am See zur Verfügung der

Geh. Staatspolizei in Salzburg eingesitzt.[366] Im selben Monat floh in Niedernsill eine 18-jährige ukrainische Zivilarbeiterin von ihrem Arbeitsplatz. Die Gendarmerie, die vermutete, dass die Jugendliche mit Hilfe eines anderen ausländischen Arbeiters am Vortag ihre Kleider beiseite geschafft hatte, gab diese zur Fahndung frei: (...) ist von grosser und untersetzter Statur, hat volles, blasses Gesicht, blonde Haare und Bubikopf.[367]
Auch der Landrat des Landkreises Hallein schrieb Ende Jänner 1942 an den Reichsstatthalter in Salzburg, dass die geflüchteten polnischen Landarbeiter bis zur letzten Stunde ihrer Flucht größten Arbeitsfleiss zutage legten, um ihr Vorhaben zu verschleiern. Die Fluchtursache war in den meisten Fällen, der Wunsch zur Rückkehr in die Heimat. Die polnischen Gesindekräfte werden von den Gend. Posten ständig überwacht und wird bei eventuellen Übertretungen mit scharfen Mitteln vorgegangen.[368]
Im September 1942 meldete der Bürgermeister von Saalbach einzelne Fälle von „Arbeitsunlust" seitens Kriegsgefangener und ausländischer Zivilarbeiter.[369] Anfang Oktober 1942 wurde der Gendarmerieposten derselben Gemeinde um sechs Uhr früh fernmündlich in Kenntnis gesetzt, dass drei „Ostarbeiter", die bei drei verschiedenen Bauern zur Arbeit eingesetzt waren, gleichzeitig geflohen sind. Vor der Flucht soll einer der Arbeiter ein 15-jähriges einheimisches Bauernmädchen unter Bedrohung eines Messers gezwungen haben, Zigaretten herauszugeben. Zudem nahmen die Zivilarbeiter 3 kg Butter und 3 Laib Brot mit.[370] Ende Dezember 1942 flüchteten aus einem Lager in Kaprun fünf „Ostarbeiter".[371] Im Jänner 1943 führte der Gendarmeriepostenführer von Maria Alm eine Skistreife durch, um auf einem Hof wegen der „Arbeitsverweigerung" einer Polin zu intervenieren.[372] Im Juni 1944 verhaftete die Gendarmerie in Krimml sechs Italiener, die von ihrem Arbeitsplatz geflohen waren.[373] In Dienten wurden 1942 von der Gendarmerie 2 ausl. Zivilarbeiter wegen Arbeitsunlust festgenommen. 1943 verhaftete man in derselben Gemeinde 2 ausländische Zivilarbeiter wegen Verlassen des Arbeitsplatzes und 1944 nahm der Posten 5 ausl. Zivilarbeiter fest und überstellte diese zur Verfügung der Staatspolizeistelle nach Salzburg.[374] In Taxenbach verhaftete man 1942 77 Personen und lieferte diese in das Polizeigefängnis nach Salzburg ein. 1943 führte der Gendarmerieposten Taxenbach 29 Festnehmungen durch und im Jahr darauf nahmen die Gendarmen 16 Personen fest. Es soll sich dabei zum Großteil um ausländische Arbeiter gehandelt haben, die sich auf Grund der Polizeiverordnung für diesen Personenkreis etwas zu Schulden kommen haben lassen. Alle – so der Schriftführer – mußten ins Polizei-Gefangenhaus nach Salzburg und zwar zur Verfügung der Gestapo eingeliefert werden.[375] Obwohl in der Gendarmeriechronik keine detaillierten Gründe für die Festnahmen angeführt sind, dürften oftmals „Arbeitsvertragsbrüche" und damit zusammenhängende Delikte dafür ausschlaggebend gewesen sein. Wie aus einzelnen Schreiben

von ehemaligen Zwangsarbeitern an das Landesarchiv Salzburg sowie aus Gerichtsakten hervorgeht, scheinen die angeführten Fälle allerdings nur einen Teil der tatsächlich vorgekommenen Fluchten[376] und „Arbeitsverweigerungen" zu repräsentieren.

Über die Gründe, warum sich in Taxenbach die Festnahmen von Jahr zu Jahr halbierten, kann nur gemutmaßt werden. Einerseits besteht die Möglichkeit, dass sich die Zivilarbeiter abgeschreckt durch die Bestrafungen an die strikten Vorgaben des Regimes hielten und andererseits kann davon ausgegangen werden, dass die Dienstgeber im Laufe des Krieges mit den vermehrten Einberufungen der einheimischen Männer und dem versiegenden Strom an ausländischen Arbeitskräften oftmals von Anzeigen absahen. Das Risiko, der Arbeitskräfte verlustig zu gehen, war zu groß. Die Konflikte wurden dann innerbetrieblich geregelt und die Bestrafung an Ort und Stelle durchgeführt.[377] Es könnte einem aber auch in den Sinn kommen, dass die Gendarmen in Taxenbach gegen Kriegsende bei der Auslegung der betreffenden Bestimmungen liberaler wurden. Wenn man sich allerdings die Einträge in der Gendarmeriechronik für die Nachkriegszeit ansieht, dann kann man davon ausgehen, dass die Beamten bis zum Schluss ihrer Linie unbarmherzig treu blieben.

Während die Flucht von Ausländern, welche in den Bergbau- und Industriegebieten arbeiteten, mit den dort oft vorherrschenden schlechten Arbeits- und Lebensbedingungen und der Gefahr der ständigen Bombardements erklärt werden kann[378], stellt sich die Frage, warum es auch beim landwirtschaftlichen „Arbeitseinsatz" in einer Gebirgsregion wie dem Pinzgau zum „Arbeitsvertragsbruch" gekommen ist. Insbesondere in Anbetracht der Tatsache, dass diese Arbeiter bis zum Kriegsende keinen nennenswerten militärischen Bedrohungen ausgesetzt waren sowie durch die Einbettung in eine bäuerliche Familienwirtschaft eine gewisse Freiheit und im Gegensatz zu den in Lagern untergebrachten ausländischen Arbeitern meistens eine bessere Verpflegung genossen. Bei den einzeln eingesetzten Arbeitskräften dürften dafür vor allem Konflikte mit dem Dienstgeber aufgrund der Verletzung der sogenannten Reziprozitätsverpflichtungen, die in einem Patron-Klientverhältnis die sozioökonomischen Beziehungen zwischen einem Bauern und seinen Dienstboten ordneten, verantwortlich gewesen sein. Bei diesen patriarchalen Strukturen der ländlichen Gesellschaft, die aus mündlich vereinbarten Regeln bestanden, hatten die Dienstboten einerseits die Verpflichtung, dem Arbeitgeber zu gehorchen und im Gegenzug konnten diese damit rechnen, „gerecht entlohnt und ausreichend verpflegt zu werden, im Krankheitsfall auf dem Hof bleiben zu dürfen und in den arbeitsschwachen Wintermonaten nicht entlassen zu werden." Weiters gehörte es zur Verpflichtung des Bauern, seine Arbeiter nicht über Gebühr zu beanspruchen und sich an die sogenannte „gerechte" Arbeitszeit zu halten, welche sich an den Jahreszeiten sowie an den damit einhergehenden

Arbeitsanforderungen orientierte und durch die Kirchen- und Bauernfeiertage strukturiert wurde. Wenn der Dienstgeber gegen diese Ordnung verstieß, dann hatte er mit dem Protest der Dienstboten zu rechnen, der sich entweder durch üble Nachrede hinter dessen Rücken vollzog oder offen zum Ausbruch kam. In besonders schweren Fällen verließen die Arbeitnehmer dann vorzeitig ihren Arbeitsplatz.[379] Die Flucht vom Arbeitsplatz oder die Arbeitsverweigerung ist daher auch beim landwirtschaftlichen Zwangsarbeitseinsatz, ebenso wie in anderen Bereichen in denen die ausländischen Arbeiter eingesetzt wurden, weniger als politische Widerstandshandlung gegen das NS-Regime sondern vielmehr als Auflehnung gegen unzumutbare oder als ungerecht empfundene Arbeits- und Lebensbedingungen zu verstehen.[380] Und der einzige Trumpf in den Händen der ausländischen Arbeiter war ihre Arbeitskraft, was sich in der Landwirtschaft bei Entzug derselben zwangsläufig nachteilig auf die Produktion des betreffenden Hofes und damit auf die deutschen Kriegsanstrengungen auswirken musste.[381] Daher fanden sich die Dienstgeber und das NS-Regime bei der Bestrafung von „vertragsbrüchig" gewordenen Ausländern, im Gegensatz zu den anderen diskriminierenden Maßnahmen der Nationalsozialisten, auf derselben Seite wieder.

Von den Interviewpartnern wurde die Frage nach Fluchtversuchen stets verneint. Als Gründe dafür wurden die gute Behandlung durch den Dienstgeber, die eigene Jugend, die drohenden Repressionen durch das NS-Regime und der weite Weg in die Heimat angegeben. Von Olga W. kam die rhetorische Frage, „wohin" sie hätte fliehen sollen. Ihrer Meinung nach war ein derartiges Ansinnen aussichtslos. Um ihre Aussage zu untermauern, erzählt sie von dem Fluchtversuch eines serbischen Kriegsgefangenen, der auf demselben Hof eingesetzt war. Dieser nahm zusammen mit einem Freund die Kleidung des Bauern an sich, klopfte zum Abschied noch einmal an ihr Fenster und war nach zwei Tagen wieder zurück. Er wurde festgenommen.

Welche Folgen es haben konnte, wenn sich Zivilarbeiter unerlaubterweise von ihren Arbeitsplätzen entfernten, zeigt ein Vorfall, der sich in Unken ereignete. Wie bereits erwähnt, verließ in der Nacht auf den 20. April 1942 in der Mitterpinzgauer Gemeinde ein 21-jähriger polnischer Arbeiter seine Arbeitsstelle und trat die Flucht Richtung Westen an.[382] Einen Tag später nahm ihn die Gendarmerie in Kössen in Tirol fest und Ende April 1942 wurde er durch die Gestapo in Innsbruck vernommen. Dominik B., der sich vermutlich erst rund drei Monate auf diesem Bauernhof befunden hat, gab als Grund für das Verlassen seines „Arbeitsplatzes" an, dass er zuviel und zu lange arbeiten mußte und nicht genügend zu Essen bekam.[383] Kurz vor seiner Flucht hat der Jugendliche seinem 62-jährigen Dienstgeber verschiedene Kleidungsstücke, Lebensmittel sowie Kleider- und Tabakkarten[384] usw. gestohlen. Zusätzlich wurde ihm der Diebstahl eines Fahrrads[385] und dreier Wolldecken aus einer Holzknechtstube angelastet.[386] Der Stereotyp des „diebischen Polen" scheint die Gestapobeamten fest im Griff gehabt zu haben. Sie verdächtigten Dominik B. jeder Logik entbehrend, dass er aufgrund der Diebstähle geflüchtet sei und nicht, dass die Diebstähle im Zuge der Flucht geschehen sind. Der Jugendliche betonte aber mehrmals, dass er wegen der schweren Arbeit und der schlechten Verpflegung die „Arbeitsstelle" verlassen und die Sachen nur deshalb gestohlen habe, weil er durch seine Flucht die eigenen Habseligkeiten zurücklassen mußte und ausserdem von dem Bauern noch eine Löhnung von 20,- RM gut hatte.[387] Der Fall wurde schließlich der Justiz übertragen und Ende Juni 1942 vom Oberstaatsanwalt in Salzburg beim Vorsitzenden des Sondergerichts in Salzburg wegen der begangenen Diebstähle und dem unbefugten Verlassen der Arbeitsstelle eine Hauptverhandlung beantragt. Aus Sicht des Staatsanwaltes hatte der Angeschuldigte keine Veranlassung vom Arbeitsplatz zu flüchten, denn es ging ihm dort gut.[388] Diese „Erkenntnis" beruhte auf der Aussage des Dienstgebers, der angab, dass der Zivilarbeiter gute Behandlung und gleiches Essen wie die Bauersleute selbst gehabt hätte. Mit dem Verhalten des Arbeiters während seines Aufenthalts auf dem Hof war der Dienstgeber zufrieden, nur als Landarbeiter bezeichnete er ihn als „minderwertig".[389] Da man Dominik B. als nicht eindeutschungsfähig[390] ansah, fand auf ihn das „Polenstrafrecht" Anwendung.[391] Bei der Gerichtsverhandlung, die Anfang Juli 1942 in Salzburg stattfand, trat der ehemalige Dienstgeber als Zeuge auf. Dabei wurden ihm die gestohlenen Sachen ausgehändigt. Dem Zwangsarbeiter stellte man einen Rechtsbeistand zur Verfügung. Die Textstellen, die sich auf die Verteidigung bezogen, hat man allerdings durchgestrichen.[392] Bei der Verhandlung selbst scheint es niemanden interessiert zu haben, dass bei der Beweisaufnahme Aussage gegen Aussage stand. Die Ahndung der Delikte „Diebstahl" und „Arbeitsvertragsbruch" dürften wichtiger gewesen sein als der eigentliche Grund für die „Arbeitsflucht", zumal es sich „nur" oder gerade weil es sich um einen polnischen Staatsangehörigen handelte. Der ausländische Arbeiter wurde schließlich nach einer halbstündigen Sondergerichtsverhandlung zu zwei Jahren Straflager und zum Verfahrenskostenersatz verurteilt, die zweieinhalb Monate dauernde Untersuchungshaft rechnete man in die Strafe ein.[393]

Eustachius N. berichtet von einem ähnlich gelagerten Fall in der Gemeinde Taxenbach. Sein Schulkollege musste auch am Sonntag die Kühe von der Weide holen, Einfutter mähen, sowie die Tiere austreiben und den Stall ausmisten. Deshalb sei er aus Protest eines Sonntagmorgens nicht aufgestanden, sondern im Bett liegen geblieben. Daraufhin verständigte der Arbeitgeber die Gendarmerie, der Ukrainer wurde festgenommen und nach Salzburg eskortiert. Als der Zivilarbeiter nach mehrmonatiger Inhaftierung wieder nach Taxenbach zurückgebracht wurde, musste sich dieser beim Gehen festhalten, um nicht vor Schwäche umzufallen. Durch Nahrungsentzug wurde der Zwangsarbeiter

gefügig gemacht. Dass diese Vorgehensweise Methode hatte, kann man einer Verfügung der Gestapo Salzburg vom Februar 1942 entnehmen. Demnach war ab diesem Zeitpunkt gegen alle zur Einlieferung gelangenden polnischen Häftlinge Haftverschärfung zu verhängen (...). Die verschärfte Haft ist so zu verhängen, dass der Häftling nur hartes Lager und Beschränkung der Mittagskost auf Wasser und Brot für 3 Tage in der Woche bekommt.[394] Der Rücktransport an den alten Arbeitsplatz und die Spuren der Haft am Körper des Delinquenten waren bewusstes Kalkül des Regimes. Es sollte eine abschreckende Wirkung auf alle anderen ausländischen sowie inländischen „Dienstnehmer" ausgeübt und damit zukünftigen „Arbeitsvertragsbrüchen" vorgebeugt werden.[395] Auch in diesem von Eustachius N. geschilderten Fall scheint es niemanden gestört zu haben, dass der Arbeitgeber gegen die „moralische Arbeitszeit" verstieß.
Die „Aufsässigkeit" von osteuropäischen Arbeitern war, wie ein weiteres Beispiel aus der Unterpinzgauer Gemeinde verdeutlicht, vielmehr ein willkommener Anlass für Disziplinierungsmaßnahmen.[396] Dabei wurde einem 17-jährigen polnischen Zivilarbeiter Körperbeschädigung zur Last gelegt. Der Vorfall kann wegen „disziplinwidrigem Verhalten" auch zum „Arbeitsvertragsbruch" gezählt werden.[397] Am Abend des 24. Mai 1942 rügte der Bruder des Dienstgebers den Jugendlichen wegen Nichtzudeckens eines Pferdes. Adam S., der ziemlich gut deutsch spricht, wie der Gendarm vermerkte, erwiderte dem Einheimischen, dass dieser nicht sein Arbeitgeber sei und ihm daher nichts anzuschaffen hätte. Das Wortgeplänkel ging in Handgreiflichkeiten über und der Pole brachte dem Einheimischen mehrere Kratzwunden im Gesicht bei. Ob Adam S. auch vom Einheimischen verletzt wurde bzw. wer von den beiden mit den Tätlichkeiten anfing, geht aus dem Gendarmeriebericht nicht mehr hervor. Möglicherweise hat der Bruder des Dienstgebers den Jugendlichen nach seiner Widerrede geschlagen, woraufhin sich dieser gewehrt hat. Es ist kaum davon auszugehen, dass sich der ausländische Arbeiter sofort nach seiner „frechen" Antwort auf den Einheimischen stürzte. Man nahm Adam S. schließlich fest und überstellte ihn zur weiteren Beamtshandlung durch die Gestapo nach Salzburg.[398]
Ein Blick in die Taxenbacher Gendarmeriechronik verdeutlicht, warum die Beamten der Gemeinde so rigoros gegen die ausländischen Arbeiter vorgingen. Die Gendarmen maßen ihren Erfolg an der Anzahl der gemachten Anzeigen, Strafverfügungen, Verhaftungen, Streifendienste und erledigten Geschäftsstücke. Sie verstanden sich sozusagen als Dienstleistungsbetrieb für die Justiz- und Verwaltungsbehörden der Nationalsozialisten.[399]
Ein weiteres trauriges Beispiel aus Krimml zeigt, dass die Strafmaßnahmen des Regimes ihre Wirkung nicht verfehlt haben. Anfang November 1944 erhängte sich in der kleinen Oberpinzgauer Gemeinde eine 35-jährige Ukrainerin auf dem Hof ihres Dienstgebers. Wie man der Gendarmeriechronik entnehmen kann, war der Grund für die Verzweiflungstat ihre Furcht vor Strafe.[400] Dem

Selbstmord soll laut Jan B. ein Streit zwischen dem Arbeitgeber und der Zivilarbeiterin vorausgegangen sein. Woraufhin der Bauer der „schönen Frau" die Einweisung in ein Konzentrationslager androhte. Der Pfarrer vermerkte, dass es sich bei Josefa G. um eine zuerst von den Russen, dann von den Deutschen (SS) verschleppte Professorsgattin gehandelt haben soll. Die Frau wurde am 4. November 1944 um acht Uhr früh in Krimml beerdigt.[401]
Im Zusammenhang mit den „Arbeitsvertragsbrüchen" sind für den Pinzgau aber nicht „nur" Verhaftungen sondern auch Hinrichtungen bzw. Ermordungen von Ausländern dokumentiert. In Lofer wurde, wie im Kapitel „GV-Verbrechen" näher beschrieben wird, Mitte Oktober 1942 ein 18-jähriger polnischer Zwangsarbeiter wegen wiederholten Vergehens gegen die öffentliche Sittlichkeit und Arbeitsverweigerung von der Gestapo an einem Baum aufgehängt[402] und im Juni 1944 erschoss in Krimml ein Gendarm einen italienischen Arbeiter. Der Erinnerung von Jan B. zufolge wollte der junge Soldat in das nahe gelegene Italien flüchten. Auf dem Weg dorthin habe er um Essen gebeten, sei dabei von einem Einheimischen gefangengenommen und anschließend, wie in der Gendarmeriechronik angeführt, von dem Beamten erschossen worden. Der Italiener soll danach in einem Feld neben einem Baum verscharrt worden sein. Im Sterbebuch der Pfarre Krimml finden sich für ein Begräbnis auf dem Ortsfriedhof keinerlei Anhaltspunkte.[403] Der Gendarm wurde am selben Tag von sechs Italienern, die er wegen „Arbeitsflucht" festgenommen hatte, schwer verletzt.[404] Laut Eintrag in der Gendarmeriechronik wurden die Arbeiter später verhaftet. Möglicherweise versuchten diese auch den Mord an ihrem Landsmann zu rächen.
Auch auf die Kriegsgefangenen, die von den Kraftwerksbauten des Pinzgaues flüchteten, wurde Jagd gemacht. Einem Bericht der Gendarmerie Zell am See ist zu entnehmen, dass am 24. April 1943 16 Gendarmen, die man aus verschiedenen Gemeinden zusammenzog, gemeinsam mit sechs Angehörigen der Hitlerjugend in Bruck an der Großglocknerstraße und Kaprun nach vier sowjetischen Offizieren fahndeten, die vier Tage zuvor aus dem Kriegsgefangenenlager Zefret in Kaprun geflüchtet waren. Zwei Kriegsgefangene wurden an diesem Tag in einem Wald in der Nähe von Bruck bei der Zubereitung von zwei gestohlenen Ferkeln überrascht und einer davon erschossen, während der zweite zunächst entkommen konnte.[405] Dieser Kriegsgefangene wurde am 29. April 1943 in Thumersbach von einem einheimischen Bauern und seinem Bruder, einem Wehrmachtsurlauber, bei einem zufälligen Aufeinandertreffen mit einem Gewehr erschlagen. Der Reichsstatthalter beglückwünschte die Einheimischen in einem Schreiben herzlich zu ihrer zielbewussten mutigen Tat, die zur Ergreifung und Vernichtung des Gendarmenmörders geführt hat.[406] Einen Tag zuvor soll nämlich der Sowjetoffizier in derselben Gemeinde einen Gendarmen erschossen haben. Die beiden anderen Kriegsgefangenen nahm

die Gendarmerie im Raurisertal fest.[407] Und kurz vor Kriegsende wurden in Leogang zwei französische Kriegsgefangene vom Kommandoführer des örtlichen Wachbataillons getötet.[408] Zusammenfassend kann festgehalten werden, dass es im Pinzgau oftmals dann zu „Arbeitsvertragsbrüchen" kam, wenn sich die Bauern im Umgang mit ihren ausländischen Dienstboten nicht an die vorherrschenden ländlichen Moralvorstellungen hielten. Die „Problemlösung" mit Hilfe der Gendarmerie und der Gestapo barg für die Dienstgeber allerdings die Gefahr, dass die ausländischen Arbeitskräfte dann längerfristig inhaftiert wurden, was sich – wenn kein Ersatz gestellt werden konnte – negativ auf die Produktionsleistung des jeweiligen Betriebes auswirkte. Weiters verdeutlichen die angeführten Beispiele, dass die Regelverstöße der Zivilarbeiter ebenso wie bei den Patron-Klient-Verhältnissen der einheimischen Bevölkerung „der Reproduktion des bestehenden Regelsystems" dienten, wobei das Überschreiten der von den Nationalsozialisten gesteckten Grenzen für die ausländischen Arbeiter dramatische Folgen haben konnte.

Ursachen und Folgen von Diebstählen

Zu Diebstählen auf den Höfen kam es weniger aus Gründen der persönlichen Bereicherung, sondern vielmehr weil sich die ausländischen Arbeiter für die beabsichtigte Flucht mit den dafür notwendigen Dingen ausstatteten oder – und dies dürfte der Hauptgrund gewesen sein – aufgrund der mangelhaften Versorgung durch die Dienstgeber und den NS-Staat. Olga W. spricht davon, dass sie Butter schlagen durfte und die Abwesenheit der Bäuerin nutzte, um diesen unter ihrer Matratze zu verstecken und bei der nächsten Gelegenheit an ein Kriegsgefangenenlager weiterzuleiten, wo im Gegenzug Holzschuhe für sie hergestellt wurden. Vor der Bäuerin rechtfertigte sich die Interviewpartnerin damit, dass die Schuhe ein Geschenk gewesen wären. Beim Interview darauf angesprochen, ob ihr die Dienstgeberin nicht erlaubt hätte, den Butter gegen die Holzschuhe einzutauschen, erwiderte Olga W., dass sie das nicht wisse, sie hätte nämlich nicht danach gefragt. Das „Nicht-Fragen" kann zum einen mit der passiven Rolle erklärt werden, in die die Zivilarbeiter durch ihre Sprachschwierigkeiten und ihren Status als Ausländer gedrängt wurden, und zum anderen war dies wohl auch der einfachste Weg zum Ziel zu gelangen. Ein „Nein" wäre ein „Nein" gewesen und hätte zudem die Bäuerin veranlasst, ihre ausländische Arbeitskraft strenger zu überwachen.

Der Akt des Diebstahls war aber nicht nur der Versuch die Arbeits- und Lebensbedingungen auf einem Hof erträglicher zu gestalteten, sondern hatte in einer Patron-Klient-Beziehung zudem die Funktion die soziale Ordnung des Hauses, die von den Dienstgebern durch den Vorenthalt lebensnotwendiger Dinge verletzt wurde, wieder herzustellen. Also der Gerechtigkeit genüge zu tun.[409] Aber nicht nur auf den Höfen wurde „gestohlen". Ende November 1943 entwendeten in Mühlbach im Oberpinzgau fünf französische Zivilarbeiter zum Schaden der dortigen Forstverwaltung von einem Lagerplatz Brennholz. Die Arbeiter waren bei einem Telegraphenbautrupp eingesetzt worden und sie beabsichtigten das Holz zur Beheizung ihrer „Räumlichkeit" zu nutzen.[410] Der Forstmeister, der beim Gendarmerieposten Mittersill Anzeige erstattete, schrieb Anfang Dezember 1943 an die NSDAP-Kreisleitung und das Landratsamt in Zell am See, dass es untragbar sei, dass sich dieses freche Gesindel, dem es ohnehin besser geht als der einheimischen Bevölkerung, hier breit macht und Unfug stiftet und Aergernis gibt, während unsere Kameraden an der Front im härtesten Kampf stehn oder bereits gefallen sind. Ich bitte dringend um Abhilfe, jedenfalls aber um Entfernung der Lumpen aus Mühlbach, da sonst ernstliche Folgen möglich wären.[411] Am gleichen Tag schickte dieser noch ein Schreiben an das Amtsgericht Mittersill, dem man entnehmen kann, dass er neben einem Schadensersatz von 10.45 RM die strengste Bestrafung der Zivilarbeiter forderte, damit diesen Gangstern das Handwerk gelegt wird (...).[412] Den Forstmeister dürfte es gestört haben, dass die Franzosen nicht denselben diskriminierenden Bestimmungen wie die osteuropäischen Arbeiter unterlagen. Weiters scheint er befürchtet zu haben, dass diese nicht „gebührend" bestraft werden würden und drohte aus diesem Grund mit Selbstjustiz. Ein Gendarm in Mittersill, dem die Arbeiter den Diebstahl gestanden haben, konnte ermitteln, dass es sich nicht wie vom Forstmeister angegeben um einen Raummeter sondern höchstens um einen ¼ Raummeter und zwar um 22 Scheiter handelte. Abschließend stellte der Beamte fest, dass es sich bei dem Holzdiebstahl nur um einen geringen, ja um gar keinen Schaden handelte und er deshalb nur einen Informationsbericht an den Landrat erstatte, weil von hieraus wegen der Geringfügigkeit eine Strafanzeige nicht vorgelegt wird. Der für die Franzosen zuständige einheimische Leitungsaufseher wurde angewiesen, das vorgefundene gestohlene Holz wieder der Forstverwaltung in Mühlbach zurück zu stellen und einen event. weiteren Schaden durch Lohnabzüge von diesen Arbeitern ersetzen zu wollen.[413]

Wie aus weiteren im Salzburger Landesarchiv vorliegenden Akten hervorgeht, wurden auch gegen die landwirtschaftlichen Zivilarbeiter wegen Diebstählen Anzeige erstattet, woraufhin Ermittlungen durch die Gendarmerie- und Gestapobehörden sowie durch die Staatsanwaltschaft einsetzten und es in letzter Konsequenz zu Gerichtsverhandlungen kam. Aus Leogang ist ein Fall überliefert, bei dem Anfang Dezember 1942 die Gendarmerie einen 17-jährigen polnischen Landarbeiter aus Krakau festnahm und anschließend in das Polizeigefangenhaus nach Salzburg zur Verfügung der Gestapo einlieferte. Josef G. wurde beschuldigt, einem deutschen Wachsoldaten, der kurzzeitig auf demselben Hof untergebracht war, aus einem Rucksack, den der Soldat vorübergehend im Zimmer des Zwangsarbeiters abgestellt hatte, eine Herrenarmbanduhr sowie seinem

Dienstgeber aus einer unversperrten Selchkammer Selchfleisch entwendet zu haben. Weiters bezichtigte ihn die Dienstgeberin des Diebstahls eines gut erhaltenen Feiertagskleides aus einem versperrten Waschhaus, wobei die Bäuerin eine Antwort darauf schuldig blieb, wie es der Zivilarbeiter geschafft hatte, ihr das Kleid aus einem versperrten Raum zu entwenden. Möglicherweise wollte sie damit aber auch nur die besondere „Verschlagenheit" des Ausländers zum Ausdruck bringen.[414] Bei der Vernehmung durch die Gendarmerie in Leogang gab der Jugendliche die ersten beiden Diebstähle zu, während er den Diebstahl des Kleides bestritt. Aus dem Vernehmungsprotokoll geht hervor, dass Josef G. zwei Stücke Selchfleisch gestohlen hat, weil er seinen Angaben nach manchmal zu wenig Essen erhielt. Der Bauer zog ihm dafür 15,- RM von seinem Monatslohn ab. Und den Diebstahl der Uhr rechtfertigte Josef G. damit, dass er eine Uhr benötigte, aber nirgends eine zu kaufen erhielt.[415] Während die Entwendung der Uhr als Versuch der persönlichen Bereicherung zu werten ist, stand beim Diebstahl des Räucherfleisches die Verletzung der Fürsorgepflicht durch den Dienstgeber im Raum.[416] Mitte Dezember 1942 legte der Zivilarbeiter im Polizeigefangenhaus in Salzburg noch einmal ein Geständnis ab. Dabei gab er wiederum zu, die Uhr und das Selchfleisch aus Unüberlegtheit an sich genommen zu haben. Den Diebstahl des Kleides stellte er weiterhin in Abrede. Die zweite Version des Geständnisses klingt – möglicherweise durch die Einflussnahme des vernehmenden Beamten – ein wenig anders als die erste. So ist nicht mehr die Rede davon, dass er zu wenig Essen erhielt. Josef G.: (...) ich wurde dort gut verpflegt und war auch die Behandlung eine menschliche.[417] Zudem dürfte der abschließende Wunsch des 17-jährigen, nach Strafverbüßung wieder seinem früheren Dienstgeber zugeteilt zu werden, auch nicht von diesem stammen. Die Rückführung auf die alten Arbeitsplätze war – wie bereits erwähnt – die Praxis des Regimes.

Da Josef G. Ende September 1942 ein Paket nach Hause geschickt hatte, übermittelte der Oberstaatsanwalt beim Sondergericht in Salzburg Anfang Jänner 1943 einen zurückgebliebenen Stoffgürtel des Kleids an den „Höheren SS.- und Polizeiführer" in Krakau. Der Staatsanwalt bat nach dem Verbleib dieses Kleides forschen zu lassen und die Durchsuchung auch auf eventuelle andere Diebesgegenstände zu erstrecken.[418] Nach dem Vermerk eines Kriminal-Leutnants von Ende Jänner 1943 wurde die elterliche Wohnung des Jugendlichen erfolglos durchsucht. Zudem gab die Mutter von Josef G. an, nie ein Paket von ihrem Sohn erhalten zu haben.[419] Es mutet grotesk an und erscheint als Zeichen von Irrationalität, dass zu dem Zeitpunkt als die deutsche 6. Armee im Kessel von Stalingrad unterging und sich das Kriegsglück endgültig gegen Deutschland wendete, die Sicherheitsbehörden in Polen nach dem einfachen Feiertagskleid einer Leoganger Bäuerin, ohne Unterfutter, mit einem umgeschlagenen Kragen und einem in der Mitte eingesetzten Stoffstreifen aus einfärbigem roten

Fahnentuch suchten, dessen Ärmel mit 2 Zentimeter breitem, roten Stoff rundherum eingestückelt waren und an den Innenseiten je einen kleinen Schlitz mit zwei Druckknöpfen hatten.[420] Die Demonstration des allumfassenden Zugriffs auf die Zivilarbeiter und ihre Familien wegen einem einfachen Feiertagskleid ist aber als das genaue Gegenteil davon zu werten. Es war der Machtbeweis eines Regimes, dass gewillt und vor allem fähig war, einen offensichtlich bereits verlorenen Krieg weiterzuführen. Das Verfahren gegen Josef G. wurde schließlich wieder eingestellt und der Jugendliche aus der Haft entlassen, da dieser dem Wachsoldaten die Uhr zurückgegeben und das Selchfleisch noch vor der Anzeigenerstattung bezahlt hatte, sowie die Ermittlungen im Generalgouvernement (...) keinen Anhaltspunkt dafür ergeben haben, dass er gestohlene Sachen nach Hause geschickt hatte. Der Gürtel wurde nach Leogang zurückgeschickt und die örtliche Gendarmerie damit beauftragt, diesen der Besitzerin auszufolgen.[421]
Während für Josef G. die Sache glimpflich ausging, wurden andere ausländische Arbeiter bei zur Last gelegten Diebstählen zu Haftstrafen verurteilt. In Lofer nahm die Gendarmerie Anfang November 1942 eine 24-jährige polnische Zivilarbeiterin fest[422], welche von ihrer 58-jährigen Dienstgeberin beschuldigt wurde, aus ihrem Haushalt verschiedene Sachen gestohlen und in einem versperrbaren Koffer versteckt zu haben. Dabei ging es unter anderem neben einem ½ kg Butter und einem ½ kg Zucker um einen neuen Tuchentüberzug, ein Leintuch, ein Geschirrtuch, ein Stück Leinwand für Flickzwecke und drei alte Spitzenvorhänge. Karoline W. wurde zudem von einer 64-jährigen einheimischen Haushilfe, die auf demselben Hof gearbeitet hatte, beschuldigt, ihr einen Damenregenschirm und eine Rohseidenbluse entwendet zu haben. Wie aus der Strafanzeige[423] und der Aussage[424] der Polin hervorgeht, dürfte den Vorfällen die beiderseitige Verletzung der Gegenseitigkeitsverpflichtungen[425], die, wie bereits angeführt, zentraler Bestandteil eines Patron-Klient-Verhältnisses waren, vorausgegangen sein. Dies führte schließlich dazu, dass die Autorität der Dienstgeberin erodierte und Karoline W., wie die Einheimische angab, teilweise die Arbeit verweigerte, über das Essen schimpfte und dieses sogar stehen ließ. Auch die Androhung von polizeilicher Gewalt konnte die Zivilarbeiterin nicht mehr beeindrucken. Sie soll gegenüber der Dienstgeberin geäußert haben, dass es ihr lieber sei, einsperren oder aufhängen als hier am Hofe weiter zu arbeiten.[426] Und Karoline W. wusste, wovon sie sprach. Sie hatte bereits zweimal eine Haftstrafe von 21 Tagen wegen Arbeitsverweigerung hinter sich. Aus dem Vernehmungsprotokoll vom 18. November 1942 geht hervor, dass Karoline W. im September 1940 als Landarbeiterin nach Kaprun kam, wo sie bis 4. April 1942 einer Bäuerin zur Arbeit zugeteilt war. Zwischenzeitlich musste sie wegen Arbeitsverweigerung eine Haftstrafe von 21 Tagen verbüßen. Danach teilte man Karoline W. als Landarbeiterin nach Lofer zu, wo sie am 21. Juli 1942

ihren Arbeitsplatz verließ und wiederum eine Haftstrafe von 21 Tagen auferlegt bekam. Nach der Haft kam sie wieder auf ihren Arbeitsplatz in Lofer zurück.[427] Die ausländische Arbeiterin bestritt, die Sachen gestohlen zu haben und gab vor der Gestapo in Salzburg an, die Sachen geschenkt oder leihweise erhalten bzw. die bei ihr gefundene Wäsche als Schmutzwäsche aufbewahrt zu haben. Die Butter hat sie ihren Angaben zufolge vom Abendmahl gespart und den Zucker stückweise von einem auf demselben Hof bediensteten Knecht erhalten, was dieser allerdings bestritt.[428] Auch die Dienstgeberin stellte die Angaben von Karoline W. in Abrede. Bezüglich des Butters gab die einheimische Frau an, dass diese den Dienstboten nur auf dem Brot aufgestrichen verabreicht und niemals als reine Butter gegeben wird. Die bei Karoline W. gefundenen Butterknollen sollen aber reine Butter ohne Brotkrumen gewesen sein. Auch der Zucker wurde laut Dienstgeberin nicht rationenweise an das Personal verabfolgt sondern gleich in der Küche in den Kaffee und sonstigen Speisen beigegeben.[429] Die Beweislast scheint erdrückend gewesen zu sein. Die Zivilarbeiterin wurde schließlich Anfang Jänner 1943 in einer Sondergerichtsverhandlung in Salzburg, die vom Beginn bis zur Urteilsverkündung lediglich 15 Minuten gedauert haben dürfte, unter Einrechnung der zweimonatigen Untersuchungshaft nach der Polenstrafrechtsverordnung wegen Diebstahls von Sachen im Wert von 30,- RM zu sechs Monaten Straflager und zum Strafkostenersatz verurteilt.[430] Die von der „Dienstgeberin" kritisierten Arbeitsverweigerungen wurden dabei nicht thematisiert. Die Haft musste Karoline W. im Strafgefängnis München-Stadelheim in Oberbayern verbüßen. Ihre Freilassung erfolgte Anfang Mai 1943.[431]

Wie aus einem weiteren Fall hervorgeht, wurden ausländische Arbeiter auch zu Unrecht verdächtigt bzw. hatten bei einer Verurteilung wegen Diebstahls auch mit dem Tod zu rechnen. In der Oberpinzgauer Gemeinde Mittersill erstattete Anfang Jänner 1943[432] eine 55-jährige einheimische Schneiderin Anzeige gegen eine polnische Arbeiterin und ihren polnischen Freund, da sie vermutete, dass die Leintücher, die ihr das Paar übergeben hatte, um daraus Hemden und Unterhosen anzufertigen, von diesen gestohlen worden waren. Die 35-jährige Dienstgeberin der Polin, der die beschlagnahmten Leintücher gezeigt wurden, gab an, dass diese mit Sicherheit aus ihrem Besitz stammten. Zudem nutzte die Einheimische die Gelegenheit, um ihre ausländische Arbeiterin weiterer Diebstähle zu bezichtigen:

> (...) Mir ist auch schon seit langem bekannt, dass mich die bei mir als Magd bedienstete Polin Susanna (...) [S.] fortwährend bestiehlt, doch hatte ich nie Gelegenheit sie auf der Tat zu erwischen. Wohl habe ich wiederholt bei ihr, so unter Anderem [sic!] 3 Stück Scheren, 1 paar Spulen Zwirn, Stoppwolle, mehrere Stücke Seife und ein Paar Socken, dann Marmeladekarten und noch verschiedene Lebensmittel, welche Sachen alle aus meinen Vorräten stammten, bei ihr gefunden. Auch ihr früherer Dienstgeber (...) in Bramberg, schidert [sic!] die (...) [S.] als eine sehr diebische Person. Jch [sic!] hätte sie schon längst aus meinem

Dienste entlassen, wenn ich hiefür Ersatz bekommen hätte. Sonst vermag ich nichts mehr zur Sache anzugeben. (...)[433]

Der Inhalt der Strafanzeige sagt mehr über den Charakter der einheimischen Frau als über das Verhalten der polnischen Arbeiterin aus. Während die Einheimische Vorräte anlegte, fehlten der Zivilarbeiterin die notwendigsten Dinge, um sich zu waschen, die Kleidung in Ordnung zu halten und um sich ausreichend ernähren zu können. Am schwersten wiegt wohl die Tatsache, dass sich die Dienstgeberin über die Lage der Arbeiterin bewusst gewesen sein dürfte. Sonst hätte sie wohl kaum feststellen können, dass die gestohlenen Sachen alle aus ihrem Besitz stammten. Susanna S. bestritt den Diebstahl der Leintücher und gab an, die Dinge, welche die Dienstgeberin bei ihr fand, nur ausgeliehen zu haben.[434] Wladislaw S., der Freund der polnischen Frau, sagte bei der Gendarmerie aus, die Leintücher bei einer Altwarenhandlung in Kitzbühel gekauft zu haben.[435] Die Gendarmerie in Mittersill schenkte aber den Angaben der beiden polnischen Arbeiter keinen Glauben und schickte zur Beweisführung das sichergestellte noch ganze Leintuch, sowie 2 Unterhosen und eine zugeschnittene Unterhose zur Oberstaatsanwaltschaft nach Salzburg.[436] Das Leintuch wurde auch der Altwarenhändlerin in Kitzbühel gezeigt, die dieses der Qualität nach mit Sicherheit als jenes im November 1942 von einem Polen aus ihrem Geschäfte gekauftes Leintuch zu erkennen vermochte.[437] Aufgrund der Aussage der Dienstgeberin beauftragte der Oberstaatsanwalt in Salzburg Mitte Jänner 1943 den Gendarmerieposten in Bramberg damit, festzustellen, ob Susanna S. bei ihrem früheren Dienstgeber schon gestohlen hat und wie hoch der Schaden war. Weiters war von Interesse, warum die Zivilarbeiterin von ihrem früheren Arbeitsplatz wegkam.[438] Der ehemalige Dienstgeber – ein Funktionär der NSDAP – gab an, dass in der Zeit, in der Susanna S. bei ihm gearbeitet hat, geringe Mengen an Lebensmitteln, Wäsche, Zwirn usw. abhanden gekommen sind. Seine Frau durchsuchte auch öfters das Schlafzimmer sowie die Koffer der Polin, wobei sie einen der Bauernfamilie gehörenden Regenschirm, drei oder vier Knäuel Zwirn, größere, neue Flickflecke und dergleichen fand. Den Hof musste Susanna S. auf Intervention des Dienstgebers verlassen, da sie schwanger geworden war.[439] Der Staatsanwalt gelangte schließlich zur Überzeugung, dass Wladislaw S. die Leintücher tatsächlich in Kitzbühel gekauft hatte. Er setzte den Zivilarbeiter auf freien Fuß und ließ diesem vom Gendarmerieposten Mittersill das Leintuch, die zugeschnittene Unterhose und die zwei anderen Unterhosen wieder aushändigen.[440] Susanna S. dagegen, welche die Diebstähle bestritt, verurteilte das Sondergericht Salzburg Mitte März 1943 in einer 30-minütigen öffentlichen Hauptverhandlung ohne Verteidigung nach der Polenstrafrechtsverordnung wegen Diebstahles von Gebrauchsgegenständen im Werte von rund 60,- RM aus dem Besitz ihrer Dienstgeber zu einem Jahr Straflager unter Einrechnung der zweimonatigen Untersuchungshaft und zum

Strafkostenersatz.[441] Wie aus einem Schreiben des Oberstaatsanwalts in Salzburg an den Generalstaatsanwalt in Innsbruck hervorgeht, stand die Haftdauer bereits Ende Jänner 1943, also eineinhalb Monate vor der Gerichtsverhandlung, fest.[442] Bei der Gerichtsverhandlung selbst war der ehemalige Dienstgeber aus Bramberg anwesend, die Dienstgeberin aus Mittersill beschränkte sich auf eine Zeugenaussage vor dem Amtsgericht in Mittersill:

> Die (...) [S.] war in unserem Betriebe (Gast- und Landwirtschaft) von Ende März bis zu ihrer Verhaftung als Landarbeiterin eingestellt. Sie hat mir besonders Lebensmittel während der Dienstzeit entwendet. Zuerst hatte ich Vertrauen und nahme [sic!] nicht an, dass sie diebisch ist, ich musste aber im Laufe der Zeit erkennen, dass sie sehr zum Stehlen neigt. Lebensmittel sind mir fortlaufend abgegangen, die mir niemand als (...) [S.] entwendet haben kann. Denn ich hatte als Magd ja sonst niemand wie die Polin. Es ist festgestellt worden, dass die Polin beim Brotbacken in der Frühe Brot an sich nahm und sich Kuchen bereitete. Denn weisses Mehl und Zucker hatte sie aus meinem Haushalte zur Verfügung. Wir haben nämlich bei ihr bei einer Untersuchung durch die Gendarmerie 1 Brotlaib und zwei Kuchen vorgefunden. Weiters fand man 3 Scheren (zwei kleine und eine grössere, Wert der kleinen 0.60 RM, der grösseren 1,- RM), zwei oder drei kleine Spulen Zwirn (Wert der Spule 0.60 RM, die Spulen waren ziemlich voll, denn ich hatte sie erst gekauft). Die Spulen befanden sich in meinem Nähkörberl, das in der Küche stand. Weiters fanden wir Stoppwolle und zwar mehrere kleine Knäuel, Wert eines Knäuerls 0.20 RM. Es waren mindestens vier Knäuerl. Auch Seife und zwar Einheitsseife fand man vor und zwar 5 Stück. Ein Stück kostete 0.20 RM. Die Seife war in der Waschküche und hat sie beim Waschen an sich genommen. Weiters fanden wir Socken und zwar ein paar Männersocken, sie waren alt aber noch gut erhalten, den Wert kann ich nicht angeben. Auch fanden wir eine Reichsmarmeladekarte, die wir für unseren Haushalt fassten. Ich kann beim besten Willen nicht sagen, ob die Besch. [Beschuldigte] auf dieser Karte etwas bezogen hat oder nicht. Es waren nämlich schon Abschnitte abgetrennt, ob diese aber von uns oder von der Besch. [Beschuldigten] aus Anlass von Einkäufen abgetrennt worden sind, weiss ich nicht und kann ich nicht sagen.
> Nachdem die Leintücher zu Unterhosen genäht bezw. zugeschnitten waren, konnte ich leider nicht mehr feststellen, ob sie aus unserem Eigentume stammen oder nicht.
> Lebensmittel sind mir sehr viele weggekommen. Ich kann ihre Menge und ihren Wert nicht näher angeben. Mein Vater (...) schätzte sie einmal vorsichtigerweise auf rund 50,- RM. Es waren Brot, Mehl, Butter, Eier (ich fand z.B. bei ihr im Zimmer Eierschalen). Wegen Aussichtslosigkeit schliesse ich mich dem Strafverfahren nicht an.[443]

Während sie die Vorwürfe der Lebensmitteldiebstähle sowie der Gebrauchsgegenstände wiederholte, sagte die Einheimische plötzlich aus, dass sie, nachdem die Leintücher zugeschnitten bzw. zu Unterhosen vernäht worden waren, nicht mehr feststellen konnte, ob diese aus ihrem Besitz stammten oder nicht. In ihrer ersten Aussage gab sie noch an, dass diese mit Sicherheit aus ihrem Besitz stammten.

Die Haftstrafe war für die 32-jährige Mutter von einem einjährigen und einem dreijährigen Kind (ihre Kinder hatte die Frau bei fremden Leuten in Polen untergebracht) aus Niwerov das Todesurteil. Susanna S. kam ebenso wie Karoline W. nach München-Stadelheim[444] und starb dort am 28. Juni 1943 um 19 Uhr 30 an beiderseitiger Pneumonie.[445] Ob dies die tatsächliche Todesursache war bzw. aus welchem Grund es zur Lungenentzündung kam, kann anhand der vorliegenden Akten nicht geklärt werden. Wie die einzelnen Beispiele verdeutlichen, dürften die Dienstgeber, wenn es zum endgültigen Bruch mit ihren ausländischen „Dienstboten" kam, oftmals versucht haben, die Zwangsarbeiter durch Anzeigen los zu werden. Wobei davon ausgegangen werden kann, dass dies vor allem dann geschah, wenn Aussicht auf Ersatz bestand.[446] Die vorliegenden Fälle zeigen auch, dass die Dienstgeber bei der Behandlung der Zivilarbeiter weitgehend freie Hand hatten, weil sich die Richter, die Staatsanwälte, die Gestapo- sowie die Gendarmeriebeamten nicht dafür interessierten, aus welchem Grund es zu den Diebstählen kam. Zudem scheinen gerade jene Arbeitgeber, die ihre ausländischen Arbeitskräfte bei der Versorgung mit Lebensmitteln, Bekleidung und anderen Dingen besonders knapp hielten, aus gutem Grund besonders misstrauisch gewesen zu sein.

„GV-Verbrechen"

Die Politik der Nationalsozialisten

Der Pfarrer von Niedernsill prangerte in seinem Seelsorgebericht für das Jahr 1939 das sittliche Leben der Jugendlichen seiner Gemeinde an. Schuld daran seien die „Pinzgauer Verhältnisse", das massenhafte Beisammensein in größeren Bauernhöfen. Wer die Gefahr liebt, kommt in ihr um.[447] Das abschließende Bonmot sollte in den nächsten Jahren im Zusammenhang mit dem Zwangsarbeitseinsatz zum bitteren Ernst werden. Während jene Ausländer, die man in den Baracken- bzw. Kriegsgefangenenlagern oder sonstigen Unterkünften unterbrachte, der Kontrolle durch die Nationalsozialisten ausgesetzt waren, konnten sich die zivilen Zwangsarbeiter und Kriegsgefangenen, die direkt auf den Bauernhöfen arbeiteten und lebten, den Argusaugen des Regimes teilweise entziehen. Dieser Kontrollverlust bereitete den mit dem „Ausländereinsatz" beschäftigten Stellen große Sorge, da sie die in der nationalsozialistischen Ideologie imaginierte „Reinheit der Rasse" durch sexuelle Kontakte der einheimischen Bevölkerung mit den ausländischen Arbeitskräften gefährdet sahen.[448] Hinter den vorgeschobenen ideologischen Bedenken verbarg sich vor allem die Wut der Nationalsozialisten darüber, dass sich die „eigenen" Frauen mit den ausländischen Männern „einließen", ohne dass man in der Lage war, dies zu verhindern. Zusätzlich bestand für das Regime die Notwendigkeit, Maßnahmen zu ergreifen, um die zum Militär eingezogenen Männer hinsichtlich der „Sicherheit" ihrer Frauen und Mädchen in der Heimat nicht in Unruhe zu versetzen.[449]

Man versuchte daher, das „Problem" einerseits durch die Errichtung von Bordellen[450] für die ausländischen Zwangsarbeiter und dem gleichmäßigen Anteil von Frauen und Männern beim Einsatz von polnischen Zivilarbeitern und „Ostarbeitern" vorbeugend anzugehen[451] und andererseits drohte man In- wie Ausländern mit Bestrafung. So bestand schon seit dem 25. November 1939 eine Wehrkraftschutzverordnung, wo unter § 4 Abs. 1 der Satz steht, dass wer vorsätzlich gegen eine zur Regelung des Umgangs mit Kriegsgefangenen erlassene Vorschrift verstößt oder sonst mit einem Kriegsgefangenen in einer Weise Umgang pflegt, die das gesunde Volksempfinden gröblich verletzt, wird mit Gefängnis, in schweren Fällen mit Zuchthaus bestraft[452]. In vereinfachter Form konnten die „Volksgenossen" der Zeitung entnehmen, dass jeder Verkehr mit Kriegsgefangenen, der über das notwendige, durch ein Arbeitsverhältnis bedingte Maß hinaus geht unter Strafe gestellt wurde. Dieser „Verbotene Umgang" fing schon bei Kleinigkeiten wie der Übermittlung von Briefen, der Annahme und Abgabe von Geschenken (Trinkgelder, Zigaretten, Getränke usw.) an und hörte beim sexuellen Kontakt auf.[453] Als in Krimml Mitte August 1940 zwölf französische Kriegsgefangene eintrafen, wies man die Bevölkerung durch große Plakate und mündliche „Aufklärung" auf die geltenden Bestimmungen hin.[454]

Mit der Polenstrafrechtsverordnung Ende 1941 wurden diese Bestimmungen auf Polen und Juden ausgedehnt und im Jahr 1942 fanden die Bestimmungen auch auf die „Ostarbeiter" Anwendung.[455] Generell wollte das RSHA ein „Verbot des sexuellen Kontakts von Deutschen mit Ausländern aller Nationen". Trotzdem differierten die Bestimmungen und Strafmaßnahmen je nach „Rasse" bzw. Nationalität der betreffenden Person.[456] Wenn z. B. Juden, Romas/Sintis, „Ostarbeiter", Polen oder sowjetische Kriegsgefangene des Geschlechtsverkehrs mit einem deutschen Partner überführt wurden, bedeutete das „für männliche und weibliche Angehörige dieser Nationalitäten oder Ethnien meist die Todesstrafe bzw. die Einweisung in ein Konzentrationslager". Die Kriegsgefangenen anderer Staaten wurden zu Gefängnisstrafen verurteilt.[457]

Eine Strafverfolgung fand bei Holländern, Dänen, Norwegern usw., aufgrund ihrer Zugehörigkeit zu den „germanischen Völkern" nicht statt[458]; „westlichen Zivilarbeitern aus Italien, Frankreich, Belgien, aber auch Angehörigen der verbündeten Staaten Slowakei, Kroatien, Rumänien, Bulgarien, Ungarn und Spanien" war prinzipiell eine sexuelle Beziehung erlaubt, „eine Annäherung sollte jedoch von Polizei und Bevölkerung vorab unterbunden werden".[459] Für die Nationalsozialisten bestand, wie klar zu erkennen ist, der ständige Drahtseilakt, einerseits der eigenen Ideologie und andererseits den politischen Anforderungen des Krieges gerecht zu werden.

Denunziation und Verhaftung

Während der Landrat von Zell am See im März 1940 beim Einsatz der polnischen Arbeitskräfte in sexualer Hinsicht noch keine besonderen Wahrnehmungen[460] machen konnte, schlug die Gestapo in Salzburg zwei Jahre später Alarm. So soll laut einem Schreiben vom Jänner 1942 der verbotene Umgang mit Kriegsgefangenen und insbesondere der Geschlechtsverkehr zwischen Gefangenen und deutschen Mädchen und Frauen seit Auflockerung der Bewachung der

franz. Kriegsgefangenen stark zugenommen haben. Innerhalb von einer Woche wurden 13 Frauen und Mädchen an das „Gericht" überstellt. Die Landräte des Reichsgaues Salzburg hatten ihre Gendarmen und Polizisten anzuweisen, dem Umgang der Zivilbevölkerung mit Kriegsgefangen auch weiterhin ein besonderes Augenmerk zu schenken und (...) Verfehlungen dieser Art mitzuteilen.[461] Die Verfolgung des Deliktes des „Verbotenen Umganges" konnte das Regime aber nicht allein mit Hilfe der Exekutive bewerkstelligen. Man war dabei vor allem auf die einheimische Bevölkerung, also auf Denunziationen, angewiesen. Diese können als soziale „Selbstkontrolle" der Gesellschaft verstanden werden, derer sich der nationalsozialistische Sicherheitsapparat zu bedienen wusste.[462] Wenn man in Betracht zieht, dass in Gemeinden wie z. B. Bruck, Kaprun, Maria Alm und Taxenbach die Gendarmerieposten durch die Einberufung der Gendarmen zum Militärdienst unterbesetzt waren und dass in diesen Orten bei einer „deutschen" Wohnbevölkerung zwischen 1.096 und 2.492 Personen[463] teilweise nur zwei Gendarmeriebeamte ihren Dienst versahen, wird schnell klar, welche Bedeutung den Denunzianten zukam.[464] Zudem ist zu berücksichtigen, dass es im Pinzgau hochgelegene Bergbauernhöfe gab, die durch die schlechten bzw. nicht vorhandenen Wege schwer zu erreichen waren, was die Überwachung der einheimischen Bevölkerung und der Kriegsgefangenen bzw. zivilen Zwangsarbeiter durch die Gendarmerie zusätzlich erschwerte. Das Regime wartete also auf eine Anzeige aus der Bevölkerung, ging der „Sache" nach, nahm die betreffenden Personen fest und machte ihnen den Prozess.
Als Grund für die Denunziationen ist einerseits das Pflichtbewusstsein gegenüber dem nationalsozialistischen Staat zu nennen, andererseits dürften menschliche Regungen wie Eifersucht, Neid, Hass und Rache ausschlaggebend gewesen sein. Weiters konnte man durch Denunziationen persönliche Ziele verfolgen, indem man beispielsweise eine betreffende Zielperson in Misskredit brachte und mit Hilfe der Nationalsozialisten „verschwinden" ließ.[465] Aus einer Opferfürsorgeakte geht hervor, dass eine verwitwete Bäuerin, deren Sohn im September 1941 an der Ostfront fiel, von ihrer 31-jährigen Tochter wegen des Deliktes des „Verbotenen Umganges mit Kriegsgefangenen" angezeigt wurde. Der Gendarmerieposten erstattete Anzeige bei der Gestapo in Salzburg, worauf die Frau nach Salzburg überstellt und ihren eigenen Angaben zufolge im Polizeigefängnis derart unmenschlich geschlagen wurde, dass sie, nur um nicht mehr den Schlägen ausgesetzt zu sein, den Umgang mit Krieggefangenen zugab. In der darauf folgenden Sondergerichtsverhandlung verurteilten die Richter die Frau zu drei Jahren Zuchthaus, weil es als erwiesen angesehen wurde, dass die Angeklagte zwischen 1940 und 1942 sexuellen Kontakt zu drei verschiedenen französischen Kriegsgefangenen hatte.[466] Es stellt sich die Frage, warum die Tochter die Mutter erst 1943 denunzierte, während man der Witwe sexuelle Beziehungen von 1940 bis 1942 zur Last legte. Es hat den Anschein,

dass das Wissen der Mitmenschen um solche „Vorkommnisse" eine Art Pfand darstellte, der auch erst in einer Konfliktsituation bzw. zum „taktisch richtigen Zeitpunkt" in Form einer Anzeige eingelöst werden konnte.
Als noch gefährlicher für die betroffenen Frauen ist der übliche „Klatsch und Tratsch" einer Dorfgemeinschaft anzusehen, der solange harmlos war, bis die richtigen Informationen zur falschen Person gelangten. Generell lässt sich festhalten, dass der Faktor Zeit beim Delikt des „Verbotenen Umganges" gegen die betroffenen Frauen arbeitete. Aus bloßen Verdächtigungen wurde detektivische Kleinarbeit, um z. B. die eigene Neugier zu befriedigen. Dies war auch bei einer Bäuerin aus dem Oberpinzgau der Fall, wo zwei Knechte ein Loch durch die Zwischendecke des Hauses bohrten, um ihre „Chefin" bei sexuellen Handlungen mit dem Kriegsgefangenen beobachten zu können. Die „Geschichte" wurde einem Arbeitskollegen weitererzählt, der schließlich die Anzeige machte.[467] Wie aus einigen Sondergerichtsakten hervorgeht, dürften auch Arbeitgeber für Denunziationen verantwortlich gewesen sein.[468]
Ob es gängige Praxis war, die betroffenen Frauen durch Schläge zu einem Geständnis zu zwingen, geht aus den vorhandenen schriftlichen Quellen nicht hervor. Wahrscheinlich setzten die vernehmenden Gendarmerie- und Polizeibeamten die Frauen psychisch unter Druck bzw. versuchten sie unter „Vorspiegelung falscher Tatsachen" so zu beeinflussen, dass es zu einem Geständnis kam. Im November 1941 fand in Salzburg eine Sondergerichtsverhandlung statt, bei der die angeklagte Frau ihr Geständnis widerrief. Man legte der Hausgehilfin zur Last, mit einem französischen Kriegsgefangenen 3-4 mal geschlechtlich verkehrt zu haben. Die Angeklagte gab zu Protokoll, daß sie sich nicht schuldig bekenne und daß die Angaben, die sie früher machte, falsch seien. Sie sagte weiters aus, dass die Beamten von der Gendarmerie und der Polizei auf sie eingeredet haben, alles zuzugeben und dass sie dann mit mildernden Umständen rechnen könnte. Ein Gendarmerie-Meister, der die Frau vernommen hat und der bei der Gerichtsverhandlung als „Zeuge" geladen war, bestätigte, dass er der Angeklagten vorgehalten habe, daß er schon über die Sache informiert sei – dies entsprach allerdings nicht der Wahrheit – und schon Bescheid wisse, worauf sie alles so erzählte, wie es im Protokoll aufgenommen wurde. Weiters habe er ihr gesagt, daß es das beste sei wenn sie alles zugebe und ehrlich sage, wie es gewesen sei. Auch der zweite „Zeuge", ein Kriminalsekretär, gab zu Protokoll, dass er der Angeklagten gesagt habe, daß ein Geständnis ein mildernder Umstand ist. Man verurteilte die Frau trotzdem zu zwei Jahren Zuchthaus, da das Gericht zur Ansicht gelangte, dass das wiederholte Geständnis der Angeklagten der Wahrheit entsprach. Das Geständnis wirkte nicht strafmildernd, sondern wurde von den Richtern vielmehr als Beweis ihrer Schuld angesehen.[469]
Auch in einem anderen Verfahren widerrief die Angeklagte ihr Geständnis,

sie gab an, dieses nur abgelegt zu haben, weil man ihr bei der Gestapo gesagt habe, wenn sie angebe, daß sie mit dem Kriegsgefangenen auch einen Geschlechtsverkehr gehabt habe, dann ging die Angelegenheit nicht mehr an das Gericht und dürfe sie bald wieder zu ihrem Kinde heimfahren. Man glaubte den Beteuerungen der Frau nicht und verurteilte diese zu drei Jahren Zuchthaus. An Zynismus kaum zu überbieten war ein mildernder Grund bei der Strafbemessung, die Fürsorgepflicht für ein kleines Kind.[470]

Die Anzahl der betroffenen Frauen

Im Landesarchiv Salzburg befinden sich zwölf Akten von Sondergerichtsverhandlungen die zwischen dem 07. Mai 1941 und dem 26. Mai 1943 am Landgericht in Salzburg stattgefunden haben. Daraus geht hervor, dass „deutsche" Frauen aus dem Pinzgau[471] wegen des „Verbrechens" bzw. des „Vergehens" „des verbotenen Umganges mit Kriegsgefangenen" zu Haftstrafen zwischen drei Monaten und drei Jahren verurteilt worden sind.[472] Bis auf zwei „Fälle" legte man diesen Frauen den Geschlechtsverkehr mit Kriegsgefangenen zur Last. Vier Frauen verurteilten die Richter zu jeweils drei Jahren und vier weitere zu jeweils zwei Jahren Zuchthaus. Eine Bäuerin bekam fünfzehn Monate Zuchthausstrafe, eine Bauerntochter dreizehn Monate. Eine Dienstmagd wies man für zehn Monate in ein Gefängnis ein und die Ehefrau eines Soldaten wurde zu drei Monaten Gefängnisaufenthalt verurteilt, da das Sondergericht zur Überzeugung gelangte, dass kein schwerer Fall, sondern lediglich ein „Vergehen des verbotenen Umganges mit Kriegsgefangenen" vorlag. Die einheimische Frau, nennen wir sie Marianne L., hat sich im Elternhaus einer ehemaligen Schulkollegin eine in der Stube hängende Militärbluse eines französischen Kriegsgefangenen angezogen, dessen Kappe aufgesetzt und sich so den im ersten Stock des Hauses untergebrachten französischen Kriegsgefangenen gezeigt. Marianne L. kam zwei Monate nach dem „Vorfall" in Untersuchungshaft. Eine als Zeugin angeführte NS-Frauenschaftsleiterin belastete die 20-jährige, auch anderweitig „Verbotenen Umgang" mit Kriegsgefangenen gepflegt zu haben. Auch die zweite Zeugin, die ehemalige Schulkollegin von Marianne L., trat als Belastungszeugin auf. Verurteilt hat man Marianne L. schließlich „nur" wegen des „Vorfalles" mit der Militäruniform. Die Richter kamen zur Ansicht, dass es sich (...) mehr um einen aus übermütiger Stimmung entsprungenen Streich handelte, daher wurde nicht ein schwerer Fall, sondern lediglich das Vergehen nach § 4 (...) zur Ergänzung der Strafvorschriften zum Schutze der Wehrkraft des deutschen Volkes angenommen.[473]

Das Alter der Frauen bei der Urteilsverkündung war zwischen achtzehn und zweiundfünfzig Jahre. Die Mehrzahl dieser Frauen stammte aus dem bäuerlichen Milieu. Als Berufe sind Bäuerin, Dienstmagd, landwirtschaftliche Arbeiterin, aber auch Hilfsarbeiterin, Kellnerin und Hausgehilfin angegeben. Besonders

pikant muss für die nationalsozialistische Partei gewesen sein, dass eine der Verurteilten sowohl Parteimitglied als auch Blockleiterin der NS-Frauenschaft sowie Ortsbäuerin gewesen ist. Acht von diesen zwölf Frauen hatten Kinder, sechs Frauen waren ledig, vier verheiratet und zwei verwitwet. In den Gerichtsverfahren lastete man sieben Frauen an, dass sie jeweils mit einem französischen Kriegsgefangenen Geschlechtsverkehr hatten. Eine Bäuerin bestrafte man aufgrund sexueller Handlungen mit einem französischen Kriegsgefangenen. Eine Frau wurde, wie bereits erwähnt, wegen sexueller Beziehungen zu drei verschiedenen französischen Kriegsgefangenen verurteilt. Bei zwei Frauen sah man es als erwiesen an, dass diese Geschlechtsverkehr mit serbischen Kriegsgefangenen hatten.
Durch die Einsicht in die Gendarmeriechroniken und Gendarmerieberichte des Pinzgaues kommt man zur Gewissheit, dass mehr Frauen verhaftet und verurteilt worden sind, als die vorliegenden Sondergerichtsakten belegen. So findet sich in der Gendarmeriechronik einer Gemeinde (aus Datenschutzgründen kann in diesem Fall nicht auf die Gendarmeriechronik und den Namen der Gemeinde verwiesen werden) der Eintrag, dass Ende September 1941 drei Frauen wegen Umgang mit französischen Kriegsgefangenen in das Polizeigefangenhaus nach Salzburg zur Verfügung der Gestapo eingeliefert worden sind. Im Oktober 1941 wurden im selben Ort noch einmal zwei Frauen verhaftet und nach Salzburg überstellt. Von diesen fünf verhafteten Frauen finden sich aber nur die Namen von zwei Frauen in den Sondergerichtsakten. Der Gendarm hat vermerkt, dass auch die anderen drei Frauen Haftstrafen verbüßen mussten.
Der Gendarmeriechronik von Saalfelden kann man entnehmen, dass im Jänner 1942 und September 1943 zwei polnische zivile Zwangsarbeiter hingerichtet wurden, weil sie sexuelle Beziehungen mit einheimischen Frauen eingingen. Auch diese Frauen finden sich nicht in den Akten der Sondergerichtsverhandlungen. Weiters steht in dieser Gendarmeriechronik, dass im Jahre 1942 zwei weibliche Personen, weil sie mit Kriegsgefangenen geschlechtlichen Verkehr gepflogen haben, auf Kriegsdauer in ein Konzentrationslager eingewiesen wurden.[474] In der Chronik des Gendarmeriepostens Lofer kann man lesen, dass man 1942 einen polnischen Zivillandarbeiter wegen wiederholten Vergehens gegen die öffentliche Sittlichkeit und Arbeitsverweigerung verhaftet und nach Salzburg überstellt hat.[475] Der erst 18-jährige Zwangsarbeiter wurde schließlich wieder zurückgebracht und in Lofer aufgehängt. Ob im Zusammenhang mit dem wiederholten Vergehen gegen die öffentliche Sittlichkeit auch eine einheimische Frau verhaftet worden ist, geht weder aus der Gendarmeriechronik noch aus der Gemeindechronik Lofer hervor.[476]
In einem Schreiben vom 5. November 1943 teilte ein Gendarm aus der Gemeinde Piesendorf dem Landrat in Zell am See mit, dass er einen 19-jährigen polnischen Dienstboten festgenommen und auf Anordnung der Gestapo in das

Polizeigefangenhaus nach Salzburg eingeliefert hat. Der Gendarmeriebeamte sah es als erwiesen an, dass der polnische Zwangsarbeiter und die auf demselben Hof bedienstete gleichaltrige deutsche Magd seit mehr als einem Jahr gemeinsamen Beischlaf, bezw. Geschlechtsverkehr ausgeführt haben.[477] Die Frau, die bereits ein Kind hatte[478], befand sich im sechsten Schwangerschaftsmonat und wurde von der Gestapo Salzburg vorgeladen. Bis jetzt konnte das Schicksal des polnischen Zwangsarbeiters und der Magd nicht eruiert werden. Dem Taufbuch der Pfarre Piesendorf kann man aber entnehmen, dass die Frau Anfang 1944 im Spital in Piesendorf entbunden und das Kind den Krieg überlebt hat.[479]

Auch aus Leogang ist ein Fall überliefert. Eine einheimische Frau wurde von einem polnischen Zwangsarbeiter schwanger und soll nach der Geburt des Kindes im Sommer 1942 in das Frauenkonzentrationslager Ravensbrück eingeliefert worden sein. Eine weitere Frau aus Leogang wurde Anfang Dezember 1944 ihren eigenen Angaben zufolge zuerst wegen „Schwarzhörens" (mit der „Verordnung über außerordentliche Rundfunkmaßnahmen" vom 1. September 1939 wurde das Hören und Verbreiten von Nachrichten ausländischer Sender von den Nationalsozialisten verboten. Wer dagegen verstieß, hatte mit drakonischen Strafen zu rechnen) von der Gestapo verhaftet, dann lastete man ihr ein Verhältnis mit einem französischen Kriegsgefangenen an. Sie kam in das Frauenzuchthaus Aichach in Oberbayern.[480] Der Gendarmerie-Hochgebirgsposten von Kaprun meldete Ende April 1942 an den Landrat in Zell am See, dass man eine Frau aus „Niederdonau", die als Aufräumerin bei der Firma Union, Baustelle Zefret beschäftigt und wohnhaft war, wegen „verbotenen Umganges" mit französischen Kriegsgefangenen festgenommen hat.[481] Auch die Akte dieser drei Frauen aus Leogang und Kaprun sind nicht in den Sondergerichtsakten des Landesarchivs in Salzburg zu finden.[482]

Die Quellenlage lässt also keinen gesicherten Schluss zu, wie viele Frauen aus dem Pinzgau tatsächlich wegen des „Umganges mit Kriegsgefangenen und Zwangsarbeitern" verurteilt wurden. Möglicherweise hat man die Sondergerichtsverhandlungen gegen Kriegsende – wie aus einem Zeitungsartikel hervorgeht – auch direkt in einzelnen Pinzgauer Gemeinden abgehalten. Folgender Artikel wurde am 9. März 1945, zwei Monate vor Kriegsende in Europa, in der Salzburger Zeitung gedruckt:

> Haltet das Blut rein! Ein Prozeß gegen ehrvergessene Frauen – Abstand halten von Fremdvölkischen. Das Sondergericht Salzburg, das unter Vorsitz von Landgerichtsdirektor Dr. Tusch in öffentlicher Verhandlung in einem Ort unseres Gaues tagte, verurteilte sechs Frauen zu schweren Gefängnis- und Zuchthausstrafen. Die Angeklagten hatten in ehrvergessener Weise wiederholt gegen die Bestimmungen der Wehrkraft-Schutzverordnung verstoßen, indem sie sich mit französischen Kriegsgefangenen, die sich zum Teil im Beurlaubtenverhältnis befanden, einließen. Strafverschärfend wirkte in drei Fällen die Tatsache, daß die Ehemänner der verurteilten Frauen als Soldaten an der Front stehen, vermißt sind

> oder sich in Gefangenschaft befinden. (...)
> Über allen formalen Auslegungen hat die Ehre und die Würde des deutschen Frauentums, die Reinheit des deutschen Blutes zu stehen, die unveräußerlich sind. Für die Erhaltung des deutschen Lebens, unserer Art und unserer Rasse haben wir in diesem Krieg unendliche Opfer bringen müssen. Für diese hohen Ziele kämpfen unsere Soldaten gegen erbarmungslose Feinde, dafür sind in Ost und West Frauen und Kinder viehischen Brutalitäten ausgesetzt. Es ist deshalb nichts anderes als ein Gebot der Selbsterhaltung, wenn der intime Verkehr mit Kriegsgefangenen unter schwere Strafen gestellt wird. Kriegsgefangene sind Feinde nach wie vor. Es ist dabei gleichgültig, ob sie etwa im Beurlaubtenverhältnis stehen oder noch voll Kriegsgefangene sind. Unsere Würde und Ehre gebieten aber darüber hinaus den deutschen Frauen und Mädchen, schlechthin Abstand zu halten von allen Fremdvölkischen, die aus kriegsbedingter Notwendigkeit in unserer Mitte leben und arbeiten. Haltet das Blut rein, das ist die Mahnung, die aus der Heimat und von der Front an das Gewissen der deutschen Frau und des deutschen Mädchens gerichtet wird![483]

Akten, die diese Annahme untermauern würden, konnten bis jetzt nicht gefunden werden. Weiters ist anzunehmen, dass Gerichtsakten diese Fälle betreffend zu Kriegsende vernichtet wurden bzw. in der Nachkriegszeit verloren gingen.

Inhalte der Gerichtsprotokolle; „Beweisverfahren"

Die Protokolle der Sondergerichtsverhandlungen zeugen von schlimmsten voyeuristischen Demütigungen der betroffenen Frauen durch die Richter und die vernehmenden Beamten. Die „Verbrechen", welche man den Frauen zur Last legte, wurden in der Beweisführung teilweise in unglaublich entwürdigender Art und Weise bis ins kleinste Detail nachgezeichnet. Das Gericht hielt z. B. fest, ob die angeklagte Frau dem betreffenden Kriegsgefangenen beim Ausziehen ihrer Kleider und beim Einführen des „Geschlechtsteiles" behilflich war. Es wurde festgehalten, an welcher Örtlichkeit der Geschlechtsakt stattgefunden hat, in welcher Position und wie oft es zum Geschlechtsverkehr kam. Auch der Samenerguss des Kriegsgefangenen beschäftigte die zuständigen Richter.
Auch in den Gendarmerieberichten findet sich dieselbe sexistische Sprache wie in den Sondergerichtsakten. So schreibt ein Gendarm vom Hochgebirgsposten Kaprun über eine festgenommene 28-jährige Aufräumerin der Firma Union:

> (...) Die Genannte hat nach Angabe von Zeugen im Waschraum des Lagers einem frz. Kriegsgef. den Geschlechtsverkehr angetragen, indem sie ihm bedeutete, er sei ein schöner Mann, er soll sie figgen. Sie habe hierbei ihren Rock aufgehoben und ihm gesagt, er könne aber erst morgen oder übermorgen figgen, weil sie heute unwohl sei. Einer Mitbediensteten erzählte sie auch, daß sie mit einem anderen Franzosen des Lagers in der Küche einen Negertanz aufgeführt habe. (...) Die Anzeige wurde an die Geh. Staatspolizei Salzburg vorgelegt. (...)[484]

Es bedarf keiner großen Phantasie, um sich auszumalen, dass die Gerichtsverhandlung für eine angeklagte Frau in Zeitlupe abgelaufen sein muss. Dem Verhandlungsprotokoll der bereits genannten Bäuerin aus dem Oberpinzgau kann man folgendes „Geständnis" entnehmen:

(...) Sie habe in dieser Kammer, in der der Kriegsgefangene schlief, ihre Kleider aufbewahrt und habe daher öfters hineingehen müssen, um Kleider zu holen. Der Kriegsgefangene habe an Sonntagen meistens länger geschlafen. Als sie am Sonntag, den 26.4.1942, wiederum habe müssen in diese Kammer gehen, sei der Kriegsgefangene wach im Bett gelegen und habe sie gleich gefragt, wie das Wetter sei. Sie habe sich dann, ohne etwas zu denken, auf das Bett des Franzosen hingesetzt und habe den Vorhang vom Fenster, das sich gleich neben dem Bett befinde, weggezogen, um nach dem Wetter zu sehen. Der Kriegsgefangene habe gleich ihre Hand genommen und gesagt, daß es so schwer sei, daß er nie eine Frau habe, wobei er ihre Hand an sein steifes Glied geführt hätte. Sie habe dann an seinem Glied gerieben, bis es bei ihm zum Samenerguss kam. Der Kriegsgefangene habe sie aber weder geküsst noch an ihrem Körper berührt. (...)

In dem Protokoll sind auch die Aussagen der beiden Belastungszeugen, eines Dienstknechts und eines Melkers, angeführt, die sich an diesem Tag in die Mägdekammer schlichen, um wie bereits angeführt, durch ein vorbereitetes Loch auf das Bett des französischen Kriegsgefangenen hinunterzuschauen. Der Dienstknecht gab an, dass er die Angeklagte im Bett drinnen liegen gesehen [habe]. Er habe von ihr nur den Körperteil vom Kinn bis zur Brust gesehen. Sie sei mit einem Schlafrock angezogen gewesen. Und habe beischlafähnliche Bewegungen gemacht. Vom Kriegsgefangenen habe [er] nichts sehen können, weil dazu das Loch zu klein gewesen sei. Der Melker bestätigte die Aussagen seines Arbeitskollegen, allerdings konnte er nicht mit Sicherheit sagen, ob es sich um einen Geschlechtsverkehr gehandelt hat, weil er ja weitere Körperteile nicht gesehen habe, jedoch habe er aus den Bewegungen der Angekl. mit voller Sicherheit geschlossen, daß es sich um einen direkten Geschlechtsverkehr handeln müsse. Die Dienstboten warfen ihrer Bäuerin noch zusätzlich vor, den Kriegsgefangenen besser verpflegt zu haben als das einheimische Dienstpersonal. Der Melker gab an, dass er selbst viermal gesehen habe, wie sie dem Franzosen Torte gegeben habe. Auch habe er oft Kaffee bekommen, während sie [die Dienstboten] nur Magermilch erhalten hätten. Die Bäuerin bestritt die bessere Verpflegung und gab an, dass sie dem Kriegsgefangenen lediglich 4 mal je 1 Stück Torte als Sonderentlohnung dafür gegeben habe, dass er 3 Personen die Haare geschnitten hat.
In dieser Akte erkennt man sehr deutlich das soziale Spannungsfeld auf dem Hof; der Neid auf den kriegsgefangenen Franzosen. Die Dienstboten erfuhren wahrscheinlich trotz des Nationalsozialismus keine spürbare Verbesserung ihrer persönlichen Lebenssituation und mussten noch dazu aus ihrer Sicht der bevorzugten Behandlung eines „Feindes des deutschen Volkes" zuschauen. Was den Missmut noch zusätzlich verstärkt haben dürfte, war, dass die Bäuerin Parteifunktionärin der NSDAP war. Den Verdacht der ständigen besseren Verpflegung des Kriegsgefangenen konnte die angeklagte Frau entkräften, aufgrund der sexuellen Handlung wurde sie aber zu fünfzehn Monaten Zuchthaus verurteilt.[485] Um eine abschreckende Wirkung zu erzielen, wurde dieser „Fall"

von der NSDAP in der Salzburger Landeszeitung veröffentlicht. Obwohl ein Schuldspruch hinsichtlich der besseren Verpflegung nicht erfolgte, kann man in dem Artikel lesen, dass man der Bäuerin zur Last legte, den französischen Kriegsgefangenen an Sonn- und Feiertagen sogar mit Torte verköstigt zu haben.[486]

Die Anklageschrift einer am 23. Juli 1941 verurteilten 21-jährigen Landarbeitersgattin enthält folgenden „Sachverhalt":

> (...) Die Angeklagte hat sowohl gegenüber der Geheimen Staatspolizei, als auch gegenüber (dem) Ermittlungsrichter ein volles Geständnis abgelegt. (...) Sie lernte (...) außerhalb des Lagers den französ. Kriegsgefangenen (...) kennen, der an einem Zaune arbeitete. Sie vereinbarte mit demselben (...) ein Stelldichein für Pfingstmontag den 2./6 1941 23 Uhr auf einer Wiese. Sie trafen sich tatsächlich dort. Noch kurz vorm Gespräche küsste (...) [sie der Kriegsgefangene] und sie küsste ihn wieder. Darauf legte er sie zu Boden hob ihr die Röcke hoch, zog ihr die Hosen aus und führte sein Glied in ihren Geschlechtsteil ein. Sie wehrte sich anfänglich dagegen, gab aber dann auf und es kam zu einem regelrechten Geschlechtsverkehr bis zum Samenerguß. Dieses Geständnis wiederrief die A. bei der Sondergerichtsverhandlung (...). Diese Verantwortung ist ganz unglaubwürdig. Denn ihr früheres Geständnis stimt [sic!] in der Hauptsache mit der Verantwortung des (...) [Kriegsgefangenen] vor der Feldpolizei überein. (...)[487]

Bei dieser Verhandlung fungierte als Zeuge der Aufseher jenes Kriegsgefangenenlagers, in dem der französische Kriegsgefangene untergebracht war. Der Gefangenenaufseher gab folgenden Bericht zu Protokoll:

> (...) Am Pfingstmontag habe ich um zirka [sic!] ½ 10 Uhr abends das Lager, nachdem ich mich vorher überzeugt hatte, ob alle Gefangenen da sind, abgeschlossen. Ich begab mich dann noch in die Gaststube. Nach einiger Zeit kam ein Zivilist zu mir und steckte mir einen Zettel zu, auf welchem stand, dass ich bei den Gefangenen nachsehen möchte, da ein Franzose fortgegangen sei. Ich ging dann in den Schlafraum der Gefangenen und fand ich das Bett des (...) [betreffenden Kriegsgefangenen] tatsächlich leer. Einer der Gefangenen sagte mir, dass (...) [der Kriegsgefangene] zu der „blonden Frau" (die Angekl.) gegangen sei. Ich begab mich nun zu dem Haus, in dem die Angekl. wohnte und wollte den Bauern wecken. Als ich um das Haus herumging, sah ich über die Wiese jemanden herunterkommen. Ich erkannte sie gleich als die Angekl., nahm sie fest und brachte sie ins Lager. Bald hernach kam auch der Franzose daher und nahm ich mit beiden ein Protokoll auf. (...)

Die Richter verurteilten die Frau, wie bereits erwähnt, zu drei Jahren Haft. Einer der erschwerenden Gründe bei der Strafbemessung war neben der Pflichtverletzung gegenüber ihrem (...) Gatten, der Mangel an Einsicht des begangenen Verbrechens.[488]

In dem Verhandlungsprotokoll einer 39-jährigen Frau, der man 15maligen Geschlechtsverkehr mit einem serbischen Kriegsgefangenen und den Tausch von Geschenken anlastete, kann man lesen, dass sie dies tat, obwohl sie gleichzeitig mit ihrem Gatten regelmäßigen Geschlechtsverkehr pflog und bei Beginn des Verhältnisses mit dem Serben von ersterem schwanger war. Einen Beweggrund für ihre schändliche Handlungsweise kann sie nicht anführen und muß daher angenommen werden, dass sie nur aus zügelloser Sinnlichkeit handelte, obwohl sie Mutter von 4 Kindern ist und bald 40 Jahre alt wird. Auch diese Frau wurde zu drei Jahren Zuchthaus verurteilt.[489] Dieser Fall wurde mit der Überschrift Zuchthaus für eine Ehrvergessene zwei Tage nach der Verurteilung in der Salzburg Zeitung veröffentlicht.[490]

Die Beweisaufnahme für das „Delikt" gestaltete sich unterschiedlich. Einerseits wurden die „Geständnisse", wie diese auch immer zustande gekommen sein mögen, gegen die Angeklagten verwendet. Zudem vernahm man in einigen Fällen auch die betreffenden Kriegsgefangenen.[491] Andererseits traten Gendarmerie- und Polizeibeamte bzw. Gestapobeamte bei Gerichtsverhandlungen als „Zeugen" auf, deren Aussagen im Grunde oftmals nur Beweise für die Einflussnahme der Beamten auf die Geständnisse der Frauen waren. Als Zeugen sind aber auch verschmähte Liebhaber, Angestellte und wie oben beschrieben Kriegsgefangenenaufseher usw. angeführt. Wie aus den Akten ersichtlich ist, wurde bei der Gerichtsverhandlung auch das „gesunde Volksempfinden" berücksichtigt. So holten Gendarmeriebeamte Informationen zu den betroffenen Frauen von der Dorfgemeinschaft ein, um deren Ruf zu untergraben. Bei einer 21-jährigen Kellnerin erhob ein Gendarmerie-Postenführer, daß die Angekl. (…) als leichtes Mädel und sehr männersüchtig bezeichnet wird. Dies bestätigt auch ihre seinerzeitige Dienstgeberin (…) bei der die Angekl. 2 Monate bedienstet war. Sie empfing viel Männerbesuche auf ihrem Zimmer und wurde auch aus diesem Grunde entlassen.[492] Aus den Akten geht weiters hervor, dass von der Gendarmerie auch Hausdurchsuchungen durchgeführt wurden, um Beweismaterial wie beispielsweise Briefe sicherzustellen, deren Inhalte dann im Prozess gegen die angeklagten Frauen verwendet werden konnten.[493]

Die Formulierungen der Richter bei der Haftbemessung und die dabei angeführten erschwerenden sowie mildernden Gründe, entspringen der nationalsozialistischen Ideologie und dem damit einhergehenden Idealbild einer „deutschen Frau und Mutter", der die Rolle der „Gefährtin und Geliebten" des Mannes und gleichzeitig die Rolle der „Gebärmaschine" für das „Deutsche Volk" zugeschrieben wurde. Als erschwerend bei der Urteilsfindung findet sich bei den Frauen meistens als Grund die oftmalige Begehung (das heißt, dass es mehrmals zum Geschlechtsverkehr gekommen ist) des „Verbrechens". Zusätzlich erschwerend war, dass eine alternde Mutter von 7 Kindern ein Ärgernis erregte (in dem Verhandlungsprotokoll wurde festgehalten, dass sie den Verkehr mit dem Kg [Kriegsgefangenen] so auffällig trieb, dass es sogar den Schulkindern auffiel)[494], dass durch den Geschlechtsverkehr Folgen eintraten (diese Frau wurde nach den vorliegenden Unterlagen von einem französischen Kriegsgefangenen schwanger. Das Kind starb nach der Geburt)[495], dass die Angeklagte eine verheiratete Frau war, die in guter Ehe lebte[496], dass eine Frau ihren Geliebten (…), der sie ehelichen wollte und mit dem sie ohnehin im Geschlechtsverkehre stand, schändlich betrog[497], die besondere Pflichtverletzung einer Angeklagten gegenüber ihrem im Feld stehenden Gatten,[498] der besonders gemeine Treubruch einer Frau gegenüber dem Gatten und die schwere Verletzung ihrer Würde als deutsche Mutter daß sie sich gesegneten Leibes hin gab[499]. Es wird deutlich, wie sehr der Staat in die Privatsphäre bzw. in das Leben der einzelnen Frauen eingriff und diese um der „Reinheit der Rasse" willen diskriminierte. Die dabei eine große Rolle spielende Sexualgewalt von Männern gegenüber „minderwertigen" Frauen war allerdings „kein Spezifikum nationalsozialistischer Herrschaftsausübung, sondern Erbe einer patriarchalisch-rassistischen Tradition".[500]

Als mildernde Gründe sind sehr oft das Geständnis sowie die Fürsorgepflicht für Kinder bzw. Enkelkinder angeführt. Im Grunde waren es nur Worthülsen, die, wenn ein „schwerer Fall des verbotenen Umganges" vorlag, auf die Dauer der Haftstrafe keinen Einfluss hatten.[501] Einen positiven Einfluss auf die Haftdauer hingegen hatte der Umstand, wenn vom Gericht eine Verführung der betroffenen Frau durch den Kriegsgefangenen angenommen wurde.[502] Eine Frau wurde laut ihrer Aussage von einem Kriegsgefangen vergewaltigt, das Gericht schenkte ihr aber keinen Glauben. Als mildernden Grund ließ das Gericht unter anderem die Verleitung durch den Kriegsgefangenen „gelten".[503]

Dass es zu Vergewaltigungen bzw. zu versuchten Vergewaltigungen von einheimischen Mädchen und Frauen durch ausländische Männer kam, belegt ein Gendarmeriebericht vom 12. Juli 1943. Wie aus der Anzeige eines Bauern von Bruck a. d. Großglocknerstraße hervorgeht, wollte ein französischer Kriegsgefangener, der in derselben Gemeinde zur landwirtschaftlichen Arbeit eingesetzt war, dessen 14-jährige Tochter in einem Waldstück vergewaltigen. Dazu aus dem Gendarmerieprotokoll: Das Mädchen, wurde vom Kriegsgefangenen zu Boden gerissen, riß ihr die Unterhose vom Leibe und wollte sie geschlechtlich missbrauchen. Als das Mädchen schrie, hielt ihr der Krgf. [Kriegsgefangene] mit der Hand den Mund zu, damit sie nicht mehr schreien konnte. Die (...) wehrte sich mit aller Kraft und wurde schliesslich vom Krgf. freigelassen. Das Mädchen rannte sodann mit den Lebensmitteln auf die Alm und getraute sich nicht mehr heim. Als das Mädchen nicht nach Hause kam, wurde diese von ihrem Vater von der Alm abgeholt. Der Kriegsgefangene wurde noch am selben Tag festgenommen und dem Stalag im Markt Pongau übergeben.[504]

Die Hinrichtungen

Mitte November 1942 schrieb Dr. Hueber (Hueber war Chef der Gestapo Salzburg und direkt verantwortlich für die Liquidierung von neun ausländischen Arbeitern im Reichsgau Salzburg)[505] von der Gestapo Salzburg von der besonders „brennenden Frage" des „Schutzes des deutschen Blutes und der deutschen Ehre" aufgrund des stetig wachsenden Einsatzes von ausländischen

Arbeitskräften und beklagte sich darüber, dass infolge des Geschlechtsverkehrs von polnischen und ukrainischen Volkstumszugehörigen mit deutschen Volksgenossen noch oft Veranlassung zu staatspolizeilichem Einschreiten gegeben wäre. Wie aus dem Schreiben hervorgeht, versuchten sich die ausländischen Arbeiter zu schützen, indem sie vorgaben, über die bestehenden Verbote nicht belehrt worden zu sein. Hueber sah es als schwierig an, den schuldigen Teil der Zwangsarbeiter zu überführen. Daher sollte dazu übergegangen werden, neben der üblichen Belehrung bei der Vermittlung der Arbeitskräfte diese zweimal jährlich auf dem jeweiligen Gendarmerieposten über alle einschlägigen Bestimmungen zu unterweisen. Der Gestapochef verlangte eine Namensliste zu führen, damit der Nachweis der Belehrung jederzeit erbracht werden konnte.[506]

Wie bereits erwähnt, sind in den Gendarmeriechroniken des Pinzgaues im Zusammenhang mit dem „Verbotenen Geschlechtsverkehr" bzw. wegen „wiederholten Vergehens gegen die öffentliche Sittlichkeit" drei Hinrichtungen von polnischen Zivilarbeitern dokumentiert. Trotz des Schreibens Huebers kann nicht davon ausgegangen werden, dass die ausländischen Männer ungeschoren davonkamen, wenn sie sich auf die Unkenntnis des bestehenden Verbotes beriefen. Die einzige Möglichkeit für die ausländischen Arbeiter ihr Leben zu retten, hing vom Ausgang der „rassischen Untersuchung" ab, denen die polnischen Zwangsarbeiter auf Anordnung des RSHA bei Vorliegen eines „GV-Verbrechens" unterzogen wurden.[507] Fiel die Untersuchung negativ aus, dann wurde der beteiligte osteuropäische Zwangsarbeiter – so wie im Fall des 21-jährigen[508] Aleksy J. – umgebracht. Dem Polen warf man vor, in Saalfelden im Laufe des Jahres 1941 mit einer auf demselben Gehöft bediensteten deutschen Magd (...) geschlechtliche Beziehungen unterhalten zu haben. Wegen dieser Verfehlung wurde der junge Mann am 8. Jänner 1942 um 14 Uhr in der Ortschaft Holwegen in einem Wald hundert Meter abseits der Reichsstraße gehängt. Die Hinrichtung selbst, der unter anderem die Gauleitung, die Gestapo Salzburg, die Kreisleitung und der Landrat von Zell am See beiwohnten, wurde zur Machtdemonstration des Regimes. Es sollte ein Exempel statuiert werden. Der Gendarm schreibt, dass die polnischen Zivilarbeiter dem Gehängten als abschreckendes Beispiel vorgeführt wurden.[509] Im Text hatte der Beamte ursprünglich vermerkt, wie die Hinrichtung des Polen von der Bevölkerung aufgenommen wurde. Die betreffende Stelle wurde aber – wahrscheinlich in der Nachkriegszeit – gelöscht. Der Blick auf die Einheimischen dürfte nicht auf das persönliche Interesse des Gendarmen zurückzuführen sein, sondern hing mit der geänderten polizeilichen Strategie zusammen. Der nationalsozialistische Terror, der sich zuvor abgeschottet von der Öffentlichkeit in den KZs und den Gefängnissen sowie an der Front und den besetzten Gebieten abgespielt hatte, wurde im Zusammenhang mit der Verfolgung der „GV-Verbrechen" in den

Alltag der deutschen Zivilbevölkerung hineingetragen. Zielsetzung war es, eine möglichst abschreckende Wirkung auf In- sowie Ausländer auszuüben. Allerdings befürchtete das RSHA, dass es aufgrund der geänderten Vorgehensweise in der deutschen Öffentlichkeit zu heftigen Reaktionen kommen könnte, daher mussten die unteren Behörden nach einer erfolgten Exekution ausführlich über die Haltung der einheimischen Bevölkerung berichten.[510]
Wie nahm die Saalfeldner Bevölkerung die Hinrichtung nun auf? „Mit Befriedigung", „mit Genugtuung" oder „mit Zustimmung"? Es ist kaum davon auszugehen, dass ein regimekonformer Gendarm in die Chronik schrieb, dass die Bevölkerung auf die Justifizierung des Polens „mit Entsetzen" reagierte. Und wenn in dem Bericht tatsächlich „mit Entsetzen" gestanden haben sollte, warum wurde der Eintrag dann gelöscht? Dies soll aber keineswegs bedeuten, dass die Mehrheit der örtlichen Bevölkerung die Hinrichtung befürwortete. Es ist vielmehr davon auszugehen, dass – wie so oft in der Zeit des Nationalsozialismus (und danach) – einfach geschwiegen wurde. Im September 1943 wiederholte sich das Drama in derselben Gemeinde noch einmal. Wiederum soll ein polnischer Zivilarbeiter mit einer auf demselben Hof bediensteten einheimischen Frau, einer ledigen Tochter der „Dienstgeberin", von 1942 bis April 1943 geschlechtliche Beziehungen unterhalten haben.[511] Valentin B.[512] wurde im Alter von fünfundzwanzig Jahren am 20. September um 17 Uhr in der Ortschaft Bsuch in einem Wald gehängt. Der Gendarm schreibt, dass Angehörige der Partei bei der Hinrichtung anwesend waren und die Justifizierung des Zwangsarbeiters Beamte der Gestapo Salzburg durchgeführt haben. Wiederum holte man die polnischen Zivilarbeiter zur Hinrichtungsstätte.[513]
Auch die Exekution des 18-jährigen Eugenius W. Mitte Oktober 1942 in Lofer führte die Gestapo in Anwesenheit sämtlicher polnischer und russischer Landarbeiter von Lofer und Unken durch.[514] Den polnischen Arbeiter hängte man auf der Hürmbachwiese an einem Baum auf (in der Chronik der Marktgemeinde Lofer ist als zusätzlicher Anhaltspunkt die Antonikapelle in Hallenstein als Hinrichtungsort vermerkt)[515]. Die Hinrichtung selbst mussten zwei polnische Landsleute vollziehen.[516] Das Alter der Delinquenten, welche Jugendliche, ja halbe Kinder waren, zeugt von der Kaltblütigkeit, mit der die Verantwortlichen vorgingen. Zudem dürfte den drei polnischen Zwangsarbeitern ein würdiges Begräbnis versagt geblieben sein. Weder im Sterbebuch der Pfarre Saalfelden noch im Sterbebuch der Pfarre Lofer konnten die Namen der Hinrichtungsopfer gefunden werden. Es ist davon auszugehen, dass diese einfach neben der Hinrichtungsstätte verscharrt wurden.

„Während dem Nationalsozialismus ist nach dem Nationalsozialismus?"

Nach dem Zweiten Weltkrieg wurde in Österreich das sogenannte Opferfürsorgegesetz (OFG) ins Leben gerufen, das die Zwecksetzung verfolgte, „die Opfer des „austrofaschistischen Ständestaates" und des nationalsozialistischen Regimes durch Maßnahmen und Leistungen sozialrechtlicher Natur für die von ihnen zwischen dem 6. März 1933 und 9. Mai 1945 erlittenen verfolgungsbedingten Schädigungen und Nachteile zu entschädigen." „Das OFG sieht Begünstigungen, Fürsorgemaßnahmen und Entschädigungsmaßnahmen" nicht nur für „aktive Opfer", also für „Opfer des Kampfes für ein freies, demokratisches Österreich", sondern auch für „passive Opfer", den „Opfern der politischen Verfolgung", vor. Die allgemeine Voraussetzung für die Gewährung der angesprochenen Leistungen ist die Zuerkennung einer Amtsbescheinigung oder eines Opferausweises, der die Opfereigenschaft der betreffenden Person feststellt.[517]

Im Landesarchiv Salzburg sind zwei Opferfürsorgeakten von Frauen aus dem Pinzgau vorhanden, die aufgrund des Deliktes des „Verbrechens des verbotenen Umganges" zu mehrjährigen Zuchthausstrafen verurteilt worden sind.

Mitte 1949 suchte jene Frau, die von der eigenen Tochter angezeigt worden und von Februar 1943 bis kurz vor Kriegsende in Haft war, um die Ausstellung einer Amtsbescheinigung nach § 4 des Opfer-Fürsorgegesetzes an. Als Gründe für das Ansuchen wurden von der Frau der Verbotene Umgang mit Kriegsgefangenen sowie schimpfliche Äusserungen [sic!] gegen den Nationalsozialismus angegeben. Die zuständige Landesregierung in Salzburg lehnte den Antrag mit der Begründung ab, dass dieses freundschaftliche Verhalten einem Kriegsgefangenen gegenüber (...) keineswegs als ein Kampf für die Wiedererrichtung eines freien, demokratischen Österreichs bezeichnet werden kann. Weiter kann man lesen, dass die Inhaftierung (...) zweifellos ein hartes Schicksal dar[stellt], aber nicht nach dem OFG/47 als „politische" Massregelung [sic!] zu werten ist. Die Bäuerin legte beim Bundesministerium für soziale Verwaltung in Wien Berufung gegen den Bescheid der Salzburger Landesregierung ein, da sie sich als politisches Opfer des Nationalsozialismus sah. Diese Berufung wurde in einem Schreiben vom 12. Juli 1950 vom zuständigen Ministerium abgelehnt, weil die Berufungsfrist im September 1949 um zwei Tage überschritten war. Die Bäuerin versuchte es zweieinhalb Jahre später noch einmal und bat im Dezember 1952 den Landesamtsdirektor in Salzburg um die Ausstellung eines Opferfürsorgeausweises oder Amtsbescheinigung, sowie Wiederaufnahme des Verfahrens unter Einholung der Gerichtsakten beim Sondergericht (...) in Salzburg. Zudem berief sie sich auf ihre konservative politische Einstellung, aufgrund derer, ihren eigenen Angaben zufolge, die Strafe durch die NS-Richter so hoch ausfiel. Weiters gab die Frau an, daß sie im K.Z. besonders streng behandelt wurde, was auf einem Aktenvermerke, als unverbesserliche Schwarze zurückzuführen (...) ist. Die Landesregierung ersuchte daraufhin im Februar 1953 das Landesgericht Salzburg um Zusendung der betreffenden Sondergerichtsakte. Das Landesgericht teilte dem Amt der Salzburger Landesregierung mit, daß der Akt Kls 20/43 nach Mitteilung der Staatsanwaltschaft vor Einmarsch der allierten [sic!] Truppen vernichtet wurde. Was allerdings, nach heutigem Wissensstand, nicht den Tatsachen entspricht. Daraufhin bat die Salzburger Landesregierung im März 1953 in einem Schreiben an die Strafanstalt Aichach um Uebersendung [sic!] einer Haftbestätigung und für den Fall, daß (...) Strafakten über die Genannte aufliegen, (...) um kurzfristige Ueberlassung [sic!]. Die Strafanstalt bestätigte Ende März 1953 die Haft der betroffenen Frau mit folgendem Schreiben: (...) [die E.] wurde am 12.4.45 auf Grund der Zubilligung einer Bewährungsfrist vorzeitig entlassen. Der verbotene Umgang mit Kriegsgefangenen erfolgte bei [E.] (...) nicht aus politischen Gründen, sondern sie unterhielt mit mehreren französischen Kriegsgefangenen ein Liebesverhältnis mit Geschlechtsverkehr. Die „Vorsteherin" der Strafanstalt Aichach bediente sich fast acht Jahre nach Kriegsende derselben Sprache, die man auch in den Gendarmerie- und Gerichtsakten der Kriegszeit findet. Das Schreiben lässt jedes Unrechtsbewusstsein bzw. Mitgefühl missen. Wenn sich die Beamtin auf die betroffene Frau bezog, erfolgte dies allein durch die Nennung ihres Familiennamens. Wie aus der eidesstattlichen Erklärung einer ebenfalls in Aichach inhaftierten Frau aus Niederösterreich hervorgeht, wurde die Bäuerin während ihrer Haftzeit zu Feld- sowie Bauarbeiten eingesetzt. Wenn diese beim vorgegebenen Arbeitstempo nicht mitkam, traktierte man sie mit Fußtritten und Schlägen. Mitte Juli 1953 lehnte das Amt der Salzburger Landesregierung den Antrag auf Ausstellung eines Opferausweises bzw. einer Amtsbescheinigung endgültig ab, da keine neuen Tatsachen unter Beweismittel angeboten (...) werden konnten, (...) die einen im Hauptinhalte des Spruches anders lautenden Bescheid herbeigeführt hätte.[518]

Im zweiten vorliegenden Fall suchte eine Hausgehilfin, nennen wir sie Notburga M., die von 1941 bis 1943[519] inhaftiert war, im November 1952 um eine Amtsbescheinigung nach § 4 des Opfer-Fürsorgegesetzes an. In ihrem Schreiben gibt die Frau an, dass sie diese zwei Jahre unter allerschlimmsten Verhältnissen schwerste Arbeit im Freien, Forst- u. Holzarbeit, bei strengster Kälte (...) ohne geeignete Kleidung [leisten musste] und (...) daher an der Gesundheit schweren Schaden erlitt. Auch für ihren Sohn, der bei der Verhaftung von Notburga M. noch kein Jahr alt war, beantragte die Frau die Zuerkennung einer vorübergehenden Fürsorge. Sie schreibt, dass das Kind während ihrer Haftzeit aus der Familie herausgerissen und schlecht untergebracht worden ist. Die Bezirkshauptmannschaft ließ vom Gendarmerieposten des Heimatortes der betreffenden Frau die Gründe für die seinerzeitige Verhaftung erheben und überprüfen, ob Notburga M. Mitglied der NSDAP oder einer ihrer Gliederungen war (auch im ersten „Fall“ wurde eine diesbezügliche Überprüfung durchgeführt. Bei beiden Frauen konnte keine Mitgliedschaft in der NSDAP festgestellt werden)[520]. Weiters wurde die Frau amtsärztlich untersucht um den Grad der Minderung der Erwerbsfähigkeit durch die Gesundheitsschäden festzustellen bzw. die Zeit der Erwerbsminderung zu begutachten[521] und außerdem sollte sich der Amtsarzt dazu äußern, ob zwischen den (...) behaupteten Gesundheitsschädigungen ein kausaler Zusammenhang mit der Haft[522] bestand. Der Arzt stellte Gefäßstörungen durch Erfrieren beider Füße fest. Weiters kann man in der Diagnose lesen, dass die Erwerbsminderung (...) in der kalten Jahreszeit grösser [sic!] als in der wärmeren ist und beträgt jahresdurchschnittlich berechnet 20-30 %. Auf Grund der ärztlichen Untersuchung kann nicht festgestellt werden, wann die Erfrierung erfolgte. Der kausale Zusammenhang mit der Haft ist derzeit auf Grund der ärztlichen Untersuchung nicht zu erbringen.[523] Da der Amtsarzt bereits unter den Nationalsozialisten diese Funktion[524] hatte, stellt sich die Frage, ob seinerseits, aufgrund von möglicherweise noch vorhandenen Sympathien für das Regime bzw. der eigenen Verstrickung in die Zwangssterilisation von behinderten Frauen, überhaupt Interesse bestand, einen Kausalzusammenhang herzustellen. Nach diesen Erhebungen leitete die Bezirkshauptmannschaft Zell am See das Ansuchen der Landesregierung in Salzburg weiter und teilte mit, dass nach ha. Ansicht eine Anspruchsberechtigung nicht besteht, da der Einsatz für ein freies und demokratisches Österreich nicht nachgewiesen ist. Die Landesregierung bestätigte diese Einschätzung und lehnte das Ansuchen im März 1953 ab. Notburga M. suchte auch um eine Haftentschädigung an, welche aber vom Amt der Salzburger Landesregierung im Juni 1953 abgelehnt wurde, weil die Antragstellerin weder im Besitze einer Amtsbescheinigung noch eines Opferausweises war.[525] Das im März 1953 abgewiesene Ansuchen um die Ausstellung einer Amtsbescheinigung wäre die Voraussetzung für die Gewährung einer Haftentschädigung gewesen.[526] Auch die fristgerecht eingebrachte Berufung beim Bundesministerium für soziale Verwaltung wurde im Februar 1954 abgelehnt. In der Schlussnote kann man lesen, daß eine gnadenweise Nachsicht des fehlenden Besitzes der Amtsbescheinigung (Opferausweis) im Gesetz nicht vorgesehen ist und daher auch nicht gewährt werden kann. Notburga M. bemühte sich bei der Bezirkshauptmannschaft Zell am See rund viereinhalb Jahre später noch einmal um eine Haftentschädigung. Man teilte Notburga M. mit, dass ihr Ansuchen nur dann Aussicht auf Erfolg hat, wenn sie nachweisen könnte, dass sie mit Kriegsgefangenen aus politischen Gründen Kontakt aufgenommen bzw. wenn sie diesen zur Flucht verholfen hat. Notburga M. konnte den geforderten Nachweis nicht erbringen, berief sich aber darauf, dass sie wegen Zersetzung der deutschen Wehrkraft angeklagt wurde. Weiters berief sie sich auf einen Beschluss des Landesgerichtes in Salzburg vom

20. Dezember 1957, indem festgestellt wurde, dass nach Anhörung der Staatsanwaltschaft die Verurteilung von Notburga M. für das Gebiet der Republik Österreich als nicht erfolgt gilt. Notburga M. sah darin die Unrechtmäßigkeit ihrer Verurteilung. Die Bezirkshauptmannschaft in Zell am See ließ diese Argumente nicht gelten und wies Notburga M. daraufhin, dass sie trotzdem um die Ausstellung eines Opferausweises bzw. die Zuerkennung einer Haftentschädigung ansuchen könne. Im Oktober 1958 suchte Notburga M. noch einmal um die Ausstellung einer Amtsbescheinigung bzw. eines Opferausweises bei der zuständigen Salzburger Landesregierung an. Das Ansuchen war bei der Bezirkshauptmannschaft einzureichen. Die Bezirkshauptmannschaft holte beim zuständigen Gendarmerieposten wieder Informationen ein, ob Notburga M. Mitglied der NSDAP oder einer ihrer Gliederungen war oder ob sie der NSDAP zumindest nahegestanden ist. Weiters wurde der Strafregisterauszug von Notburga M. verlangt. Wiederum konnte keine Mitgliedschaft bzw. ein Naheverhältnis zur NSDAP festgestellt werden. Das Amt der Salzburger Landesregierung lehnte den Antrag im Jänner 1959 wegen entschiedener Sache ab. Zudem lag nach vorherrschender Meinung die Handlungsweise von Notburga M. in einer rein privaten Sphäre und waren hiefür auch keine politischen Gründe maßgebend.[527] Die Frau versuchte es noch einmal mit einem Schreiben an den Bundespräsidenten, erhielt aber vom Bundesministerium für soziale Verwaltung wieder einen ablehnenden Bescheid.

Auch in anderen Opferfürsorgeakten wurde der „verbotene Umgang" mit „Fremden" von der OF-Behörde in der Regel nicht als ihrer Natur nach „politisch" im Sinne des OFG anerkannt. Einen Großteil der von der Österreichischen Historikerkommission untersuchten OF-Anträge lehnte die OF-Behörde aufgrund der Vermutung ab, dass eine „rein persönliche" Motivation hinter der „Tat" stand. Die Urteile der NS-Richter wurden von der OF-Behörde unabhängig vom Wahrheitsgehalt übernommen und für die Beurteilung der OF-Anträge herangezogen.[528]

Abseits der amtlichen Ebene stellt sich die Frage, wie das Leben für die betroffenen Frauen nach der Haftzeit bzw. nach dem Ende des Nationalsozialismus verlaufen ist. In welcher psychischen und physischen Verfassung kamen die Frauen zurück? Wie wurden sie von der Dorfgemeinschaft, in der jeder jeden kennt, aufgenommen? Hat man sie im alltäglichen Umgang geschnitten bzw. haben sich diese Frauen selbst isoliert? Oder waren die Menschen gleichgültig und nach dem Krieg vor allem mit sich selbst beschäftigt? Dachte die Bevölkerung, dass diese Frauen ihre gerechte Strafe bekommen und damit für ihre „Taten" gebüßt haben oder gab es auch Mitgefühl und die Bereitschaft zu helfen? Wie gestaltete sich die Rückkehr zum Ehemann, zu den Kindern? Wie ist es zu bewerten, dass nur so wenige Frauen um eine Opferfürsorge angesucht haben; verwehrten Scham und Schuldgefühle diesen Schritt?

Die Schilderung einer bereits erwähnten Frau aus Leogang steht wahrscheinlich stellvertretend für die Mehrzahl der betroffenen Frauen:

> Dann bin ich nach Leogang heim gekommen und war ganz enttäuscht, weil die Leoganger haben es mich merken lassen, haben hinter meiner getuschelt, haben mir nicht geglaubt, daß ich unschuldig war, sie würden es auch heute noch nicht glauben, daß der Clement [französischer Kriegsgefangener] total unschuldig war und ich auch. Mein Gatte, der es mit der Treue sowieso nie genau genommen hat, wo er war, hat es mir auch nicht geglaubt, als er von der Gefangenschaft heim kam. Drauf wollte ich mich scheiden lassen, damit endlich ein Strich gemacht wird.[529]

Aus den Sondergerichtsakten geht hervor, dass sechs von den zwölf betroffenen Frauen bei der Urteilsverkündung knapp unter bzw. über zwanzig Jahre alt waren. Aufgrund des Alters kann angenommen werden, dass sich nach der Rückkehr oftmals die Eltern um diese Frauen gekümmert haben. Wie beispielsweise Notburga M., die bis zum Haftantritt zu Hause wohnte und nach ihrer Entlassung wieder in ihr Elternhaus zurückkehrte und dort auch noch 1958 mit ihren beiden Kindern lebte.
Aus dem Briefwechsel von Notburga M. mit der Bezirkshauptmannschaft Zell am See bestätigt sich die Ohnmacht über das erfahrene Unrecht, mit dem die betroffenen Frauen zu kämpfen hatten. Die Bezirkshauptmannschaft wies die Frau bei ihrem zweiten Ansuchen im Jahre 1958, wie bereits erwähnt, darauf hin, dass die Eingabe nur dann Aussicht auf Erfolg hätte, wenn Notburga M. nachweisen könne, dass sie seinerzeit aus politischen Gründen mit Kriegsgefangenen in nähere Verbindungen getreten ist, bzw. wenn sie den Nachweis erbringen könne, dass sie einem [sic!] Kriegsgefangenen Beihilfe zur Flucht geleistet (...) [habe]. Der Nachweis für die vorangeführten Tatsachen könnte auch durch Namhaftmachung von entsprechenden Zeugen erbracht werden. Verzweifelt schrieb Notburga M. an den Bezirkshauptmann zurück; wie aber soll ich nun Zeugen dafür nennen, diejenigen Menschen von denen ich denunziert wurde und so viel Leid und Unglück über mich brachten könnte ich das nicht verlangen dazu kommt daß Menschen die um diese Vorgänge damals wussten nicht mehr am leben [sic!] sind.[530] Es wird deutlich, wie sehr die Ereignisse im Krieg das soziale Gefüge im Dorf belasteten, vor allem wenn man in Betracht zieht, dass in dieser Gemeinde ca. 700 Menschen[531] lebten. Aus der Heimatgemeinde von Notburga M. wurden, wie bereits erwähnt, insgesamt fünf Frauen fast zeitgleich verhaftet und wegen des Deliktes des „Verbotenen Umganges" zu Haftstrafen verurteilt. Falls diese Frauen wieder in denselben Ort zurückgekehrt sind, wie hat sich dann das weitere Zusammenleben im Dorf gestaltet? War es getragen vom gemeinsamen Schicksal? Oder ist es möglicherweise von gegenseitigem Hass geprägt gewesen? Kurz bevor Notburga M. festgenommen wurde, verhaftete man aus diesem Ort[532] drei Frauen und überstellte diese nach Salzburg. In der Gendarmeriechronik ist vermerkt, dass eine Woche

später Notburga M. festgenommen wurde. Möglicherweise ist das ein Hinweis darauf, dass diese im Zuge der Vernehmungen von einer oder von mehreren der bereits verhafteten Frauen belastet wurde. Zwei Wochen nach der Verhaftung von Notburga M. überstellte man eine weitere Frau aus dieser Gemeinde nach Salzburg. In der Sondergerichtsverhandlung gab Notburga M. an, dass ihr die Weiber im Polizeigefängnis zusetzten, sie müsse genau so sagen wie vor der Gendarmerie, eher etwas dazu tun als weniger sagen.[533] Eine Frau, die bei den ersten Verhaftungen dabei war, gab ebenso wie Notburga M. an, daß sie die Frauen, die mit ihr in der Zelle waren, so bearbeiten, daß sie zu allem ja sagen müsse und eher dazugeben, als wegnehmen, dann sei es viel besser. Sie habe darum vor der Polizei zu allem ja gesagt und alles zugegeben, obwohl es nicht der Wahrheit entsprach.[534] Interessanterweise bekamen diese beiden Frauen (fünfundzwanzig und achtzehn Jahre alt) zwei Jahre bzw. dreizehn Monate Zuchthausstrafe während die anderen Frauen mit sechs Monaten Gefängnis bzw. mit jeweils einer Woche Jugendarrest „davonkamen". Es hat den Anschein, dass die Frauen versuchten, „die Schuld" den Mitangeklagten aufzubürden, um selbst einer langen Haftstrafe zu entgehen (aus der Sondergerichtsakte von Notburga M. geht hervor, dass jene Frau, die man zu dreizehn Monaten Zuchthaus verurteilt hat, von Notburga M. belastet wurde, sie während der Untersuchungshaft unter Druck gesetzt zu haben, um den Geschlechtsverkehr mit dem französischen Kriegsgefangenen zuzugeben).

Jene Frau, die von ihrer Tochter denunziert wurde, war bei ihrer Antragstellung 1949 nicht mehr in derselben Gemeinde wie im Krieg wohnhaft. Sie war in einen Nachbarort gezogen. Aus dem Ablehnungsbescheid der Landeshauptmannschaft Salzburg vom Juli 1953 geht hervor, dass die Frau zu diesem Zeitpunkt neuerlich umzog und unter einer anderen Adresse in einer weiter entfernten Gemeinde bei einem Bauern wohnte. Möglicherweise ist sie noch einmal eine Partnerschaft eingegangen oder wurde von Verwandten aufgenommen.

Im kollektiven Gedächtnis des Pinzgaues hat das Schicksal dieser Frauen keinen Platz gefunden. Von einer Aufarbeitung der Geschehnisse kann nicht gesprochen werden. Das Weiterleben der Opfer, der Täter und aller anderen Mitmenschen scheint stark von der Mentalität des Verdrängens und des Vergessens geprägt zu sein. Die Opferfürsorgeakten sprechen eine deutliche Sprache und dasselbe kann auch, auf nichtstaatlicher Ebene, für die Nachkriegsgesellschaft angenommen werden. Wenn man sich vor Augen hält, wie sehr sich die heimkehrenden Soldaten durch die anwesenden GIs und dem damit einhergehenden „Verrat" der einheimischen Mädchen und Frauen, die sich auf Beziehungen mit dem „amerikanischen Feind" einließen, in ihrer Männlichkeit gedemütigt fühlten[535], dann wird klar, dass es keine gesellschaftliche, vor allem männliche, Identifizierung mit dem Schicksal jener Frauen geben konnte, die im Krieg zu Haftstrafen verurteilt worden waren.

Heute, im Jahr 2011, wissen im Pinzgau nur mehr sehr wenige Menschen über diese Ereignisse Bescheid. Um es in den Worten der betroffenen Frau aus Leogang auszudrücken; ich hab nicht gedacht, daß dieses Drama noch einmal zur Sprache kommen wird, aber die Wahrheit soll gesagt werden.[536]

Unerwünschte Kinder

Die Politik der Nationalsozialisten

„Ukrainer-Büberl", Niedernsill.
Privatbesitz Familie Höllwerth, Niedernsill.

Zu Beginn des Zwangsarbeitseinsatzes wurden die polnischen, ukrainischen und russischen Frauen von den Nationalsozialisten lediglich als Arbeitskräfte wahrgenommen bzw. von diesen, wie im Kapitel GV-Verbrechen beschrieben, mit der Rolle des „sexuellen Schutzwalls" für den „deutschen Volkskörper" bedacht. Dies kann als Grund dafür angesehen werden, dass lange Zeit nicht damit gerechnet wurde, dass die osteuropäischen Frauen vermehrt Kinder bekommen könnten. Im Juli 1942 stellte der Gauleiter von Oberdonau, August Eigruber, überrascht fest, dass „seine" Ausländerinnen schwanger wurden und Kinder zur Welt brachten. Diese Schwangerschaften erwiesen sich aber nicht nur für das Regime sondern auch für die Ausländer als großes Problem. Es gab keine reichsweit institutionalisierte Regelung bezüglich der Behandlung der schwangeren Frauen und der Unterbringung ihrer Kinder. Innerhalb der NS-Führungsriege brach ein Streit darüber aus, ob die Kinder als zukünftige Zwangsarbeitskräfte aufgezogen oder die Vermehrung von „minderwertigen" Ethnien und Nationalitäten überhaupt verhindert werden sollte.[537] Nach einem Erlass des RSHA vom 3. November 1942 begnügte man sich zunächst damit schwangere, nicht eindeutschungsfähige polnische Zivilarbeiterinnen grundsätzlich in ihre Heimat abzuschieben. Von dieser Regelung wurden verheiratete Arbeiterinnen, die zusammen mit ihrem Ehemann eingesetzt waren, ausgenommen. Auch in Fällen wo der jeweilige Betriebsführer auf die Erhaltung der Arbeitskraft einen besonderen Wert legte, konnte die betreffende polnische Zivilarbeiterin mit ihrem Kind im

Betrieb verbleiben. Dagegen war die Unterbringung von Kindern nicht eindeutschungsfähiger polnischer Arbeiter bei deutschen Familien nicht gestattet. Das RSHA bestimmte, dass abgesehen von den genannten Ausnahmen, die Kinder von dringend benötigten und tüchtigen Arbeitskräften in der Heimat bei Angehörigen unterzubringen seien. Wenn sich dies nicht verwirklichen lasse, dann sollten die Mütter zusammen mit den Kindern abgeschoben werden.[538] Landrat Allerberger ersuchte aufgrund dieses Erlasses Ende November 1942 das Arbeitsamt in Zell am See um die sofortige Veranlassung der Abschiebung einer schwangeren, in Viehhofen eingesetzten, polnischen Zivilarbeiterin zusammen mit ihrem fünfzehn Monate alten Kind.[539]

Ukrainischer Zwangsarbeiter mit Sohn. Privatbesitz Fam. Höllwerth, Niedernsill.

Hella, polnische Zwangsarbeiterin mit dem Kind ihres Bruders. Privatbesitz Margarethe Hörl, Saalfelden.

Zwei weitere Frauen, deren Kinder in Saalfelden untergebracht waren, kehrten Mitte und Ende 1942 mit diesen nach Polen zurück.[540] Eine 20-jährige polnische Arbeiterin aus Lend wollte laut Bericht des dortigen Gendarmeriepostens ihr Kind bei den Angehörigen des Kindsvaters in Polen unterbringen und danach wieder in den Pinzgau zurückkehren.[541] Kurze Zeit später sah man von diesen Rückführungen ab, da die zuständigen Stellen zur Ansicht gelangt waren, dass die Schwangerschaften von den Frauen gewollt herbeigeführt wurden, um dem „Arbeitseinsatz" im Reich zu entkommen.[542] Die Entscheidung zugunsten der Kriegswirtschaft konnte die „Probleme" aber auch nicht aus der Welt schaffen. Zum einen ging die Arbeitskraft der Frauen aufgrund der Schwangerschaften zumindest vorübergehend trotzdem verloren und zum anderen wuchsen die ausländischen Kinder, wenn sie erst einmal auf der Welt waren, zusammen mit den einheimischen Kindern auf, was die Nationalsozialisten aus rassenideologischen Gründen verhindern wollten.[543] Dies führte schließlich dazu, dass an den Polinnen und „Ostarbeiterinnen" Abtreibungen vorgenommen wurden oder man diesen ihre Kinder nach der Geburt wegnahm.[544] Die als „gutrassig" befundenen Kinder sollten im Hinblick auf den hohen Blutzoll an den Fronten als Deutsche erzogen werden, während für die „schlechtrassigen" Kindersammelstätten vorgesehen waren.[545] Im Reichsgau Salzburg hat sich diesbezüglich lange Zeit nichts getan, was als Glücksfall für die Frauen und ihre Kinder anzusehen ist. Für Reichsstatthalter Scheel war die Situation allerdings „untragbar". Im Mai 1944 schrieb dieser dem Reichsminister des Innern von den „Missständen", welche entstanden, weil Kinder fremdvölkischer Mütter, vor allem von Polinnen und Ostarbeiterinnen in deutsche Pflegstellen gegeben und daselbst zusammen mit deutschen Kindern aufgezogen wurden. Er spricht von der nationalsozialistischen „Anschauung", dem kleinen Reichsgau Salzburg, den 300 ausländischen Kindern, die sich darin befanden, dem jährlichen „Zugang" von weiteren 200 und dem Arbeitsamt, das seit längerer Zeit von einer Rückbeförderung der schwangeren Frauen und der Mütter mit Kindern in die Heimat absieht. Weiters kann man lesen, dass vom Reichsnährstand unter Mitwirkung des Arbeitsamtes und des Reichsgaues zur Hintanhaltung der ärgsten Misstände ein Heim eingerichtet werden sollte und vom Arbeitsamt dafür eine einmalige Beihilfe in Aussicht gestellt wurde. Weiters wollte man für die laufenden Kosten, neben einem Zuschuss des Reichsgaues, die Kindeseltern sowie durch allgemeine Umlagen auch alle anderen Zivilarbeiter heranziehen.[546] Scheel gab zu bedenken, dass dies alles nur eine Improvisation darstelle und drang darauf die „Frage" reichseinheitlich zu regeln. Begründet durch Zuständigkeitsquerelen und Finanzierungsproblemen scheint die zentrale Unterbringung der Kinder schlussendlich gescheitert zu sein. Im Pinzgau begann man ein halbes Jahr später für die Unterbringung dieser Kinder Baracken aufzustellen. Die erste für diesen Zweck erbaute Baracke ging erst Ende 1944, also vier Monate vor Kriegsende, in Uttendorf in Betrieb. Die Betreuung der zu Beginn dort untergebrachten 13 Kinder wurde von einer Polin und einer Ukrainerin übernommen. Zum selben Zeitpunkt geriet in der Stadtgemeinde Zell am See die Fertigstellung einer Baracke ins Stocken, weil die Handwerksbetriebe ihre Arbeit aufgrund ausstehender Zahlungen einstellten. Zudem waren keine Mittel vorhanden, um Decken für die Kinder zu beschaffen.[547]

Geburt und Taufe, Leben und Sterben

In den Tauf- und Sterbebüchern der Pinzgauer Pfarren und den Verzeichnissen der Gemeinden Bruck a. d. Großglocknerstraße, Saalfelden, Maishofen und Kaprun finden sich 163 Kinder[548] von osteuropäischen Frauen[549], die in den Jahren zwischen 1941 und 1946 geboren wurden.[550] Der Großteil davon kam in den Jahren 1944 und 1945 auf die Welt. Im Vergleich dazu schätzte das Reichsinnenministerium im Juni 1944 die Anzahl der von Polinnen und „Ostarbeiterinnen" im Deutschen Reich zur Welt gebrachten Kinder auf 133.000.[551] Einige Zivilarbeiterinnen haben während ihres „Arbeitseinsatzes" mehrere Kinder bekommen, was natürlich die Lebenssituation für die Frauen und ihren Nachwuchs[552] zusätzlich erschwert hat. Die meisten Frauen bekamen wahrscheinlich zum ersten Mal ein Kind, von 89 Kindern waren die Mütter bei der Geburt zwischen neunzehn und dreiundzwanzig Jahre alt. Bei 32 weiteren konnte das Alter nicht festgestellt werden. Es ist aber davon auszugehen, dass auch diese zum Großteil erst knapp unter oder über zwanzig Jahre alt waren. Rund zwei Drittel der Frauen waren ledig. Manchmal ist bei den unehelichen Kindern ein ebenfalls ausländischer Mann als Vater ausgewiesen. Auch dem Landrat wurden solche Beziehungen gemeldet. Im September 1942 teilte der Gendarmerieposten Enzingerboden mit, dass es über das „moralische Verhalten" der Protektoratsangehörigen keinerlei Klagen gäbe und auch von Beziehungen zu deutschen Mädchen und Frauen nichts bekannt sei. Jedoch soll einer der Tschechen mit einer Zivilpolin ein Liebesverhältnis unterhalten und diese Polin schwanger geworden sein.[553] Neben den ausländischen Männern dürften auch Einheimische als Väter in Frage kommen, was natürlich – ebenso wie bei den Ausländern – die Frage nach Vergewaltigungen aufwirft. Die Kinder kamen meist in den Krankenhäusern und den „Gemeindespitälern" des Pinzgaues und nicht, wie man vermuten könnte, auf den Höfen zur Welt. So sind zum Beispiel für das Schloss Farmach in Saalfelden, in dem die Ausländerinnen im Zusammenhang mit einer Entbindung im Schnitt 13 Tage verbrachten, 23 Geburten[554] von Osteuropäerinnen aufgelistet.[555] Auch für Taxenbach sind 23, für Uttendorf 10, für Piesendorf 4 und für das Krankenhaus in Mittersill 17 Geburten von ausländischen Zivilarbeiterinnen vermerkt.[556] Der Pfarrer von Taxenbach schrieb in seinem Seelsorgebericht für 1944, dass das Altersheim in seiner Gemeinde seit 5 Jahren als Gebäranstalt gebraucht wird, dass der außergewöhnlich hohe Geburtenstand auf die unverheirateten Frauen, die auch von weiter entfernt zur Entbindung kamen, zurückzuführen sei und dass von den 39 unehelich geborenen Kindern 15 Kinder von Polinnen und Ukrainerinnen waren.[557] Zivilarbeiterinnen, die in Kaprun, Maria Alm, Maishofen, Saalbach und Zell am See arbeiteten, entbanden ihre Kinder meist im Krankenhaus von Zell am See. Für Kaprun und Rauris ist vermerkt, dass die Kinder auch in den Lagern auf die Welt kamen. Als weitere Geburtsorte sind noch das Krankenhaus in Schwarzach/Pongau, das Krankenhaus in „Markt Pongau", das „Mütterheim" (Landeskrankenhaus) in Salzburg und die „Gebäranstalt" in Seekirchen vermerkt.[558] Obwohl in den vorhandenen Quellen zwei Todesfälle von Zivilarbeiterinnen aufscheinen (in Bruck a. d. Großglocknerstraße starb im März 1942 eine polnische „Landarbeiterin" an Wochenbettfieber. Und in Saalfelden verstarb in Farmach im Mai 1944 eine „Ostarbeiterin", die rund einen Monat zuvor ein totes Mädchen geboren hat)[559], ist davon auszugehen, dass der überwiegende Teil dieser Frauen die Geburten überlebt[560] haben dürfte. Im Gegensatz zu den deutschen Frauen und den Arbeiterinnen aus den verbündeten sowie den meisten westlichen Staaten

gab es für die osteuropäischen Frauen keinen nennenswerten Mutterschutz. Es bestand lediglich ein sogenannter Mindestschutz von zwei Wochen vor und sechs Wochen nach der Geburt. Aber auch in dieser Zeit konnten die Frauen für „zumutbare" Tätigkeiten herangezogen werden, was nichts anderes bedeutet, als dass es ausschließlich vom Wohlwollen der jeweiligen Bauernfamilie abhing, ob in arbeitsmäßiger Hinsicht Rücksicht auf eine schwangere Zwangsarbeiterin genommen wurde oder nicht.[561] Manche Dienstgeber haben ihre ausländische Arbeiterin aufgrund einer Schwangerschaft auch entlassen.[562]
Was die Taufen von polnischen Kindern betrifft, so waren diese nach einem Erlass Heinrich Himmlers vom September 1943 in ganz schlichter Form durchzuführen, die Benutzung der polnischen Sprache dabei verboten und die Teilnahme an der „Veranstaltung" hatte sich auf die nächsten Angehörigen und Bekannten zu beschränken. Zudem durften polnische Kinder nicht zusammen mit einheimischen Kindern getauft werden, wie es Deutschen generell untersagt war an der Zeremonie teilzunehmen.[563] Im Februar 1945 wollte der Pfarrer von Unken aufgrund des bestehenden Verbotes der „Pastorierung" von „Ostarbeitern" vom Salzburger Ordinariat wissen, ob er das Kind einer „russischen" Ukrainerin taufen dürfe. Der Geistliche hat allem Anschein nach bereits 1943 diesbezüglich negative Erfahrungen gemacht. Er schreibt von der „lokalen Einstellung", den „bekannten Folgen" und bat um Aufschluss über diese leidige Frage, wie er sich ausdrückte, damit er gedeckt sei.[564] Sonst müsse er die Sache dem Kriegsende überlassen. Nach einer Woche kam aus Salzburg die Antwort, dass die Kinder von „Ostarbeiterinnen" bis zu diesem Zeitpunkt regelmässig und ohne Beanstandung der weltlichen Behörden getauft wurden. Das Ordinariat legte die amtlichen Erlässe so aus, dass die Spendung der Taufe nicht unter den Begriff der Pastorierung fiel. Der Pfarrer bekam allerdings die Weisung, die Taufe in einfacher Form ohne Beiziehung von deutschen Katholiken durchzuführen.[565] Wie aus den Taufbüchern des Pinzgaues hervorgeht, haben sich die Geistlichen und die einheimischen Frauen über dieses Verbot oftmals hinweggesetzt. Neben den Zivilarbeiterinnen waren auch einheimische Bäuerinnen, Bauerntöchter, Mägde usw. Taufpatinnen. Diese Patenschaften hatten aber nicht nur einen rein religiösen Aspekt, sondern dienten vor allem ärmeren Haushalten dazu, sich an wohlhabendere Haushalte zu binden, wie sich umgekehrt letztere, vor allem durch die Verpflichtung regelmäßiger Patengeschenke, der Loyalität der ersteren versicherten.[566] Diese Frauen waren oftmals sehr jung, ledig und zum ersten Mal gebärend, sie befanden sich noch dazu völlig mittellos im Ausland, und waren auf solche Netzwerke regelrecht angewiesen. Dass die osteuropäischen Kinder teilweise deutsche Vornamen wie Adolf, Anton, Christian, Ernst, Franz, Johann, Robert, Roland, Siegfried, Ludwig-Gottfried, Franz-Xaver, Walter-Franz, Hedwig, Helga, Johanna, Karoline, Klothilda, Monika, Rosa, Theresia-Maria, Maria-Christina bzw. Doppelnamen mit einem

deutschen Vornamen wie Iwan-Josef, Iwan-Johann, Igor-Eugen und Otto-Stanislaus erhielten, kann wohl als symbolische Absicherung dieser Patenschaften gedeutet werden.
Von den 163 Kindern[567] sind 20 in den ersten zwei Lebensmonaten und weitere 20 Kinder innerhalb eines Jahres verstorben. Für Saalfelden sind zudem zwei Totgeburten und ein Abortus vermerkt. In Bruck an der Großglocknerstraße starben allein bei einer einheimischen Pflegefrau in einem Jahr fünf osteuropäische Kinder. Der Arzt, der drei davon behandelte, konnte bei keinem einzigen Kind Anzeichen eines unnatürlichen Todes bzw. einer schweren Vernachlässigung feststellen. Als Todesursachen wurden Lebensschwäche-Säuglingsgelbsucht, Darmkatarrh und Fraisen (Krämpfe) angegeben. Die Ernährung der Kinder fand nach den vorliegenden Unterlagen ausschließlich mit Tiermilch statt, was sich auf den Gesundheitszustand dieser Kinder zusätzlich negativ ausgewirkt haben dürfte.[568] Weitere Todesursachen der im Pinzgau verstorbenen Kinder waren unter anderem Herzlähmung, Herzschwäche, Lebensschwäche (Frühgeburt), Lungenentzündung, Krämpfe, Pertussis (Keuchhusten), Magendarmkatarrh, Bronchitis, fieberhafte Bronchitis und Unterernährung.
Aufgrund der bearbeiteten Quellen würde sich bei den lebend geborenen Kindern eine Sterblichkeitsrate von 24,5 % ergeben. Im Vergleich dazu lag die Säuglingssterblichkeit von deutschen Kindern im Jahr 1939 bei 6 %, wobei allerdings berücksichtigt werden muss, dass auch diese während des Krieges deutlich anstieg. Die „Ausländerkinder-Pflegeanstalten" dagegen, wo die Mortalität wahrscheinlich im Schnitt deutlich über einem Viertel und in den Städten im Schnitt über 50 % lag und in Einzelfällen sogar 90 % erreichte, waren wahre Todesstätten.[569]
Begraben wurden die verstorbenen Kinder auf den Pinzgauer Ortsfriedhöfen. Ebenso wie bei den Taufen durften bei den Begräbnissen nur die nächsten Angehörigen und Bekannten teilnehmen. Für die polnischen Arbeiter war dabei die Verwendung der Muttersprache verboten.[570] Nach dem Willen Himmlers sollte auch auf den Friedhöfen die Rassentrennung gewahrt bleiben. Es war darauf hinzuwirken, dass die polnischen Zivilarbeiter nicht zwischen den Grabstätten deutscher Volksgenossen, sondern an besonderen Stellen der Friedhöfe beigesetzt wurden.[571]
Die überlebenden Kinder blieben meistens bei ihren Müttern bzw. kamen, wie bereits beschrieben, als Pflegekinder zu einheimischen Familien, so wie dies bei der Familie von Notburga H. der Fall gewesen ist:

> (...) da (...) haben wir ein Pflegekind gehabt und da ist im Pinzgau (...) damals eine Fürsorgerin gewesen, die hat sich um die Pflegekinder (...) gekümmert (...). Jetzt hat die Mutter die Fürsorgerin gut gekannt und dann hat sie eines Tages gesagt, (...) jetzt habe ich schon ein Problem, (...) in Wald [damit ist die Gemeinde Wald im Pinzgau gemeint] oben, hat eine Polin entbunden und der Vater ist ein achtzehnjähriger Ukrainer und ich weiß einfach nicht (...), der Arbeitgeber, der Wirt nimmt es nicht, das Kind, mit dem Kind müssen

„Ukrainer-Büberl", Niedernsill. Privatbesitz Fam. Höllwerth, Niedernsill.

sie weg, müssen sie irgendwo unterbringen und das hat sie der Mutter erzählt und dann Weihnachtszeit [das Kind wurde am 4. Dezember 1943 geboren][572] ist es gewesen und dann ist das Büberl bei uns daheim oben, da oben am Berg zum Christbaum hingelegt worden, zu die anderen bescheidenen Geschenke und wir haben alle eine riesige Freude gehabt, wir sind viele Geschwister gewesen. Jetzt haben wir da so einen Findling gehabt und die Mutter von dem Kind ist (...) nicht mit dem Burschen [dem ukrainischen Zwangsarbeiter] beieinandergeblieben, sondern ist mit einem Franzosen dann auf Frankreich gezogen. Sie ist an sich verheiratet gewesen, aber sie hat schon ein paar Jahre von ihrem Mann nichts mehr gewusst. Der ist im Krieg gewesen und da ist sie eben mit diesem Franzosen nach Frankreich und die zwei sind (...) ein paar Mal noch her gekommen (...) beim Büberl nachschauen und haben [die] Mutter dann einfach gebeten, dass sie das Büberl, (...) verantwortlich ist dafür. Und wir haben alle eine (...) große Freude gehabt am Buben. Und dann wie er (...) so vier, fünf Jahre alt gewesen ist und der Krieg aus gewesen ist, ist eines Tages (...) von die Amerikaner eine Frau gekommen (...) und die hat (...) einfach (...) den Auftrag gehabt, die Kinder von die (...) Flüchtlinge [!] einzusammeln für den Amerikaner (...) und die (...) sind in ein Lager zusammengekommen und das ist für unsere Mutter etwas Furchtbares gewesen, für uns alle. Und dann haben sie ihn weg und eine Woche darauf oder 14 Tage darauf ist in dem (...) Lager draußen Salzburg, Oberösterreich (...) eine Kinderkrankheit ausgebrochen. Jetzt haben sie die Neuankömmlinge wieder schnell zurück auf ihre Plätze und (...) ich bin nicht daheim gewesen, aber erzählt haben sie, der Vater ist mit dem Fuhrwerk rauf gefahren und da ist der Franzl [das Kind der Polin] heruntergesprungen über die Leiten und hat gesagt, „Vater, warum habt ihr mich hergegeben?"(...) kurze Zeit später haben sie ihn wieder geholt. (...)

Bevor der Bub das zweite Mal abgeholt werden sollte, versteckte ihn die Mutter von Notburga H. bei einer ihrer Töchter. Die Mutter wurde daraufhin zum Gendarmerieposten in Niedernsill zitiert, wo sie unter Druck preisgab, wo sich das Kind befand.

Wie viele Kinder tatsächlich hier geblieben und wie viele zusammen mit den Müttern bzw. den Eltern in die Heimat zurückgekehrt oder in andere Länder ausgewandert sind, lässt sich anhand der vorliegenden Akten nicht klären. In den Pinzgauer Taufmatriken findet man vereinzelt Hinweise, dass die Kinder von Zwangsarbeiterinnen in Österreich oder Deutschland geblieben sind, in diesen Ländern gefirmt wurden und auch geheiratet haben.

Es ist davon auszugehen, dass das weitere Leben dieser Kinder nicht immer in glücklichen Bahnen verlief. Dem berührenden Brief einer heute in den USA lebenden Frau an das Salzburger Landesarchiv kann man entnehmen, dass die Eltern während des Krieges in Nußdorf am Haunsberg für landwirtschaftliche Arbeiten eingesetzt wurden und sie selbst – laut beigefügter Geburtsurkunde – Ende Oktober 1943 im Landeskrankenhaus Salzburg zur Welt kam. Der Vater wurde 1944 in einem Lager von der Gestapo exekutiert und die Tochter von der

Mutter nach dem Krieg aufgrund ihrer schwierigen finanziellen Situation zur Adoption freigegeben. Das Mädchen verschickte man nach Polen, wo sie von einem älteren Bauernehepaar angenommen wurde. Die Frau schreibt von der kalten, lieblosen Umgebung in der sie aufwuchs, der marginalen Schulbildung, die sie genoss und dass man sie als Arbeitskraft missbrauchte. Die Mutter, die nach Kriegsende nach Venezuela weiterwanderte und 1996 verstarb, konnte ihre Tochter nach zweiundzwanzig Jahren über das Rote Kreuz ausfindig machen.[573]

Abschließend ist festzuhalten, dass das Schicksal der Ausländerkinder beim Thema Zwangsarbeit das wohl traurigste Kapitel darstellt. Ungenügende bzw. fehlende medizinische Behandlung, mangelhafte Pflege und Ernährung dürften im Pinzgau meistens für den Tod dieser Kinder verantwortlich gewesen sein. Trotz der hohen Sterblichkeitsrate kann davon ausgegangen werden, dass viele Kinder, die auf den Bauernhöfen bleiben konnten und damit nicht der direkten Kontrolle bzw. der Gewalt des Regimes ausgesetzt waren, nur mit Hilfe der Bauernfamilien überlebt haben. Dadurch, dass neben den ausländischen Arbeiterinnen auch die einheimischen Frauen die Patenschaft und damit die Rolle der Ersatzmutter übernahmen, scheinen sich diese, neben der leiblichen Mutter, oftmals um die Kinder gekümmert zu haben. Gestützt wird diese Annahme durch die Tatsache, dass es zu dieser Zeit auch im Pinzgau nichts Ungewöhnliches war, dass die Kinder von einheimischen Dienstboten bei Pflegeeltern aufwuchsen.[574]

Nachkriegsleben

Kriegsende

Peter R.,
eingesetzt in Niedernsill.

Für das Frühjahr 1944 findet sich in der Salzburger Zeitung ein romantisch-verklärter Bericht über das Leben einer Unkener Bauernfamilie. Der Autor schreibt inmitten der Apokalypse des Zweiten Weltkrieges von den Wiesen, die erst wenige Tage vom Schnee befreit und voll von Krokussen und Primeln waren, von der Bauernarbeit, die sich zusammendrängte, von den Bäuerinnen, die am besonders geschützten Fleckerl längs der Hausmauer Rhonen, Kraut, Salat und Kohlrabi ausgesät hatten und der alten Feuerstätte des Erbhofes, die für ihn wie für die Ewigkeit gefügt zu sein schien. Der Propagandist schreibt vom Jungbauern, der den Pinzger Janker gegen den Soldatenrock getauscht hatte und der nach vier Jahren Wehrdienst vorläufig beurlaubt (...) wieder die ersten Furchen durch den Heimatboden zieht. Er zählte weiters die Söhne und Enkel auf, die im Wehrdienst standen und daran anschließend, dass in der „Wirtschaft" ein „Ostarbeiter", eine „Ostarbeiterin" und ein Kriegsgefangener „halfen".[575]
Die Intension ist klar zu erkennen; niemand sollte sich aufgrund der Einberufungen Sorgen um die täglich anfallende Arbeit machen. Ein Jahr später wendete sich das Blatt. Im Frühjahr 1945 zogen sich verschiedenste Truppenteile der deutschen Wehrmacht und der Waffen SS in den Pinzgau vor den nachrückenden Alliierten zurück. Die zivilen Zwangsarbeiter und die Kriegsgefangenen arbeiteten bis zum Schluss auf den Bauernhöfen und wurden auch noch dazu herangezogen, Straßensperren zu errichten bzw. Schützengräben auszuheben.

Peter R.:

> (…) [der] Flieger ist dahergekommen, ganz nieder [[lacht]] (...). Das letzte Mal weiß ich, da haben wir ja Heu geliefert. (...) sind die Flieger ganz nieder, zuletzt dahergekommen. (...) [da habe ich Angst gehabt], dass er eine Bombe herunterlässt oder was. (...) ich habe mich (...) schon gefürchtet, dass sie schießen, dass sie zum Schluss schießen auch noch, (...) aber das ist, glaube ich, schon zuletzt [bei Kriegsende] gewesen, (...) da haben wir noch eine Sperre gemacht auf der Straßen, (...) ich habe hinein kommen müssen, helfen Sperre machen [[lacht]]. (...) nicht lange gedauert, dann hat es wieder müssen schnell gehen, da müssen wir sie wieder abtragen [[lacht]]. Sie haben gemeint die Panzer kommen nicht drüber da. Wie die Amerikaner gekommen [sind], haben sie gesagt, wieder schnell abtragen, die Sperre [[lacht]] (...).

Nennenswerte Kampfhandlungen haben sich in diesem Gebiet nicht mehr abgespielt. Nach Kriegsende kam es so wie in allen Teilen des ehemaligen „Großdeutschen Reiches"[576] zu Plünderungen und Diebstählen durch die ausländischen Arbeiter, an denen sich auch amerikanische Soldaten und Einheimische beteiligten.[577] In Lofer wurden drei „reichsdeutsche" Frauen vergewaltigt[578], in Saalfelden sieben Personen verschiedener Nationalität erschossen[579], in Wald im Pinzgau ein ukrainischer Landarbeiter von einem Landsmann getötet[580] und in Weißbach bei Lofer drei russische Kriegsgefangene von der SS mit Kopfschüssen hingerichtet.[581] In den Gendarmeriechroniken von Bruck an der Großglocknerstraße und Kaprun sind penibel der Verlust an Kühen, Kälbern, Schweinen, Schafen, Ziegen und Hühnern aufgelistet.[582] In Fusch erschossen amerikanische Soldaten, ebenso wie in Saalbach[583], zusammen mit Ausländern eine größere Anzahl von Rindern direkt auf der Weide, um die Ausländerlager mit Fleisch versorgen zu können.[584] In Niedernsill wurde Ende Juli auf einer Alm ein einheimischer Melker von drei Männern überfallen und Ende August in die „Gitsch- und Ratzsteineralphütten" am Sonnberg eingebrochen. Hinter den Lebensmitteldiebstählen vermutete die Gendarmerie jedes Mal Ausländer.[585] Auch in Taxenbach handelte es sich bei 55 zur Anzeige gebrachten Diebstählen hauptsächlich um Almhütteneinbrüche, wobei jedes Mal größere Mengen an Lebensmitteln wie Butter und Käse gestohlen wurden.[586] Und in Kaprun gingen die Ausländer, insbesondere die Russen und Polen, wie in der Gendarmeriechronik vermerkt ist, bewaffnet zu den Bauern, um die Herausgabe von Butter, Fett, Eiern, Käse, Schnaps und Milch zu fordern. Während die Gendarmen bedauerten, nichts dagegen unternehmen zu können, weil sie keine Waffen besaßen, da ihnen diese von amerikanischen Soldaten abgenommen[587] worden waren und obwohl der Pfarrer notierte, dass Hunger und Peitsche für die Russen und Polen[588] vorbei seien, zeugen die Lebensmitteldiebstähle von der Notlage, in der sich tausende ausländische Arbeitskräfte, die beim Kraftwerksbau und in der Landwirtschaft eingesetzt waren, auch nach Kriegsende noch befanden. In Kaprun soll sich die Lage erst beruhigt haben, als im Juli 1945 die Ausländer zum größten Teil abtransportiert wurden und Einheiten der

Regenbogendivision als Besatzungstruppen kamen.[589]
Neben Plünderungen und Diebstählen kam es auch zu spontanen und gezielten Racheaktionen, was Rückschlüsse auf die Behandlung der Zwangsarbeiter während der Kriegszeit zulässt. Jan B. spricht davon, dass die Polen von polnischstämmigen Soldaten, die in der amerikanischen Armee dienten, aufgefordert wurden, jene Einheimischen zu benennen, welche die Zivilarbeiter während der Kriegszeit schlecht behandelt haben; (...) sagt das ruhig, wer euch fertig gemacht hat, dann machen wir sie fertig. Der Interviewpartner denkt dabei an seinen Rauswurf aus der Kirche, der ihm gefühlsmässig heute noch zu Herzen geht. Rein theoretisch hätte man das melden können, meint dieser; aber wozu? Einheimische Gesprächspartner erzählen von mutwilligen Zerstörungen zu denen es auf verschiedenen Bauernhöfen kam. Zudem sollen sich Dienstgeber aus Angst vor ihren ehemaligen ausländischen „Dienstboten" auf Almen versteckt haben.[590] In manchen Fällen scheint der Hass auf die Einheimischen grenzenlos gewesen zu sein. Zwei Söhne des in der Salzburger Zeitung erwähnten Unkener Erbhofes, zweiunddreißig und dreißig Jahre alt, wurden am Abend des 13. Mai 1945 von einer amerikanischen Patrouille entführt und, so die Vermutung, in der Nähe von Lofer ermordet und verscharrt. Die Patrouille befehligte laut Eintrag in der Gendarmeriechronik ein Oberleutnant, der – so der Gendarmeriebeamte – ein russischer Abkömmling sein soll. Begleitet wurden die amerikanischen Soldaten von einem 19-jährigen russischen Zivilarbeiter und einem 25-jährigen serbischen Kriegsgefangenen. Die Gendarmerie ging von einem Racheakt seitens der ausländischen Arbeiter aus, da der ältere der beiden Brüder SS Soldat und bei (einem) den fremdvölkischen Landarbeitern unbeliebt gewesen sein soll.[591]
Aber nicht nur die Dienstgeber, auch die Funktionäre des Regimes hatten Vergeltungsaktionen durch die ausländischen Arbeiter zu fürchten. Für Großarl (Pongau) schrieb der dort eingesetzte Pfarrer, dass bei der Verhaftung des ehemaligen NS-Ortsgruppenleiters durch die amerikanischen Soldaten die polnischen Arbeiter an diesem tätlich Rache ausübten für Härten, die der Abgeführte ihnen früher dienstlich gezeigt haben soll. Auch sonst scheint die Situation dieselbe wie im Pinzgau gewesen zu sein: Einzelne, meist abgelegene Gehöfte wurden wiederholt von fremden, unbekannten Elementen heimgesucht und den Bewohnern unter Drohungen Lebensmittel, Alkohol und Wertgegenstände abgenommen. Auch Tiere auf der Weide wurden entwendet und geschlachtet. (...)[592]
Von allen Pinzgauer Gemeinden dürfte Unken von Racheakten am stärksten betroffen gewesen sein.[593] Am 16. Juli 1945 brannte eine große Scheune, die sich im Eigentum des NSDAP - Müttererholungsheims Oberrain befand, samt Heu und Fahrnissen ab. Einen Tag später wurde zur Mittagszeit in derselben Gemeinde ein Bauernhof ein Raub der Flammen. Ende Juli 1945 brannte nach

Mitternacht in Unken wiederum ein Bauernhof vollständig ab. In allen drei Fällen handelte es sich laut Gendarmerie um Brandlegung. Verdächtigt wurden dabei immer fremdvölkische Zivilarbeiter.[594]
Während sich die Exekutive in Taxenbach über die eigene Hilflosigkeit echauffierte, da die Ausländer längere Zeit seitens der Besatzungsmacht zu großen Schutzgenossen hätten und damit das Einschreiten gegen diese völlig unmöglich gewesen sei, ist für die spätere Zeit genugtuend vermerkt, dass wenn ein Diebstahl dieser Leute nachgewiesen werden konnte, diese vom Militärgerichtshof schwer bestraft wurden.[595] Die beschriebenen Vorkommnisse scheinen für die Gendarmen gelegen gekommen, ja manchmal direkt gewünscht worden zu sein, um die schlechte Behandlung der ausländischen Arbeitskräfte in der Kriegszeit nachträglich zu rechtfertigen. Die Westalliierten dagegen, welche damit gerechnet hatten, in den ausländischen Arbeitern vor allem wehrlose Opfer vorzufinden, wurden von den Geschehnissen vollkommen überrascht. Das mitunter als „böswillige Undankbarkeit" empfundene Verhalten der Displaced Persons zog eine grundlegende Änderung in der Haltung der Amerikaner und Engländer nach sich. Man wollte die ehemaligen Zivilarbeiter und Kriegsgefangenen, vor allem die sowjetischen, nur mehr los werden.[596] In einem Protokoll der Gemeinde Lofer ist als eine der ersten Aufgaben des neu gebildeten Gemeinderates die Rückführung von rund 150 Russen, Polen und Serben vermerkt.[597]

Der Weg in die Heimat

Weronika S.,
eingesetzt in Gries im Pinzgau.

(...) also ich hatte ein kleines Köfferchen dabei, mit ein paar Klamotten, mehr hatte ich nicht dabei und dann mit dem Zug nach Salzburg gefahren. Und dort wurden wir in diesen deutschen (...) Kasernen untergebracht (...). Also zwei (...) Monate lang, in Salzburg, ja. Vom Juni bis August. (...) weil einfach die Brücken abgerissen waren, (...) die Schienen, deswegen, es wurde alles bombardiert, es musste erneuert werden. Also drei Tage vielleicht sind wir gefahren oder vielleicht auch mehr. 3, 4 Tage (...). Also das waren diese Viehwaggons ohne (...) Dach, nur dass es nicht geregnet hat. Und bis Sanok sind wir gekommen, zum polnischen Repatriierungsamt, dort wurden wir dann aufgenommen. (...) also die haben (...) meine Bescheinigung (...) abgenommen, die ich vom Bauern hatte und 100 Zloty gegeben, jeder hat 100 Zloty bekommen. (...) von dem polnischen Amt. (...) Und danach bin ich zu Fuß gegangen, einen Tag und zwei Nächte. Und in der Nacht habe ich einfach draußen übernachtet, auf Heu (...). Und von da ist einfach jeder zu Fuß in seine Richtung gegangen, von Sanok. Also manchmal hat mich einer mit seinem Pferdewagen ein, zwei Kilometer mitgenommen, aber [es] gab keine Autos, gar nichts.[598]

Im Gegensatz zu Weronika S. blieb Jan B. noch drei Monate in Wald im Pinzgau bevor er die Heimreise nach Polen antrat. Anfeindungen oder Gewalt scheinen die polnischen Interviewpartner bei der Rückführung nicht ausgesetzt gewesen zu sein. Die Repatriierung (Rückführung in die Heimat) der Sowjetbürger dagegen sah oftmals ganz anders aus. Im Vertrag von Jalta vom Februar 1945 einigten sich Stalin, Roosevelt und Churchill dahingehend, dass diese wenn nötig auch gegen ihren Willen zurücktransportiert werden.[599] Stalin war durch die immensen Verluste an Menschenleben bestrebt, die Lücken mit Heimkehrern aufzufüllen und er wollte eine dem Regime feindlich gesinnte Nachkriegsemigration verhindern.[600] Die Methoden bei der Repatriierung unterschieden sich für die ehemaligen Zwangsarbeiter vor allem in der Anfangsphase meist nicht wesentlich von denen bei der Verbringung zum „Arbeitseinsatz". Es gab eigene Kommissionen, drohliche Verlautbarungen, Listen und Viehwaggons. Da ein Großteil der sowjetischen Repatrianten als „Verräter" an der Heimat und am kommunistischen System galten, wurden zudem Filtrationslager angelegt, in denen die Heimkehrer einzeln überprüft wurden.[601] Wassyl H. nimmt sich dabei ein zweites Mal als Opfer des Krieges wahr. Er spricht davon, im ungarischen Sopron wieder wie „Vieh" hinter Stacheldraht eingesperrt worden zu sein.

Olga W. blieb nach Kriegsende noch zwei Monate auf „ihrem" Bauernhof, nachdem sie zuvor den erfolglosen Versuch unternommen hatte, mit dem Koffer in der Hand entgegen der zurückströmenden Flut an deutschen Soldaten zu Fuß den Heimweg anzutreten. Als sie schließlich auch noch das Ansinnen der Dienstgeberin, sie mit ihrem älteren Bruder zu verheiraten, abgewehrt hatte, trat sie die Heimreise an. Die Interviewpartnerin wurde nach Ungarn transportiert, wo sie zusammen mit anderen Heimkehrern mehrere Monate lang in verlassenen Häusern untergebracht wurde. Dies sollte sich als wahrer Alptraum erweisen. Während Olga W. die Frage nach sexueller Gewalt durch Deutsche beim Interview verneinte, da diese die Ukrainerinnen nicht als Menschen sondern lediglich als Arbeitskräfte wahrgenommen hätten, spricht sie von der kollektiven Angst vor den Rotarmisten, die plünderten und vergewaltigen. Diese bitteren Erfahrungen teilte die Interviewpartnerin mit vielen ehemaligen „Ostarbeiterinnen", denen von ihren „eigenen" Soldaten oftmals sexueller Kontakt mit deutschen Männern unterstellt wurde und von diesen deshalb als „Huren" betrachtet wurden.[602]

Während rund 84 % aller Sowjetbürger nach dem Krieg entweder freiwillig oder unter Zwang in die Sowjetunion zurückkehrten, traten nur 42 % der galizischen Ukrainer die Heimreise an.[603] Eine Zwangsrepatriierung fand bei den Galiziern nicht statt, da diese von den Westalliierten nicht als Sowjetbürger anerkannt wurden.[604] Auch Peter R. blieb im Pinzgau. Er befürchtete, vom stalinistischen Regime aufgrund seines Aufenthaltes in Österreich der Kollaboration verdächtigt und nach Sibirien deportiert zu werden. Die Furcht vor der

Rückkehr ist als begründet anzusehen, da die Ukrainer aus Galizien tatsächlich der Gefahr ausgesetzt waren, einzig und allein wegen ihres Aufenthaltes im Deutschen Reich verhaftet und in sowjetische Arbeitslager verschickt zu werden.[605] Im Gegensatz zu Peter R. trat Eustachius N. zunächst die Heimreise an. Der Interviewpartner, der sich weigerte in ein Sammellager zu gehen und nach Kriegsende, ebenso wie Olga W., noch auf „seinem" Bauernhof blieb, bekam nach einigen Wochen von einem Gemeindebediensteten die Weisung, sich am Bahnhof von Taxenbach einzufinden, von wo er zusammen mit anderen ausländischen Arbeitern Richtung Osten fuhr. Die Freude über die Heimkehr schlug allerdings schnell in Ernüchterung um:

> (...) Dann sind wir, dass weiß ich nicht mehr genau was für Ort, von Graz weg sind wir noch ein Stückchen gefahren, dann haben sie uns herausgeholt. (...) russische Soldaten unter der Böschung gelegen und dann Zug aufgehalten und haben sie Familien heruntergelesen, das sind Verheiratete gewesen, Kinder haben sie (. . .) mitgehabt. Dann (...) haben sich ja alle gemeldet, sie haben auch nicht gewusst was los ist. Dann haben sie [die russischen Soldaten] sie [die Familien] aufgestellt, alle, und dann haben sie sie niedergemäht [erschossen]. (...) wir haben zusehen müssen. Dann sind sie mit uns weggefahren mit dem Zug, sind wir ein Stückchen gefahren, dann haben sie uns alle heraus gejagt [aus dem Zug] (...).

Eustachius N.,
eingesetzt in Taxenbach.

Aus welchem Grund die Familien erschossen wurden entzieht sich der Kenntnis des Interviewpartners. Während der Repatriierung fanden aber immer wieder Ermordungen von Sowjetbürgern statt, die vom sowjetischen Geheimdienst der Kollaboration mit den Deutschen für schuldig befunden wurden. Vor allem Offiziere die in deutsche Gefangenschaft geraten waren, und Angehörige prodeutscher Militärformationen mussten um ihr Leben bangen.[606]

Eustachius N. kam in der Steiermark in ein Lager. Nach einem wochenlangen Aufenthalt, der mit ständigem Exerzieren und mageren Essensrationen ausgefüllt war, erfolgte der Fußmarsch nach Budapest. Dort, so der Interviewpartner, waren die Tage wiederum verbunden mit Strafexerzieren und ständigen Beschimpfungen als „Verbrecher", weil die Heimkehrer im Deutschen Reich nicht als Partisanen gegen Hitler gekämpft hätten. Misstrauisch geworden durch den Ablauf der Rückführung, der nur ein Vorgeschmack auf das zu sein schien, was noch kommen sollte, wurde einem Angehörigen der Sowjetarmee die Frage nach der Heimkehr gestellt. Die Antwort lautete; (. . .) heim und dann ein Jahr bis drei Jahre Sibirien, aus. Für Eustachius N. und seine Freunde war die Option Sibirien gleichbedeutend mit dem sicheren Tod. Es fiel die Entscheidung zur nächtlichen Flucht, die zu Fuß durch Wälder, Maisfelder, entlang von Straßen

und mit der Eisenbahn Richtung Westen erfolgte, stets verbunden mit der Sorge, nicht den englischen oder amerikanischen Soldaten in die Hände zu fallen, um der Gefahr einer Zwangsrepatriierung zu entgehen. Wieder in Taxenbach angekommen, kehrten die ehemaligen Zivilarbeiter auf „ihre" Bauernhöfe zurück, wo sie bei den Einheimischen Erstaunen ausgelöst hätten, wie sich Eustachius N. lachend erinnert, weil sie noch am Leben waren. Der Interviewpartner heiratete die Tochter seines ehemaligen Dienstgebers und begann im Pinzgau ein neues Leben. Seine Freunde dagegen wanderten anschließend in englischsprachige Länder weiter.
Als Olga W. zusammen mit anderen ehemaligen Zwangsarbeitern endlich die Heimreise in offenen Eisenbahnwaggons antreten konnte, unternahm die vom Krieg gebeutelte Zivilbevölkerung den Versuch, die Heimkehrenden ihrer letzten Habseligkeiten zu berauben. Mithilfe von Haken wurden vom fahrenden Zug Gepäcksstücke aber auch Menschen „heruntergefischt". Die mehrmalige Betonung, dass es nicht „die Deutschen" waren, denen man der Erfahrung nach alles Schlechte zutrauen musste, sondern die „eigenen Leute", zeugen vom Unverständnis und der Enttäuschung der Interviewpartnerin über diese Vorfälle. Als sie schließlich wieder in Koroliwka ankam und alle anderen Menschen nach Hause gegangen waren, stand Olga W., wie sie sagt, so einfach auf dem Feld und wusste nicht wohin sie gehen sollte, da niemand auf sie wartete. Schließlich nahm sie eine arme Frau mit nach Hause.
Die Vorgänge bei der Rückführung der sowjetischen DPs blieben, so wie von Eustachius N. bereits angedeutet, auch in den Besatzungszonen der Westalliierten nicht unbemerkt. Im Juli 1945 erging ein dramatischer Appell vom Salzburger Ordinariat an den Bezirkshauptmann von Zell am See. Man bat darum, polnische Geistliche des griechischen Ritus, die zusammen mit ihren Familien in St. Anton in Bruck a. d. Großglocknerstraße untergebracht waren und dort in der Bewirtschaftung des Gutes arbeiteten, nicht den Russen zu übergeben, weil dies – so die Befürchtung – mindestens für die Priester der sichere Tod wäre. Wie aus dem Schreiben hervorgeht, hatten diese Familien zuvor vom Bürgermeister der Gemeinde die Weisung erhalten, die Heimfahrt anzutreten. Weiters soll das Rote Kreuz die geplante Überführung der Ausländer zum selben Zeitpunkt gestoppt haben.[607]
Obwohl die Heimreise der anderen Interviewpartner zumindest teilweise als abenteuerlich zu bezeichnen ist, blieben diesen die schrecklichen Erfahrungen von Eustachius N. und Olga W. erspart. Wassyl H. wurde nach der Filtration, deren Zweck sich der Interviewpartner bis heute nicht erklären kann, in der Nähe von Lemberg zur Arbeit eingesetzt. Als sich eine günstige Gelegenheit bot, trat er mit anderen Heimkehrern auf einem Kohlezug die Flucht Richtung Osten an. Über und über bedeckt mit Kohlenstaub sei er vollkommen mittellos in der Heimat, in der es nichts gab, angekommen, nur die Zähne und Augen waren

noch weiß. Auch Motrona T. spricht davon, in einem offenen Kohlewaggon nach Kiew gefahren zu sein. Maria R. hatte das Glück in einem Transport mitgenommen zu werden, der von einem sowjetischen Offizier für ein russisches Mädchen, in das er sich verliebt hatte, organisiert wurde; (...) dieser Transport ging viel schneller als die anderen Züge und man hatte auch 30 Stück Vieh mitgenommen und man kochte unterwegs Erbsensuppe (...). Iwan D. kam erst 1946 in der Heimat an. Der Interviewpartner gehört zu jenen 21 % von Sowjetbürgern, die nach der Repatriierung zur Armee einberufen wurden.[608] Seine Aufgabe in Österreich war es, Bomben zu entschärfen. Die Zeit beim Militär sieht der Interviewpartner positiv. Für ihn gehörte es zur Pflicht, Verteidiger der Heimat zu sein, an deren Befreiung er nicht mehr teilnehmen konnte.

Wladimir B., ganz hinten links,
Sommer 1946 oder 1947.
Privatbesitz Hannes Wartbichler, Mittersill.

Wladimir B. blieb sogar noch zwei Jahre lang im Pinzgau, wo er weiterhin als landwirtschaftlicher Arbeiter und für die US-Armee tätig war.

Während viele der ins Deutsche Reich verschleppten Menschen freiwillig in die Sowjetunion zurückgingen, um Freunde, Verwandte und die Heimat wiederzusehen und ein neues Leben zu beginnen, wehrten sich andere aufgrund der befürchteten Verfolgungsmaßnahmen durch das kommunistische Regime hartnäckig gegen ihre Repatriierung. Die schrecklichen Szenen, die sich oftmals bei den zwangsweisen Rückführungen aus den von den Westalliierten besetzten Gebieten abspielten, veranlassten die britischen und amerikanischen Militärs schließlich im Herbst 1945 die Politik ihrer Außenministerien zu sabotieren. Der mächtige Repatriantenstrom, der sich zuvor in die Sowjetunion ergossen hatte, verwandelte sich ab Oktober des Jahres in einen schmalen Bach.[609]

Das Leben danach

Weronika S. übersiedelte nach Kriegsende vom Südosten Polens, wo sie aufgewachsen ist, mit ihrer Familie in die Woiwodschaft Westpommern, in den Nordwesten des heutigen Polens, in vormalig deutsches Gebiet. Ihren Mann, der während des Krieges bei einer Straßenrazzia in Warschau verhaftet, zuerst nach Auschwitz und danach in das Konzentrationslager Mauthausen deportiert wurde und mit dem sie zwei Kinder hat, lernte die Interviewpartnerin auf einer Silvesterfeier 1945/46 kennen. Das Paar entschied sich bereits nach drei Monaten für eine Hochzeit, da die Bauernhöfe in diesem Gebiet von den polnischen Behörden nur an verheiratete Paare verteilt wurden. Den Hof gaben sie aber nach ein paar Jahren wieder auf. Während Weronika S. danach in einem

Hühnerlegestall und einer Kabelfabrik arbeitete, stieg ihr Mann, der ein Leben lang unter den Folgen seiner Inhaftierung in Mauthausen litt und etliche Operationen benötigte, zum Leiter einer Molkerei auf.
Jan B., der nach dem Krieg seinen Grundschulabschluss nachholte und eine Berufsausbildung zum Chemiker machte, bereute es nach Polen zurückgekehrt zu sein. In seiner Heimat herrschte der Kommunismus. Er habe sich in politischer Hinsicht sofort eingesperrt und bevormundet gefühlt, resümiert der Interviewpartner. Freie Arbeitsplätze sind zwar genug vorhanden gewesen, nur Geld hätte man keines verdient. Wenn er noch einmal die Wahl hätte, versichert Jan B., dann wäre er in Österreich geblieben. Für das Interview legte der Gesprächspartner ein Farbfoto, das seinen ehemaligen Dienstgeber in einem rot-weiß-karierten Hemd zeigt, auf den Tisch. In den achtziger Jahren erhielt Jan B. die Ausreisegenehmigung für einen Besuch in Wald im Pinzgau. Er besuchte nicht nur die Bauernfamilie, bei der er während des Krieges zur Arbeit eingesetzt war, sondern ging auch noch einmal zu allen Nachbarn. Eigentlich sei es wie eine große Familie gewesen, sagt der Gesprächspartner. Man sprach sich mit dem Vornamen an und er betrachtete die Menschen, die dort lebten, nicht als Nationalsozialisten. Auch die Einheimischen hätten ihr Bedauern ausgedrückt, dass er nach dem Krieg wieder nach Polen zurückgekehrt ist. Jan B. malte sich während des Interviews aus, wie sein Leben in Österreich verlaufen wäre. Er spricht davon, dass er eine schöne Frau geheiratet, vielleicht den Teil eines Hofes bekommen und sich ein eigenes Haus gebaut hätte. Aber nicht nur die besseren wirtschaftlichen Perspektiven dürften für die heutige Sichtweise des Interviewpartners ausschlaggebend sein, dieser scheint tatsächlich „heimatliche" Gefühle für den Pinzgau zu hegen. Bis zum Tod seines ehemaligen Dienstgebers stand Jan B. mit der Bauernfamilie in Briefkontakt. Weiters wurde er vom Sohn des Bauern eingeladen, sie wieder zu besuchen. Aufgrund seines hohen Alters sieht sich der Interviewpartner aber heute dazu nicht mehr in der Lage.
Die Frage, ob es in Polen in der Nachkriegszeit aufgrund ihres Aufenthaltes im Deutschen Reich zu Problemen gekommen ist, beantwortete Weronika S. mit einem erstaunten Lächeln und der Gegenfrage, aus welchen Gründen es zu Schwierigkeiten hätte kommen sollen. Im Gegensatz zur Sowjetunion war die Verschleppung zur Zwangsarbeit in der polnischen Nachkriegsgesellschaft kein Tabuthema und die ehemaligen polnischen Zivilarbeiter unterlagen im Gegensatz zu den „Ostarbeitern" keiner gesellschaftlichen Stigmatisierung. Allerdings ist der Zwangsarbeitseinsatz in der historischen Forschung Polens nie ein zentrales Untersuchungsfeld geworden. Auch in der polnischen Erinnerungskultur war das Thema bis in die späten achtziger Jahre kaum präsent. Die Geschehnisse des Zweiten Weltkrieges wurden vom sozialistischen Staat für sich in Anspruch genommen; mit der Erinnerung an die Verbrechen des

Nationalsozialismus und dem Kampf gegen das Deutsche Reich verfolgte man das Ziel, den polnischen Patriotismus zu stärken. Dabei blieb kein Platz für differenziertere Erinnerungen. Erst mit den Demokratisierungsbestrebungen in Polen Ende der achtziger Jahre des vergangenen Jahrhunderts wurde ein staatlich unterstützter Interessensverband für die zivilen Zwangsarbeiter ins Leben gerufen.[610] Im Gegensatz zu jenen Polen, welche während ihres Aufenthaltes im Deutschen Reich physisch und psychisch schwer gelitten haben, scheinen Weronika S. und Jan B. einer kollektiven Erinnerung nicht zu bedürfen. Durch die humane Behandlung auf „ihren" Bauernhöfen nehmen sich die Interviewpartner nicht als Opfer des Nationalsozialismus wahr; (...) also ich habe diese Ungerechtigkeit, das habe nicht so gefühlt, also für mich jetzt persönlich.[611] Während im sozialistischen Nachkriegspolen der „Arbeitseinsatz" zwischen all den anderen Verbrechen des Nationalsozialismus unterging, passte die von Bürgern der Sowjetunion im Deutschen Reich verrichtete Zwangsarbeit überhaupt nicht „in die triumphale Erzählweise der sowjetischen Geschichte." Im Land der „Sieger" konnte das Arbeiten für den Feind nicht einmal mit dem Hinweis auf die Unfreiwilligkeit entschuldigt werden, es waren lediglich Geschichten des Widerstandes „gestattet". Nach den Diskriminierungen des NS-Regimes folgten für die Zivilarbeiter die Diskriminierungen des kommunistischen Regimes. Es gab geheime Anweisungen wonach Eheschließungen mit ehemaligen Zwangsarbeitern unerwünscht waren. Zudem wurde diesen der Zugang zu Bildung und Arbeit erschwert und in den ersten Nachkriegsjahren war es den Menschen, die im Alter von achtzehn Jahren und darüber zum „Arbeitseinsatz" herangezogen wurden, verboten, sich in großen Städten niederzulassen.[612] Auch dem Schreiben eines ukrainischen Staatsbürgers vom September 2001 an das Salzburger Landesarchiv kann man entnehmen, mit welchen Schwierigkeiten die Menschen im eigenen Land zu kämpfen hatten:

> In der sowjetischen Zeit wurden meine Familie und ich in unserem Land moralisch gekränkt, weil ich während des Kriegs von den Faschisten zur Arbeit nach Österreich deportiert wurde: Ich konnte keine leitende Stellung einnehmen, ich und meine Familienangehörigen durften nicht ins Ausland fahren, nicht einmal mit einem Touristenvisum. Niemand forderte von mir irgendwelche Dokumente, der Fakt des Aufenthaltes in Österreich während des Kriegs war nach meinen Worten eingetragen und das genügte. Die Kriegsveteranen wurden hoch angesehen, sie wurden ausgezeichnet, sie genossen Respekt und verschiedene Privilegien, darunter auch materielle Belohnungen. Mir war all das versagt (...). Ich büßte in Österreich meine Gesundheit ein, jetzt bin ich Invalid und niemandem nützlich. Man nannte mich Faschist und meinen Sohn auch. Und jetzt, um wenigstens irgendeine Entschädigung zu erhalten, habe ich nicht genügend Zeugnisse und ich kann keine Dokumente aus Österreich bekommen. ICH BITTE SIE, wenn es möglich ist, helfen Sie mir.[613]

Auch Wassyl H., der nach dem Krieg als Schlosser und als Fahrer gearbeitet hat, spricht davon, dass ihm aufgrund seines Aufenthaltes im Deutschen Reich jeder höherwertige Arbeitsplatz verwehrt blieb. In Opposition zum sowjetischen

Wassyl H.,
eingesetzt in Dienten.

Staat dürfte sich der Interviewpartner trotzdem nicht befunden haben. Für das Interview schmückte sich der Gesprächspartner mit all den Orden, mit denen er für seine Arbeitsleistung und seinen Einsatz als Fahrer für Löschwasser bei der Tschernobylkatastrophe ausgezeichnet wurde. Wassyl H. unterstreicht damit nicht nur seinen eigenen „Wert" sondern scheint auch zeigen zu wollen, dass die Diskriminierungen der ehemaligen „Ostarbeiter" in sowjetischer Zeit durch nichts zu rechtfertigen sind. Da der sowjetische Geheimdienst im Besitz der Filtrationsakten war, bestand kaum eine Möglichkeit, den Aufenthalt im Deutschen Reich zu verschweigen.[614]

Wenn man sich um einen Arbeitsplatz bewarb, sagt Iwan D., der unter anderem den Beruf des Sprengmeisters in einer Kohlegrube im Donezbecken ausübte, musste man einen Fragebogen ausfüllen, in dem geschrieben stand, dass man als ehemaliger Zwangsarbeiter ein Verräter sei. Da zu dieser Zeit jede Arbeitskraft dringend benötigt wurde, bekam er die Arbeit schlussendlich trotzdem. Aber auch in der Sowjetgesellschaft selbst sind immer wieder Vorwürfe laut geworden, dass die Menschen, die während des Krieges in Deutschland gearbeitet haben, Verräter seien, die sich freiwillig zur Arbeit dorthin gemeldet hätten. Während Iwan D. mit seinen Mitmenschen in dieser Hinsicht keine negativen Erfahrungen machte, seien andere aus diesem Grund sogar von ihren Bekannten abschätzig behandelt worden.

Es war aber nicht nur die „Ehre" des Sowjetstaates, die durch die bloße Existenz der ehemaligen „Ostarbeiter" „beschmutzt" wurde; die Opfer des NS-Regimes sollten aus viel triftigeren Gründen zum Schweigen gebracht werden. Einerseits wollte das kommunistische Regime die eigenen ungeheuerlichen Fehlschläge während des Krieges verschleiern[615] aufgrund derer Millionen von Soldaten in deutsche Kriegsgefangenschaft gerieten und Millionen von Zivilisten den deutschen „Anwerbungskommissionen" schutzlos ausgeliefert waren, und zum anderen hatten die Menschen während ihres „Arbeitseinsatzes" im Deutschen Reich den weitaus höheren Lebensstandard in Mitteleuropa kennengelernt, was natürlich die Wirtschaftspolitik des Staates diskreditierte.[616] Letztere Annahme wird auch durch die Aussagen einzelner Interviewpartner untermauert. Olga W. erinnert sich an die dreistöckigen Gebäude in Österreich, während die Ukrainer in „so etwas" wie Hütten leben würden. Und Motrona T. hat Rauris nicht als Dorf sondern als Städtchen in Erinnerung, weil es eine Kirche, ein Kopfsteinpflaster und schöne Häuser gab. Alles sei so sauber gewesen, sagt die Interviewpartnerin, während dies in der Ukraine ganz anders ausgesehen hat. In der unmittelbaren Nachkriegszeit dürften die Diskriminierungen des sowjetischen Staates für die ehemaligen Zwangsarbeiter das geringste Problem dargestellt haben, für diese ging es um das nackte Überleben. Das Land hatte während des Krieges schwer gelitten, viele Dörfer und Städte waren durch die Kampfhandlungen zerstört worden, viele Menschen waren umgekommen und die alten sozialen Netze gab es oftmals nicht mehr. Die eingangs erwähnte ukrainische Zwangsarbeiterin, die zusammen mit anderen Jugendlichen aus Melitopol verschleppt wurde, kam am 28. August 1945 wieder in ihrer Heimatstadt an. Sie schreibt, dass ihr Vater und ihr Bruder nicht mehr am Leben waren, die Mutter schwer krank und das Haus zerstört war; keine Arbeit, kein Essen und das alles brachte mich zur Verzweiflung.[617] Das Schicksal dieser Frau steht stellvertretend für die meisten ukrainischen Interviewpartner.

Olga W.,
eingesetzt in Wagrain.

Olga W. wollte sich nach dem Krieg weiterbilden, hatte dann aber keine Möglichkeiten mehr. Ihr fehlten die dafür notwendigen Kontakte. Die Arbeitsbedingungen in der Kolchose, in der die Gesprächspartnerin arbeitete, waren sehr schwierig. Es gab keine Pferde und der Hafer und der Roggen mussten mit dem Spaten angebaut werden. Auch die in der Zwischenkriegszeit gemachten Hungererfahrungen fanden in der Nachkriegszeit ihre Fortsetzung. In Österreich gab es wenigstens zu Essen, klagt Olga W., in der Ukraine herrschte der Hunger. Zu diesen Problemen kamen noch persönliche Schicksalsschläge hinzu. Die Gesprächspartnerin konnte ihre Mutter, von der sie und ihre Schwester während der Hungerkatastrophe in der Ukraine Anfang der dreißiger Jahre allein zurückgelassen wurden, nach dem Krieg ausfindig machen. Wie die Geschwister feststellten, ging es dieser in materieller Hinsicht besser; in ihrem Haus stand ein Sack Zucker. Allerdings wollte die Frau keinen Kontakt mehr zu ihren Töchtern aufbauen und begnügte sich damit, ab und zu Speck sowie andere Lebensmittel zu schicken. Den Mann, den Olga W. fünf Jahre nach Kriegsende heiratete und mit dem sie drei Kinder hat, war alkoholkrank. Er legte im zum Hof der Familie gehörenden Stall ein Feuer, wofür er drei Jahren in Haft kam. Schließlich hat er Olga W. wegen einer anderen Frau verlassen.

Auch das Leben von Maria R. verlief in ähnlich unglücklichen Bahnen. Der Vater wurde, wie bereits erwähnt, während des Krieges verschleppt und vermutlich ermordet. Die Mutter litt an einer Behinderung, zudem gab es noch kleinere Geschwister, die sich nicht selbst versorgen konnten. Im Oktober 1945, kurz nach der Ankunft von Maria R. in der Ukraine, starb der Großvater. Dadurch war diese gezwungen, in der örtlichen Kolchose die Arbeit aufzunehmen. Die

Entlohnung erfolgte in Naturalien, anstelle von Geld erhielt man Getreide. In gewissen Zeitabständen fuhr die Gesprächspartnerin mit dem Getreide nach Kiew, um dieses zu verkaufen und im Gegenzug Kleidung einzukaufen. Ihren Angaben zufolge gab es zudem hohe Steuern auf den Haushalt und die Tiere. Auch Motrona T. erzählt von den schwierigen Nachkriegsjahren, dem Mangel an Nahrung und Kleidung sowie den Zerstörungen des Krieges. Während die Eltern in einer Kolchose ihrer Arbeit nachgingen, konnte die Interviewpartnerin eine Ausbildung auf einem pädagogischen Institut absolvieren.

Im Gegensatz zu den Gesprächspartnern, die nach dem Krieg in die Städte übersiedelten bzw. in die Städte zurückkehrten und sich um eine Arbeit im Bergbau oder im industriellen Sektor bemühten, erzählt keiner der auf dem Land verbliebenen Interviewpartner von Diskriminierungen durch den Staat oder die Mitmenschen. Für das kommunistische Regime scheint von den ehemaligen „Ostarbeitern", die wieder auf das Land zurückgekehrt sind und dort in einer Kolchose arbeiteten, in politischer Hinsicht auch keine Gefahr ausgegangen zu sein.[618] Durch die rückständigen ländlichen Strukturen wurden die ehemaligen „Ostarbeiter" in ihrer persönlichen und beruflichen Entwicklung ohnehin automatisch stark behindert. Auch heute noch beschleicht einem das Gefühl, dass die Menschen in ihren Dörfern einfach vergessen wurden.

Jene Zivilarbeiter, die nicht in ihre osteuropäischen Heimatländer zurückkehrten, wanderten oftmals in englischsprachige Länder aus. Andere wiederum blieben mittellos und auf sich allein gestellt in jenem Österreich zurück, indem sie noch kurz zuvor aufgrund ihrer ethnischen Herkunft diskriminiert und zur Arbeit gezwungen wurden. Erleichtert wurde das Leben für diese Menschen durch die Bindungen zu den Höfen, auf denen sie während des Krieges eingesetzt waren und die auch nach Kriegsende oftmals nicht abrissen. Einerseits bestanden also diese sogenannten Patron-Klient-Netzwerke fort und andererseits wurden auch wieder neue paternale Beziehungen geknüpft. Der Arbeitgeber von Eustachius N. nach Kriegsende, ein Sägewerksbesitzer, lieh dem Interviewpartner Geld, damit dieser für sich und seine Familie ein Haus bauen konnte und regelte für den Gesprächspartner zudem den Erwerb der österreichischen Staatsbürgerschaft, nachdem ihn ein Beamter in Salzburg bezüglich der Kosten übervorteilen wollte. Es wird deutlich, dass die ausländischen Arbeitskräfte über den Krieg hinaus von den alten ländlichen Mechanismen profitierten, welche unter anderem durch den Schutz und die Bereitstellung von ökonomischen Ressourcen durch den jeweiligen Dienstgeber im Austausch gegen die Arbeitskraft des Dienstnehmers geprägt waren. Der Tod vieler einheimischer Männer auf den Schlachtfeldern des Zweiten Weltkrieges bzw. deren Verbleib in alliierter Kriegsgefangenschaft dürften die Gründe dafür gewesen sein, dass sich die einheimischen Arbeitgeber so intensiv um die ehemaligen Zivilarbeiter bemühten. Die Neo-Österreicher konnten auch an dem sich langsam entwickelnden Wohlstand partizipieren und in der Folge Familien gründen und Häuser bauen. Was die Akzeptanz der Ausländer innerhalb der österreichischen Nachkriegsgesellschaft betrifft, so ist davon auszugehen, dass die ausländischen Arbeiter ihre erfolgreich praktizierte Strategie während des Krieges, nämlich die eigene Wertigkeit durch Fleiß und Können bei der Arbeit zu demonstrieren, auch nach dem Krieg fortgeführt haben. Zudem scheint die Heirat von einheimischen Partnern für diese von großem Vorteil gewesen zu sein. Auch der Spracherwerb spielte für das Berufs- und Privatleben eine wichtige Rolle. Während man laut Gustav C. seiner Mutter aufgrund ihres Akzentes immer angemerkt hätte, dass sie eine Ausländerin war, sah die Situation bei Eustachius N. ganz anders aus. Die Sprache als Instrument zur „Erkennung des Fremden" fiel bei Eustachius N. weg, da dieser, wie bereits erwähnt, den Pinzgauer Dialekt vollkommen akzentfrei erlernte. Zudem scheint die Religion, die nun ohne Beschränkungen ausgeübt werden konnte, und im Speziellen der gemeinsame Kirchenbesuch mit den Einheimischen, bei den Integrationsbemühungen der Ausländer eine wichtige Rolle gespielt zu haben. Voraussetzung hierfür war natürlich, dass die Menschen religiös waren.

Trotz aller Integrationsbemühungen seitens der Ausländer gab es auch nach dem Ende des Zweiten Weltkrieges Einheimische, die den ehemaligen Zivilarbeitern vorurteilsbehaftet gegenüberstanden. Bei Diebstählen verdächtige man „den Polen", sagt Erna G., obwohl ihr Vater ethnischer Ukrainer ist und sich nichts zuschulden kommen ließ. Die Interviewpartnerin ist der Überzeugung, dass in ihrer Familie aufgrund der Herkunft des Vaters verstärkt auf die Meinung der Einheimischen geachtet wurde; „immer schauen was die Leute sagen und sich ja nichts zu schulden kommen lassen." Wobei es auf der anderen Seite auch Einheimische gab, wie die Interviewpartnerin versichert, die sich hinter ihre Familie stellten.

Gustav C. mit seinen Schwestern in der Nachkriegszeit.
Privatbesitz Gustav C., Dienten.

Auch Gustav C. hatte im Alltag als Kind einer Polin mit Diskriminierungen zu kämpfen. Obwohl der Interviewpartner bereits im Alter von zwei Wochen zu einer einheimischen Pflegefamilie kam, dort aufwuchs und im Heimatdorf unter deren Familiennamen bekannt war, ist er für manche Einheimische „der Bub der Polin" geblieben. Diese demütigenden Erfahrungen scheinen für den unerfüllt gebliebenen Wunsch des Gesprächspartners, nämlich den Familiennamen der Pflegefamilie anzunehmen, ausschlaggebend gewesen sein. Erna G. dagegen bedauerte es, dass sie den Familiennamen des Vaters, den sie auf eine biblische Stadt zurückführt, bei der Heirat ihres einheimischen

Partners ablegen musste.
Während die Kinder von den im Pinzgau verbliebenen Zivilarbeitern oftmals schon sehr früh in Erfahrung brachten, dass in ihrer Familie etwas „anders" war als in anderen „Pinzgauer Familien", konnte auch das genaue Gegenteil der Fall sein, nämlich das „Nicht-Sprechen" vom Schicksal des Vaters. Der Sohn von Peter R. erfuhr erst im Hauptschulalter von dessen Herkunft. Die Frage, ob ihm die Sprachschwierigkeiten seines Vaters nicht aufgefallen sind, verneint der Gesprächspartner mit dem Hinweis darauf, dass er dessen Aussprache gewohnt gewesen sei und er nichts anderes gehört hätte. An Benachteiligungen innerhalb der Dorfgemeinschaft aufgrund der ukrainischen Abstammung seines Vaters kann sich der Gesprächspartner nicht erinnern. Vielmehr spricht dieser lachend davon, dass sich sein Vater mit den „alten Nazis" traf, um mit diesen Eisstock zu schießen oder Karten zu spielen.
Von den interviewten Kindern der ehemaligen im Pinzgau verbliebenen Zwangsarbeiter erlernte keines die Muttersprache des ausländischen Elternteils. Eva W. zum Beispiel hörte nie ein ukrainisches Wort von ihrer Mutter, der Vater erlaubte dies nicht. Es ist davon auszugehen, dass die ehemaligen in Österreich verblieben Zivilarbeiter einem viel stärkeren Anpassungsdruck durch die dörfliche Mehrheitsbevölkerung als die heute in Österreich lebenden ausländischen Einwanderer ausgesetzt gewesen sind. Auch innerhalb der Familien scheinen unsichtbare, geschlechtsspezifische Grenzen zu verlaufen. So konnte bei den Gesprächen mit den Kindern der Zivilarbeiter festgestellt werden, dass sich die Söhne nur sehr schwer mit dem Schicksal des ausländischen Elternteils identifizieren können bzw. bei diesen eine Abwehrhaltung gegen „das Fremde im eigenen Blut" vorzuliegen scheint, während die Töchter das Leben ihrer Väter bzw. ihrer Mütter aktiv erforschen.
Während westliche Kriegsgefangene bereits ein paar Jahre nach Kriegsende zusammen mit ihren Familien als Urlauber in ihre Einsatzorte zurückkehrten, kam es zwischen den Einheimischen und den ehemaligen osteuropäischen „Dienstboten" sowie zwischen den im Pinzgau verbliebenen ehemaligen Zivilarbeitern und ihren Verwandten in Osteuropa meistens erst nach dem Fall des „Eisernen Vorhangs" wieder zu Kontakten. Ausschlaggebend dafür waren oftmals die Ansuchen um Bestätigungsschreiben für den Aufenthalt im Deutschen Reich. Weronika S.:

> (...) bei guten Leuten war ich wirklich. (...) wer sonst würde mir dann noch Pakete schicken. Also ich krieg noch zu Weihnachten Pakete, Päckchen. (...) und sie waren Kinder damals, also das Mädchen war wahrscheinlich so in der dritten Klasse und der Junge war noch jünger. Die hatten eine Erzieherin oder so. Aber die Eltern haben dies dann weitergegeben, dass ich da (...) gearbeitet habe und die wussten das dann (...).

Die Enkelin von Weronika S. besuchte im Zuge einer Italienreise zusammen mit ihrer Familie den Bauernhof in Gries im Pinzgau, wo die Großmutter während des Krieges eingesetzt war und spricht davon, sehr herzlich empfangen worden zu sein. Es folgten auch Besuche in die entgegengesetzte Richtung. Die Kinder von im Pinzgau eingesetzten Kriegsgefangenen reisten nach Südosteuropa[619], um ihre Väter kennenzulernen und Theresia O. fuhr in den neunziger Jahren des vergangenen Jahrhunderts zusammen mit ihrer Tochter und einer Freundin in das polnische Iwierzyce, einem Ort 120 Kilometer östlich von Krakau, um jene Frau wiederzusehen, die als junges Mädchen auf dem elterlichen Hof in Taxenbach arbeiten musste. Am Zielbahnhof in Polen angekommen, hörte Theresia O. von der ehemaligen Zivilarbeiterin als eine der ersten Dinge die Namen der Kühe des elterlichen Hofes; „Kuah geheißen: Buda, Preis, Kersch, Zirm."[620] Aber auch ein Almlied sowie Essens- und Kindergebete sind Helena – so der Name der Frau – noch in Erinnerung geblieben:

> (...) Jesuskindlein bleib bei mir, mach ein schönes Bub aus mir, hat sie gesagt [[lacht]]. Kind haben wir halt gelernt oder braves Kind, aber sie hat gesagt schönes. Das habe ich mir da aufgeschrieben. Und (...) ich kenne eine Sennerin auf der Alm, die hat eine wunderschöne Koam [umgangssprachliche Bezeichnung für ein junges Rind], sie jodelt früh, sie jodelt spät, dass sie ein Mann gesehen hat [[lacht]]. Das hat sie gewusst, (...) das habe ich hergeschrieben, wie sie das gesagt hat. (...)

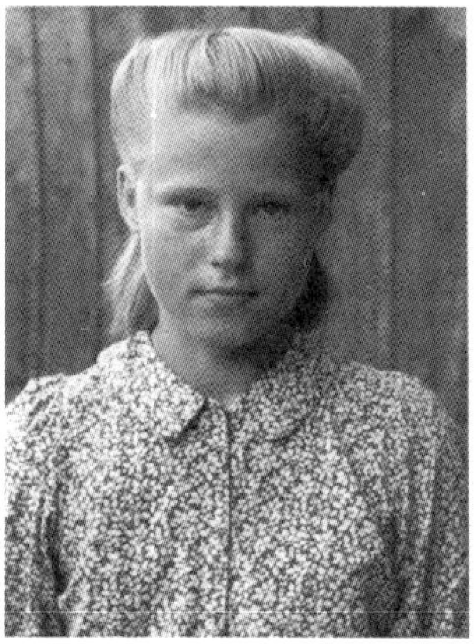

Helena N.
Privatbesitz Theresia Oblasser, Taxenbach.

Weiters zeigte Helena N. einen Rosenkranz, den ihr die Großmutter von Theresia O. auf den Heimweg mitgegeben hatte und konnte sich noch an die eine oder andere Charaktereigenschaft der Pinzgauer Bäuerin erinnern. Auch nach all den Jahren erfolgte die Verständigung zwischen der Österreicherin und der Polin noch im Pinzgauer Dialekt.
Peter R., der sich nach dem Krieg in Niedernsill ein neues Leben aufgebaut hat, konnte von seinem in der Ukraine verbliebenen Bruder über das Rote Kreuz ausfindig gemacht werden. Woraufhin dieser 2004 zusammen mit seinen Töchtern in die ehemalige Heimat reiste. Die Verständigung zwischen dem Interviewpartner und seinem Bruder gestaltete sich allerdings sehr schwierig, da Peter R. bis auf die Bedeutung einzelner Wörter seine Muttersprache vollständig vergessen hat.
Es gibt aber auch Fälle, wo sich die in der Region verbliebenen Osteuropäer dagegen wehrten, in die frühere Heimat zurückzukehren. Eustachius N. lehnte es ebenso wie die Mutter von Eva W. ab, die alte galizische Heimat zu besuchen. Die Erinnerungen an das „verloren" gegangene Leben dürften zu schmerzhaft sein.
Im Wissen um die gegenwärtig sehr schwierige Lebenssituation in der Ukraine

scheint keiner der im Pinzgau verbliebenen Interviewpartner den Neuanfang in Österreich bereut zu haben. Wenn er wieder vor die Wahl gestellt werden würde, versichert Peter R., der sich heute als Österreicher fühlt, dann würde er wieder dieselbe Entscheidung treffen. Trotz dieser Einschätzung darf nicht übersehen werden, dass die Verschleppung und der Verbleib in Österreich eine Bruchlinie im Leben der ehemaligen Zivilarbeiter darstellt. Die Menschen wurden durch die Ereignisse des Krieges gezwungen, den Verlust ihrer Familie, ihrer Freunde, ihrer Heimat und ihrer Muttersprache hinzunehmen. Partiell ausgeglichen bzw. überdeckt werden konnte dies nur durch die nach dem Krieg aufgenommene Arbeit und der Gründung einer eigenen Familie.

Bei Eustachius N. kamen im Alter, in der Zeit des „Müßigganges", neben den Bildern des Krieges auch die beschriebenen Verluste wieder zum Vorschein. Schwermütig sei der Vater geworden, sagt Erna G., was vorher nie der Fall gewesen sei. Die Erinnerung an seine „guten Eltern", das „Mitansehenmüssen" der Judenverfolgung in Galizien und die Morde während der Heimfahrt bedrückten ihn. Bei der Mutter von Gustav C. dagegen konnten nicht einmal das arbeitsreiche Leben und die Schwierigkeiten im Österreich der Nachkriegszeit die schrecklichen Erinnerungen an die Deportation ins Deutsche Reich unterdrücken. Zudem musste die Frau aufgrund ihrer schwierigen finanziellen Situation zwei ihrer drei Kinder zu Pflegeeltern geben und konnte auch das jüngste Kind nur unter der Mithilfe ihres Dienstgebers behalten. Ähnlich schwierig gestaltete sich das Leben der Mutter von Eva W. Obwohl sich diese sprachlich wie ein „Chamäleon" angepasst und im Gegensatz zu ihrem Ehemann, einem Panzerfahrer der deutschen Armee, nicht wie eine Ausländerin ausgesehen habe, ist diese nach Auffassung ihrer Tochter immer eine Außenseiterin geblieben. Die „Andersartigkeit" der Familie zeigte sich für Eva W. in Kleinigkeiten. Während es bei der Nachbarsfamilie nach Krapfen duftete, gab es zu Hause oftmals Gemüse zum Essen und wenn es sich die Mutter in den Kopf setzte, dann baute sie auch im Winter Tomaten an. Als „Zigeuner" wurden sie im Dorf bezeichnet und jähzornig sei die Mutter gewesen, was die Tochter auf deren „ukrainische Mentalität" zurückführt. Für eine Reihe von Problemen innerhalb der Familie dürfte allerdings weniger die Herkunft der Mutter als vielmehr deren harte Kindheit in der alten Heimat verantwortlich sein.

All die beschriebenen Schwierigkeiten, mit denen die ehemaligen Zwangsarbeiter in den verschiedenen mittel- und osteuropäischen Ländern zu kämpfen hatten, werfen zum Schluss die Frage auf, wie das Leben der am stärksten diskriminierten Zwangsarbeitergruppe, den ehemaligen „Ostarbeitern", heute aussieht. Vorweggenommen kann dabei werden, dass die Interviewpartner in der Ukraine im Vergleich zu Polen und Österreich in materieller Hinsicht mit den größten Schwierigkeiten zu kämpfen haben. Diese leben so wie viele andere ukrainische Rentner von geringen Pensionen in desolaten Plattenbauten aus

sowjetischer Zeit oder in kleinen Häusern auf dem Land mit ihren Enten, Hühnern, Katzen, Hunden und Kühen sowie den dazugehörigen Gemüsegärten. Als westlicher Ausländer ist man über die Lebensverhältnisse der Menschen bestürzt. Die Interviewpartner dagegen sind der Meinung, dass das Leben heute, im Vergleich zur Nachkriegszeit, viel erträglicher sei. Während die vor ein paar Jahren von der Republik Österreich getätigten Entschädigungszahlungen für die in Österreich verbliebenen Zivilarbeiter vor allem eine symbolische Anerkennung des erlittenen Unrechts darstellen dürften – Peter R. ist zufrieden mit dem was er bekommen hat und ist der Meinung, dass es auch kein Problem dargestellt hätte, wenn er das Geld nicht erhalten hätte – bedeuteten die Gelder, die bis zu mehrere Tausend Euro betragen konnten, für die Menschen, die wieder in die Sowjetunion zurückgekehrt sind, eine wesentliche Erleichterung ihres Lebensalltages. Für diese wurde es dadurch möglich, in ihren Häusern und Wohnungen desolate Fenster auszutauschen, Gasanschlüsse und dringend notwendige medizinische Behandlungen für sich oder ihre Enkelkinder zu bezahlen oder eine Wohnung zu kaufen bzw. Geld für die eigene Beerdigung zur Seite zu legen. Neben den Zahlungen der Republik ließen aber auch die Kinder von einheimischen Dienstgebern den ehemaligen „Dienstboten" ihrer Eltern Geld zukommen, was von deren Verantwortungsgefühl diesen Menschen gegenüber zeugt. Von Olga W. wird in leisen Tönen die späte Auszahlung der Entschädigung kritisiert. Sie war jung und hätte sich gern hübsche Kleider gekauft. Iwan D. ist derselben Meinung, um im selben Atemzug zu versichern, dass das „bisschen" später auch kein Problem sei.
Im Zusammenhang mit den Entschädigungszahlungen und dem Leben in der Ukraine wurde von den Gesprächspartnern immer wieder der hohe Lebensstandard in Westeuropa thematisiert. So ist es zum Beispiel für Motrona T. unverständlich, dass die Menschen in Deutschland und Österreich in materieller Hinsicht einen viel höheren Lebensstandard als die Menschen in der Ukraine genießen. Sie ist der Überzeugung, dass die Ausgangssituation da wie dort dieselbe war; dass auch Deutschland und Österreich im Krieg zerstört wurden. Bei diesem Vergleich wird von der Gesprächspartnerin neben der Tatsache, dass die Sowjetunion weitaus massivere Zerstörungen als die genannten mitteleuropäischen Länder hinnehmen musste, vollkommen außer Acht gelassen, dass die heutigen wirtschaftlichen Probleme in der Ukraine auf die groben Mängel und Defizite der zentralverwalteten Planwirtschaft der Sowjetzeit zurückzuführen sind. Die ukrainischen Interviewpartnerinnen scheinen grundsätzlich ein Gefühl von tiefer Enttäuschung zu verspüren, wenn sie auf ihr eigenes Leben zurückblicken. Was aufgrund eines Lebens in einer einzigen fortwährenden sozioökonomischen und politischen Krise nur allzu verständlich erscheint. Beginnend bei der Hungerkrise der dreißiger Jahre des vergangenen Jahrhunderts und den politischen Verfolgungen vieler ukrainischer Bauernfamilien durch das

sowjetische Regime, über den Zweiten Weltkrieg und der entbehrungsreichen Nachkriegszeit bis hin zur Dauerkrise des sowjetischen Wirtschaftssystems und den Problemen bei der Transformation des Landes von der Planwirtschaft hin zur Marktwirtschaft befindet sich der ukrainische Staat auch heute wieder an einem politischen, wirtschaftlichen und damit einhergehend an einem sozialen Scheideweg. Und für die noch lebenden ehemaligen „Ostarbeiter" wurden wieder einmal die „Logenplätze" reserviert. Trotzdem oder gerade wegen dieser Erfahrungen war bei keinem einzigen Interview Hass oder Feindseligkeit gegenüber dem „ehemaligen Feind" zu verspüren. Vielmehr empfangen einen die Menschen mit einer herzerweichenden Offenheit. Teilweise bezeichneten sich die Gesprächspartner selbst als Österreicher, sprachen von ihrer Vorahnung, dass jemand aus Österreich auf Besuch kommen würde und bedankten sich während der Gespräche immer wieder dafür, dass sich nach so langer Zeit noch jemand für die ehemaligen Zivilarbeiter interessiert. Maria R. ist sogar der Überzeugung, dass der „Arbeitseinsatz" im Pinzgau die beste Zeit in ihrem Leben war. In der Ukraine hätte dies ganz anders ausgesehen. Öfters schildert die Gesprächspartnerin ihrem Enkel, der kein Verständnis dafür aufbringen kann, dass sie in die Heimat zurückgekehrt ist, ihre Zeit in Österreich. Auch heute noch pflegt Maria R. Freundschaften mit Ukrainerinnen, die so wie sie im Pinzgau eingesetzt wurden und hat in ihren nächtlichen Träumen das Haus, den Stall, die Schweine und die Dienstgeberin aus ihrer Zeit als Zwangsarbeiterin vor Augen. Auch Motrona T. spricht davon, dass sie oft an ihre Zeit in Rauris zurückdenken muss und dabei die Spazierwege in den Bergen vor Augen hat, wo die Einheimischen an den Wochenenden hin und her wanderten. Iwan D. dagegen beklagt den Verlust seiner Jugendzeit in Österreich und erinnert sich an das nicht enden wollende Heimweh in der Fremde.

Bei einer Sache sind sich die Interviewpartner allerdings einig, sie würde interessieren wie es auf „ihren" Bauernhöfen heute aussieht. Obwohl man sich bei den Interviews des Eindrucks nicht erwehren konnte, dass der Zwangsarbeitseinsatz für die Menschen der Ausblick auf ein besseres Lebens war, scheint der „Arbeitseinsatz" innerhalb der Familien der ehemaligen Zwangsarbeiter nie ein dominantes Gesprächsthema geworden zu sein.

Zusammenfassend kann festgehalten werden, dass auf die ehemaligen Zivilarbeiter in der zweiten Hälfte des 20. Jahrhunderts alles andere als ein leichtes Leben zukam. Während die ehemaligen Zwangsarbeiter in Polen aufgrund der kommunistischen Wirtschaftspolitik ihres Landes sowie viele andere polnische Staatsbürger in materieller Hinsicht eine Reihe von Entbehrungen hinnehmen mussten und politisch unterdrückt wurden, hatten die ehemaligen „Ostarbeiter" in der Sowjetunion zusätzlich mit beruflichen und gesellschaftlichen Diskriminierungen zu kämpfen. Aber auch das Leben der in Österreich verbliebenen Zivilarbeiter erwies sich oft als sehr schwierig. Neben den Problemen beim Aufbau eines neuen Lebens mussten diese teilweise rassistische Vorurteile durch die Einheimischen ertragen, was auch deren Kinder zu spüren bekamen. Dennoch bewiesen die im Pinzgau verbliebenen Osteuropäer eine unglaubliche Anpassungsfähigkeit und versuchten aus ihrem Leben, das durch den Krieg in eine völlig neue Richtung gelenkt wurde, das Beste zu machen. Die positiv gefärbte Sichtweise der ehemaligen, in ihre osteuropäischen Heimatländer zurückgekehrten Zivilarbeiter bezüglich ihres „Arbeitseinsatzes" im Pinzgau dürfte nicht nur durch die oftmals erfahrene humane Behandlung auf ihren Einsatzorten sondern auch durch die sozioökonomischen Probleme in ihren Heimatländern zustande gekommen sein. Im Gegensatz dazu scheinen die in englischsprachige Länder weitergewanderten osteuropäischen Zivilarbeiter – wie einzelne im Salzburger Landesarchiv aufliegende Briefe verdeutlichen – ihre Zeit in Österreich ganz anders wahrgenommen zu haben.

Der Zwangsarbeitseinsatz im regionalen Gedächtnis

Abschließend soll der Frage nach der Sicht der Einheimischen auf den Zwangsarbeitseinsatz nachgegangen werden, wofür Interviews mit den Vertretern der heimischen Kriegs- und Nachkriegsgeneration geführt wurden. Weiters ist in diesem Kapitel von Interesse, inwieweit die diskriminierenden Maßnahmen des NS-Regimes, die osteuropäischen Arbeiter betreffend, heute noch im kollektiven Gedächtnis verankert sind und welche Meinung die Menschen über die vor kurzer Zeit vom österreichischen Staat geleisteten Entschädigungszahlungen haben.

Grundsätzlich kann festgehalten werden, dass im Pinzgau auch jüngeren Menschen das Phänomen Zwangsarbeit in der Landwirtschaft bekannt ist und viele wissen, dass auf dem Hof der Eltern oder Großeltern Polen, Ukrainer, Serben, Franzosen usw. als Arbeitskräfte eingesetzt wurden. Da die Erzählungen der einheimischen Zeitzeugen über die ausländischen Arbeiter oftmals im Zusammenhang mit persönlichen Erlebnissen oder der Familiengeschichte stehen, ergibt sich für die jüngere Generation, diese Thematik betreffend, meistens kein zusammenhängendes Bild. Selbst in Familien, wo ein Elternteil vom Schicksal Zwangsarbeit betroffen ist, muss dies für das Selbstverständnis der Kinder und Enkelkinder keine übergeordnete Bedeutung haben. Obwohl das Thema in manchen Bauernfamilien durch die Urlaube und Besuche der ehemaligen ausländischen Arbeitskräfte oder durch die bereits erwähnten Ansuchen um Bestätigungsschreiben für den Aufenthalt im Deutschen Reich noch eine gewisse Präsenz zu haben scheint, gehen mit den einheimischen Zeitzeugen die Erinnerungen an die polnischen und ukrainischen „Knechte und Mägde" sowie die Erinnerungen an die Kriegsgefangenen sukzessive verloren.

Was den „Einsatz" von Ausländern in der Landwirtschaft während des Zweiten Weltkrieges betrifft, so scheint zwischen der Kriegs- und der Nachkriegsgeneration grundsätzlich ein klarer Konsens zu herrschen; damit die Pinzgauer Höfe weiterhin bewirtschaftet werden konnten und die „Ernährungssicherheit" gewährleistet war, mussten die zum Militär eingezogenen einheimischen Bauernsöhne, Knechte und Tagelöhner durch die ausländischen Arbeitskräfte ersetzt werden.

Hinsichtlich des Arbeits- und Lebensalltages der zivilen Zwangsarbeiter und Kriegsgefangenen heben die Einheimischen oftmals besonders hervor, dass die Ausländer während des Zweiten Weltkrieges dieselbe Arbeit wie die Inländer verrichten mussten und nach dem Krieg als Besucher oder Urlauber in den Pinzgau zurückkehrten, was als Indikatoren für deren gute Behandlung gewertet wird. Dazu ist anzumerken, dass einerseits nur ein geringer Prozentsatz von Arbeitern in den Pinzgau zurückkamen und andererseits von den heimischen Gesprächspartnern dabei vollkommen außer Acht gelassen wird, dass vor allem die Menschen aus Osteuropa zwangsweise verschleppt und bei marginaler oder gänzlich vorenthaltener Entlohnung bei ständiger Unterdrückung durch den NS-Repressionsapparat gezwungen wurden, zum „Überleben" des jeweiligen Hofes und zur Weiterführung des Krieges beizutragen.

Rassistische Stereotype die ausländischen Arbeiter betreffend waren bei den Gesprächen die Ausnahme. So wie das Bild vom „Untermenschen" auf dem Land generell weniger stark verankert gewesen sein dürfte.[612] Einige Zeitzeuginnen sahen in den ausländischen Arbeitskräften grundsätzlich mehr, als ihnen die NS-Ideologen zugestehen wollten. Diese sprechen von den „jungen schönen Menschen", die als Ersatz für die einheimischen Arbeitskräfte kamen. Aber auch die Arbeitsleistung der ausländischen Arbeitskräfte wird, wie bereits beschrieben, oftmals anerkennend hervorgehoben.

Wie sich bei den Gesprächen herausstellte, machte die Kriegsgeneration ihre Erfahrungen immer in einem sehr eng gesteckten Umfeld, so dass selbst die Geschehnisse im jeweiligen Heimatdorf meist nicht zur Gänze bekannt sind. Die Informationen der Interviewpartner stammen entweder vom betreffenden Bauernhof, auf dem sie selbst gearbeitet bzw. gelebt haben oder beziehen sich auf eine imaginäre Informationszone innerhalb der Gemeinde, wo zwischen der „Sonnen- und der Schattenseite" unterschieden wird. So ist auch die Tatsache, dass die Osteuropäerinnen im Pinzgau Kinder zur Welt brachten, innerhalb der Kriegs- und Nachkriegsgeneration oftmals gänzlich unbekannt. Im dörflichen Kontext richtet sich der Fokus, aufgrund des NS-rechtlichen Verbots von intimen Beziehungen zwischen In- und Ausländern und möglicherweise auch aufgrund von rassistischen Tendenzen, eher auf jene einheimischen Frauen, die von einem ausländischen Mann ein Kind bekamen. Dass die osteuropäischen Zivilarbeiter gekennzeichnet wurden, ist nicht nur der Nachkriegsgeneration unbekannt, sondern manchmal sogar den Vertretern der Kriegsgeneration entgangen bzw. diesen nicht mehr erinnerlich. Die prägnantesten Diskriminierungen, nämlich das Verbot von intimen Beziehungen zwischen In- und Ausländern sowie das Verbot der Tischgemeinschaft, haben sich nicht nur im Gedächtnis der Kriegsgeneration, sondern teilweise auch im Gedächtnis der Nachkriegsgeneration erhalten. Obwohl den meisten Zeitzeugen die einheimischen und ausländischen Opfer der sogenannten „GV-Verbrechen" nicht bekannt sind, können die Gesprächspartner in diesem Zusammenhang von persönlichen Erlebnissen erzählen. Aloisia M.:

> Ich weiß nur etwas mit der Dirn [[lacht]], wir haben es wohl mitbekommen. (...) früher ist auch das Liegen (...) ganz anders gewesen (...), so alte Rumpelkammern haben sie oft gehabt (...) und dann haben wir ihn [den französischen Kriegsgefangenen] wohl bemerkt, hinüberzumanteln [zur Dirn]. So lustig, ja [[lacht]]. Aber das (...) hat ganz geheim sein müssen (...), wie es dann weiter gegangen ist, weiß ich nicht (...). Jedenfalls wird er auch was gebraucht haben manchmal [[lacht]]. Und die Dirn hat auch keine Kinder gehabt, ist auch eine ledige gewesen, eine ältere schon auch (...). Manchmal wird es eh aufgekommen sein. Aber was sie da mit denen getan haben, weiß ich nicht (...). Ist ja schon Kriegsende gewesen (...). Da ist es dann nicht mehr so gewesen, während dem Krieg wäre es schlimm gewesen. (...) Wir haben da ja im Dachboden oben geschlafen, da haben wir unser Kammerl gehabt (...) und die Dirn ihrs und (...) der Franzose auch seins, und da kannst du noch so leise sein (...) mit die Türen (...). Und dann einmal [bin ich] auf dem Klo gewesen, da habe ich es wohl gesehen, gelacht hat er, gelacht hat er, ja [[lacht]]. Wird er sich gedacht haben, ich sage eh nichts (...) sein hätte es nicht dürfen.

Dass aus demselben Grund in Saalfelden und Lofer polnische Zivilarbeiter hingerichtet wurden, ist außerhalb dieser Gemeinden weitgehend in Vergessenheit geraten bzw. nicht bekannt geworden. Wie sich bei den Gesprächen herausstellte, scheint der Fokus der einheimischen Interviewpartner – der menschlichen Natur entsprechend – mehr auf den eigenen Schwierigkeiten und den Problemen der Familie während des Krieges als auf dem Schicksal der ausländischen Arbeiter gelegen zu haben. Trotz der ambivalenten Sichtweise einiger einheimischer Gesprächspartner, den Zwangsarbeitseinsatz betreffend, herrscht bezüglich der Entschädigungszahlungen durch den österreichischen Staat mehrheitlich Zustimmung. Anton H.:

> Ja, das finde ich schon für richtig. (...) weil letzten Endes habe sie doch ihre besten Jahre irgendwie hier verbringen müssen. Ich meine der Krieg ist für alle ein Manko gewesen, auch für unsere Leute ein totales, aber die Entschädigung empfinde ich eigentlich für richtig.

Bei jenen Interviewpartnern, die mit der Entschädigung nicht einverstanden sind, ist neben der Meinung, dass man damit nicht „übertreiben" solle bzw. dass die Auszahlung ohnehin zu spät erfolgt sei, einer der Kritikpunkte, der manchmal ergänzend oder relativierend geäußert wird, dass man auf „unsere Leute", nämlich auf die einheimischen Soldaten, die in Kriegsgefangenschaft gerieten, vergessen hat. Als geradezu paradox erscheint es, wenn von den Söhnen ehemaliger im Pinzgau verbliebener Zwangsarbeiter eine Entschädigung für die „deutschen" Soldaten in russischer Gefangenschaft gefordert wird. Aufgrund des landläufigen Bildes der guten Behandlung auf den Bauernhöfen und eingedenk der Leiden der einheimischen Männer in russischer

Kriegsgefangenschaft scheint bei den heimischen Interviewpartnern hinsichtlich des Zwangsarbeitseinsatzes nicht immer ein Unrechtsbewusstsein vorhanden zu sein. Explizit verurteilt wird nur das charakterlose Verhalten einzelner Bauern, die den ausländischen Arbeitern und Arbeiterinnen schlechtes Essen bzw. zu wenig Essen gaben, diese schlugen, aus der „Hofgemeinschaft" ausgrenzten, hinsichtlich ihrer Arbeitskraft über Gebühr beanspruchten oder sogar zu vergewaltigen versuchten. Dies spiegelt sich auch in den Erzählungen über die Racheakte nach Kriegsende wieder, wobei die Kriegsgeneration einen sehr klaren Blick dafür hat, dass diese Dinge meistens nicht grundlos geschehen waren. Das Verhalten der Zivilarbeiter nach dem Ende des Zweiten Weltkrieges wird aber auch kritisch kommentiert und als Undankbarkeit empfunden. Auch Margarethe Ruff stellte bei ihren Forschungen zu den in Vorarlberg eingesetzten ukrainischen Zivilarbeitern fest, dass innerhalb der einheimischen Bevölkerung oftmals kein Unrechtsbewusstsein hinsichtlich des Einsatzes von ausländischen Arbeitskräften festzustellen sei und deren Schicksal mit jenem der inländischen Männer in russischer Kriegsgefangenschaft verglichen wird.[622] Einerseits ist diese Sichtweise mit einem Informationsdefizit der jeweiligen Interviewpartner zu erklären, da auch die in Österreich eingesetzten ausländischen Kriegsgefangenen im Gegensatz zu den zivilen ausländischen Zwangsarbeitern keine Entschädigung erhielten. Dies erfolgte aufgrund der Bestimmungen der Genfer Konvention, welche unter bestimmten Voraussetzungen die Heranziehung von Kriegsgefangenen zur Arbeit erlaubte.[623] Und andererseits wird in dem Zusammenhang von den einheimischen Gesprächspartnern vollkommen verdrängt, dass die „ostmärkischen" Soldaten, abgesehen davon, welche Haltung jeder einzelne dem nationalsozialistischen Staat entgegenbrachte, auf der Seite des deutschen Aggressors am Zweiten Weltkrieg teilnahmen. Durch den verloren gegangenen Krieg und die Gefangennahme der einheimischen Soldaten sehen manche Einheimische auch in den Kriegsteilnehmern Leidtragende, denen eine Entschädigung zusteht. So wie es in Österreich grundsätzlich kein Widerspruch zu sein scheint, dass man sich einerseits als erstes Opfer von Hitler-Deutschland deklariert und andererseits während des Krieges so wie „Hunderttausende andere Österreicher nur seine Pflicht getan hat".[624] Zusammenfassend kann festgehalten werden, dass der „Ausländereinsatz" für die einheimischen Gesprächspartner nichts Außergewöhnliches darstellt. Ein möglicher Erklärungsansatz für diese Sichtweise wäre noch, dass man in der Landwirtschaft des Pinzgaues von jeher auf Arbeitskräftezuwanderung angewiesen war.[625] Als problematisch ist dabei anzusehen, dass die Einheimischen aufgrund der eigenen Leiden und der Tatsache, dass die Inländer dieselbe Arbeit wie die Ausländer verrichten mussten, den Zwangsarbeitseinsatz auch aus heutiger Sicht nicht immer als Unrecht wahrnehmen bzw. unter dem „Naturereignis Krieg" subsumieren, das alle Menschen „gleichermaßen" traf.

Quellenverzeichnis

Archivalien

Archiv der Erzdiözese Salzburg (AES)
Bundesarchiv Berlin (BArch)
Internationaler Suchdienst (ITS), Bad Arolsen, Deutschland

Salzburger Landesarchiv (SLA)
- HB-Akten Zell am See
- Präsidialakten
- Reichsstatthalter
- Sondergerichtsakten
- Opferfürsorgeakten
- Zwangsarbeiteranfragen

Universität Salzburg – Hauptbibliothek
Pinzgauer Bezirksarchiv in Zell am See

Gemeindearchive des Pinzgaues
Gemeinde Bruck a. d. Glstr.
Gemeinde Kaprun
Gemeinde Lofer
Gemeinde Maishofen

Gendarmeriechroniken des Pinzgaues
Chronik des Gendarmeriepostens Bramberg. Vom 1.10.1919 bis 31.12.1974
Chronik des k. k. Gendarmeriepostens Bruck im Pinzgau
Gendarmeriepostenkommando Dienten Bez. Zell a. S. Ld. Salzburg Postenchronik
Chronik des Gendarmeriepostens Fusch a.d. Glstr.
Posten-Chronik Kaprun 01.08.1929 – 18.10.1950 1.Teil
Chronik des k. k. Gendarmeriepostens Krimml
Chronik des Gendarmeriepostens Lofer 1855 – 1960
Chronik des GP Maria Alm
Chronik des k. k. Gendarmeriepostens Mittersill
Chronik des k. k. Gendarmeriepostens Neukirchen i. P.
Chronik des Postens Niedernsill
Postenchronik Piesendorf 1.5.1878 – 31.3.1968
Chronik des d. ö. Gendarmeriepostens Rauris.
Chronik des Gendarmeriepostens Saalfelden
Chronik des k. k. Gendarmeriepostens Saalbach
Chronik des k. k. Gendarmeriepostens Taxenbach.
Gendarmeriepostenkommando Unken Bez. Zell a. S. Ld. Salzburg Postenchronik 1911 - 2002
Chronik des k. k. Gendarmeriepostens Zell am See.

Pfarrarchive des Pinzgaues
Pfarre Kaprun
Pfarre Saalbach

Gedruckte Quellen

BArch, Allgemeine Erlasssammlung, 2. Teil, (Hg.) Chef der Sicherheitspolizei und des Sicherheitsdienstes, Berlin.

BArch, Rassenpolitik. Schriftenreihe für die weltanschauliche Schulung der Ordnungspolizei, Heft 4 bis 6, Jahrgang 1943.

Landesbauernschaft Alpenland: Alpenländischer Bauernkalender 1939, Salzburg 1939.

Landesbauernschaft Alpenland: Alpenländischer Bauernkalender 1940, Salzburg 1940.

Mitteilungsblatt der NSDAP., Gauleitung Salzburg, Salzburg 1939.

Mitteilungsblatt der NSDAP., Gauleitung Salzburg, Folge 1, Salzburg Januar 1941.

Mitteilungsblatt der NSDAP., Gauleitung Salzburg, Folge 2, Salzburg Februar 1942.

Propaganda-Weisungen der Gaukriegerführung „Alpenland" des NS-Reichskriegerbundes, 1939.

SLA, Amtliches Gemeindeverzeichnis für das Deutsche Reich auf Grund der Volkszählung 1939.

Herausgegeben vom Statistischen Reichsamt, Erste Auflage, Berlin 1940.

SLA, Salzburger Landeszeitung. Amtliches Blatt der NSDAP. Gau Salzburg und der Staats- und Gemeinde-Behörden.

SLA, Salzburger Zeitung.

Literaturverzeichnis

Alexander, Manfred: Kleine Geschichte Polens, Stuttgart 2008.

Aly, Götz: Hitlers Volksstaat. Raub, Rassenkrieg und nationaler Sozialismus, Frankfurt am Main 2005.

arge region kultur (Hg.): das Weite suchen…, Horn.

Assman, Aleida: Wie wahr sind Erinnerungen? In: Welzer, Harald (Hg.): Das soziale Gedächtnis. Geschichte, Erinnerung, Tradierung, Hamburg 2001.

Bauer, Ingrid: „Die Amis, die Ausländer und wir". Zur Erfahrung und Produktion von Eigenem und Fremdem im Jahrzehnt nach dem Zweiten Weltkrieg, in: Bauer, Ingrid/Ehmer, Josef/Hahn, Sylvia (Hg.): Walz – Migration – Besatzung. Historische Szenarien des Eigenen und des Fremden, Klagenfurt 2002, S. 197-276.

Bauer, Ingrid (Hg.): Liebe und Widerstand, Wien 2005.

Berger, Karin/Dimmel, Nikolaus: Vollzugspraxis des „Opferfürsorgegesetzes". Analyse der praktischen Vollziehung des einschlägigen Sozialrechts, Wien/München 2004.

Birti, Burkhart: Opferfürsorgegesetz, Wien 1958.

Bischof, Günter/Karner, Stefan (Hg.): Kriegsgefangene des Zweiten Weltkrieges. Gefangennahme – Lagerleben – Rückkehr, Wien/München 2005.

Bock, Gisela: Rassenpolitik und Geschlechterpolitik im Nationalsozialismus, Göttingen 1993.

Botz, Gerhard: Verdrängung, Pflichterfüllung, Geschichtsklitterung: Probleme mit der NS-Vergangenheit, in: Botz, Gerhard/Sprengnagel, Gerald (Hg.): Kontroversen um Österreichs Zeitgeschichte, Frankfurt/Main 2008, S. 89-104.

Bruckmüller, Ernst/Hanisch, Ernst: Geschichte der österreichischen Land- und Forstwirtschaft im 20. Jahrhundert. Politik, Gesellschaft, Wirtschaft, Wien 2002.

Bruckmüller, Ernst/Hanisch, Ernst: Geschichte der österreichischen Land- und Forstwirtschaft im 20. Jahrhundert. Regionen, Betriebe, Menschen, Wien 2003.

Brunner, Franz/Unterwurzacher, Stefan: Neukirchen am Großvenediger. Streiflichter aus Geschichte und Gegenwart, Fügen im Zillertal 2003.

Conquest, Robert: Ernte des Todes, München 1988.

Corni, Gustavo/Gies, Horst: „Blut und Boden". Rassenideologie und Agrarpolitik im Staat Hitlers, Idstein 1994.

Czerwiakowski, Ewa/Wenzel, Gisela: Das Schicksal der polnischen Sklaven- und Zwangsarbeiter aus Lodz, in: Plato, Alexander von/Leh, Almut/Thonfeld, Christoph (Hg.): Hitlers Sklaven. Lebensgeschichtliche Analysen zur Zwangsarbeit im internationalen Vergleich, Wien/Köln/Weimar 2008, S. 80-90.

Dohle, Oskar/Slupetzky, Nicole: Arbeiter für den Endsieg. Zwangsarbeit im Reichsgau Salzburg 1939-1945, Wien/Köln/Weimar 2004.

DÖW (Hg.): Widerstand und Verfolgung in Salzburg 1934-1945, Bd. 2, Wien 1991.

Ecker, Maria: „Man hat sich hier sehr fremd gefühlt ...". Weibliche Holocaust-Überlebende in Israel, Dipl.-Arb., Salzburg 2002.

Eder, Alois: Chronik Saalfelden, Bd. 2, Innsbruck 1992.

Effenberger, Max: Brucker Heimatbuch. Aufzeichnungen zum Erinnern, Nachdenken und zum gegenseitigen Verstehen, Bruck.

Engel, Reinhard/Radzyner, Joana: Sklavenarbeit unterm Hakenkreuz. Die verdrängte Geschichte der österreichischen Industrie, Wien/München 1999.

Feichtlbauer, Hubert: Zwangsarbeit in Österreich. 1938-1945, Wien 2005.

Floimair, Roland (Hg.): Nationalsozialismus und Krieg. Ein Lesebuch zur Geschichte Salzburgs, Salzburg 1993.

Frankenberger, Tamara: Wir waren wie Vieh. Lebensgeschichtliche Erinnerungen ehemaliger sowjetischer Zwangsarbeiterinnen, Münster 1997.

Freitag, Gabriele: Zwangsarbeiter im Lipper Land. Der Einsatz von Arbeitskräften aus Osteuropa in der Landwirtschaft Lippes 1939-1945, Bochum 1996.

Freund, Florian: Zwangsarbeiter und Zwangsarbeiterinnen auf dem Gebiet der Republik Österreich 1939–1945, Wien 2004.

Garscha, Winfried R./Scharf, Franz: Justiz in Oberdonau, Linz 2007.

Gehmacher, Johanna/Hauch, Gabriella (Hg.): Frauen- und Geschlechtergeschichte des Nationalsozialismus. Fragestellungen, Perspektiven, neue Forschungen, Wien 2007.

Golczewski, Frank (Hg.): Geschichte der Ukraine, Göttingen 1993.

Grinchenko, Gelinada: Ehemalige „Ostarbeiter" berichten. Erste Auswertung eines Oral-History -Projektes aus der Ostukraine, in: Plato, Alexander von/Leh, Almut/Thonfeld, Christoph (Hg.): Hitlers Sklaven. Lebensgeschichtliche Analysen zur Zwangsarbeit im internationalen Vergleich, Wien/Köln/Weimar 2008, S. 230-240.

Hanisch, Ernst: Der lange Schatten des Staates. Österreichische Gesellschaftsgeschichte im 20. Jahrhundert, Wien 1994.

Hanisch, Ernst: Gau der guten Nerven. Die nationalsozialistische Herrschaft in Salzburg 1938–1945, Salzburg 1997.

Hanisch, Ernst: Nationalsozialistische Herrschaft in der Provinz. Salzburg im Dritten Reich, Salzburg 1983.

Hanisch, Ernst/Tálos, Emmerich (Hg.): NS-Herrschaft in Österreich. Ein Handbuch, Wien 2000.

Hansen-Schaberg, Inge/Schmeichel-Falkenberg, Beate (Hg.): Frauen erinnern. Widerstand –

Verfolgung – Exil 1939-1945, Berlin 2000.

Hauch, Gabriella (Hg.): Frauen im Reichsgau Oberdonau, Linz 2006.

Hauch, Gabriella: „... das gesunde Volksempfinden gröblich verletzt". Verbotener Geschlechtsverkehr mit „Anderen" während des Nationalsozialismus, in: Hauch, Gabriella (Hg.): Frauen im Reichsgau Oberdonau. Geschlechtsspezifische Bruchlinien im Nationalsozialismus, Linz 2006, S. 245-269.

Hauch, Gabriella (Hg.): Die Institutionalisierung der NS-Bevölkerungs- und Sexualpolitik gegen Ostarbeiterinnen und Polinnen: „Modell Oberdonau"?, in: Hauch, Gabriella (Hg.): Frauen im Reichsgau Oberdonau, Linz 2006, S. 215-226.

Hauch, Gabriella (Hg.): Industrie und Zwangsarbeit im Nationalsozialismus, Innsbruck 2003.

Hauch, Gabriella: Ostarbeiterinnen. Vergessene Frauen und ihre Kinder, in: Mayrhofer, Fritz/Schuster, Walter (Hg.): Nationalsozialismus in Linz, Bd. 2, Linz 2001, S. 1271-1310.

Herbert, Ulrich: Arbeit, Volkstum, Weltanschauung. Über Fremde und Deutsche im 20. Jahrhundert, Frankfurt am Main 1995.

Herbert, Ulrich (Hg.): Europa und der „Reichseinsatz". Ausländische Zivilarbeiter, Kriegsgefangene und KZ-Häftlinge in Deutschland 1938-1945, Essen 1991.

Herbert, Ulrich: Fremdarbeiter. Politik und Praxis des „Ausländer-Einsatzes" in der Kriegswirtschaft des Dritten Reiches, Berlin/Bonn 1985.

Herbert, Ulrich: Zwangsarbeit im „Dritten Reich". Kenntnisstand, offene Fragen, Forschungsprobleme, in: Hauch, Gabriella (Hg.): Industrie und Zwangsarbeit im Nationalsozialismus. Mercedes Benz – VW – Reichswerke Hermann Göring in Linz und Salzgitter, Innsbruck 2003.

Hornung, Ela/Langthaler, Ernst/Schweitzer, Sabine: Zwangsarbeit in der Landwirtschaft in Niederösterreich und dem nördlichen Burgenland, Wien/München 2004.

John, Jürgen (Hg.): Die NS-Gaue, München 2007.

Kappeler, Andreas: Kleine Geschichte der Ukraine, München 2000.

Karras, Ruth: Sexuality in Medieval Europe. Doing unto others, New York 2005.

Karner, Stefan/Ruggenthaler, Peter: Zwangsarbeit in der Land- und Forstwirtschaft auf dem Gebiet Österreichs 1939 bis 1945, Wien 2004.

Koch, Friedrich: Sexuelle Denunziation. Die Sexualität in der politischen Auseinandersetzung, Hamburg 1995.

Krzeminski, Adam: Polen im 20. Jahrhundert, München 1993.

Langthaler, Ernst/Schweitzer, Sabine: Das Geschlecht der landwirtschaftlichen Zwangsarbeit – am Beispiel des Reichsgaues Niederdonau 1939–1945, in: Gehmacher, Johanna/Hauch, Gabriella (Hg.): Frauen- und Geschlechtergeschichte des Nationalsozialismus. Fragestellungen, Perspektiven, neue Forschungen, Wien 2007, S. 87-112.

Lapan, Tetyana: Die Westukraine und die Erfahrung der Zwangsarbeit, in: Plato, Alexander von/Leh, Almut/Thonfeld, Christoph (Hg.): Hitlers Sklaven. Lebensgeschichtliche Analysen zur Zwangsarbeit im internationalen Vergleich, Wien/Köln/Weimar 2008, S. 220-229.

Mayrhofer, Fritz (Hg.): Nationalsozialismus in Linz, Linz 2001.

Mitterauer, Michael: Formen ländlicher Familienwirtschaft. Historische Ökotypen und familiale Arbeitsorganisation im österreichischen Raum, in: Ehmer, Joseph/Mitterauer, Michael (Hg.) Familienstruktur und Arbeitsorganisation in ländlichen Gesellschaften, Graz/Wien 1986, S. 185-323.

Mitterauer, Michael/Ortmayr, Norbert (Hg.): Familie im 20. Jahrhundert. Traditionen, Probleme, Perspektiven, Frankfurt/Main 1997.

Mooslechner, Michael/Stadler, Robert: St. Johann/Pg. 1938-1945, Salzburg 1986.

Neumayr, Ursula J./Rathgeb, Peter: Land:Leben. Geschichte und Geschichten österreichischer Berggebiete, Wien/Köln/Weimar 2007.

Neumayr, Ursula J.: Unter schneebedeckten Bergen – Entwicklungen der Landwirtschaft im Pinzgau im Langen 20. Jahrhundert, ca. 1890 – 1990, Salzburg 2001.

Nöbauer, Christina: Bericht über eine Reise nach Polen; in: Pöllinger Briefe. Mitteilungen der Arge Region Kultur, Nr. 38/1993, S. 34-35.

Nöbauer, Christina: Menschenverachtung; in: Pöllinger Briefe. Mitteilungen der Arge Region Kultur, Nr. 40/1994, S. 16-18.

Nußbaumer, Alois: Osteuropäische Frauen als Zwangsarbeiterinnen in der Landwirtschaft des Pinzgaus, in: Steinthaler, Evelyn (Hg.): Frauen 1938. Verfolgte – Widerständige – Mitläuferinnen, Wien 2008, S. 118-128.

Ortmayr, Norbert (Hg.): Knechte. Autobiographische Dokumente und sozialhistorische Skizzen, Wien/Köln/Weimar 1992.

Ortmayr, Norbert: Ländliches Gesinde in Oberösterreich 1918-1938, in: Ehmer, Joseph/Mitterauer, Michael (Hg.) Familienstruktur und Arbeitsorganisation in ländlichen Gesellschaften, Graz/Wien 1986.

Plato, Alexander von/Leh, Almut/Thonfeld, Christoph (Hg.): Hitlers Sklaven. Lebensgeschichtliche Analysen zur Zwangsarbeit im internationalen Vergleich, Wien/Köln/Weimar 2008.

Plato, Alexander von: „Es war moderne Sklaverei". Erste Ergebnisse des lebensgeschichtlichen Dokumentationsprojekts zur Sklaven- und Zwangsarbeit, in: Plato, Alexander von/Leh, Almut/Thonfeld, Christoph (Hg.): Hitlers Sklaven. Lebensgeschichtliche Analysen zur Zwangsarbeit im internationalen Vergleich, Wien/Köln/Weimar 2008, S. 402-441.

Polian, Pavel: Deportiert nach Hause. Sowjetische Kriegsgefangene im „Dritten Reich" und ihre Repatriierung, München/Wien 2001.

Rafetseder, Hermann: Erkenntnisse zu Erscheinungsformen der Oppression und zum NS-Lagersystem aus der Arbeit des Österreichischen Versöhnungsfonds, Linz 2007. (Noch nicht veröffentlicht).

Rathkolb, Oliver/Freund, Florian (Hg.): NS-Zwangsarbeit in der Elektrizitätswirtschaft der „Ostmark" 1938–1945. Ennskraftwerke – Kaprun – Draukraftwerke – Ybbs-Persenbeug – Ernsthofen, Wien/Köln/Weimar 2002.

Reiter, Margit: Das Tauernkraftwerk Kaprun, in: Rathkolb, Oliver/Freund, Florian: NS-Zwangsarbeit in der Elektrizitätswirtschaft der „Ostmark" 1938-1945, Wien/Köln/Weimar 2002, S. 127-198.

Reiter, Margit: Die Generation danach. Der Nationalsozialismus im Familiengedächtnis, Innsbruck 2006.

Rosenthal, Gabriele: Erlebte und erzählte Lebensgeschichte. Gestalt und Struktur biographischer Selbstbeschreibungen, Frankfurt/Main 1995.

Rosenthal, Gabriele: Transgenerationelle Spätfolgen einer nationalsozialistischen Familien-Vergangenheit. Vortragsreihe des Instituts für Soziologie, Universität Wien, Grund- und Integrativwissenschaftliche Fakultät, Wien 1998.

Rosenthal, Gabriele: Zur Konstitution von Generationen in familienbiographischen Prozessen. Krieg, Nationalsozialismus und Genozid in Familiengeschichte und Biographie, in: Österreichische Zeitschrift für Geschichtswissenschaften (ÖZG), 4/1994, S. 489-516.

Ruff, Margarethe: „Um ihre Jugend betrogen". Ukrainische Zwangsarbeiter/innen in Vorarlberg 1942 – 1945, Bregenz 1996.

Runkel, Gunter: Die Sexualität in der Gesellschaft, Münster/Hamburg/London 2003.

Scherbakowa, Irina: Mündliche Zeugnisse zur Zwangsarbeit aus Russland, in: Plato, Alexander von/Leh, Almut/Thonfeld, Christoph (Hg.): Hitlers Sklaven. Lebensgeschichtliche Analysen zur Zwangsarbeit im internationalen Vergleich, Wien/Köln/Weimar 2008, S. 241-263.

Schernthaner, Peter: Pinzgauer NS-Bürgermeister im Spiegel lokalhistorischer Darstellungen, in: Mitteilungen der Gesellschaft für Salzburger Landeskunde, Salzburg 2007, S. 323-366.

Schreiber, Gerhard: Der Zweite Weltkrieg, München 2002.

Schwaiger, Alois: Leogang 1938-1945. Zeitzeugen berichten, Salzburg 1998.

Simon, Gerhard (Hg.): Die neue Ukraine, Köln/Wien 2002.

Slupetzky, Nicole: Arbeiter für den Endsieg – Zwangsarbeit zwischen 1938-1945. In: Aschauer-Smolik, Sabine/Steidl, Mario: Saalfeldner Alltag 1945-1955, Saalfelden 2006, S. 25-44.

Spoerer, Mark: Zwangsarbeit unter dem Hakenkreuz. Ausländische Zivilarbeiter, Kriegsgefangene und Häftlinge im Deutschen Reich und im besetzten Europa 1939-1945, Stuttgart/München 2001.

Streit, Christian: Keine Kameraden. Die Wehrmacht und die sowjetischen Kriegsgefangenen 1941-1945, Bonn 1997.

Tomaschek, Eduard: Das Opferfürsorgegesetz. Gemeinverständliche Erläuterung des Gesetzes und seiner Durchführungsvorschriften, Wien 1950.

Vögel, Bernhild: „Entbindungsheim für Ostarbeiterinnen", Hamburg 1989.

Walzl, August: Zwangsarbeit in Kärnten im Zweiten Weltkrieg. Die Hintergründe eines politischen Phänomens im Alpen-Adria-Raum, Klagenfurt 2001.

Weber, Therese: Mägde. Lebenserinnerungen an die Dienstbotenzeit bei Bauern, Wien/Köln/Graz 1985.

Weitlaner, Siegfried: Heimatbuch Saalbach-Hinterglemm. Vom armen Bergbauerndorf zum internationalen Fremdenverkehrsort, Salzburg 1984.

Ziegler, Meinrad/Kannonier-Finster, Waltraud: Österreichisches Gedächtnis. Über Erinnern und Vergessen der NS-Vergangenheit, Wien/Köln/Weimar 1997.

Interviewpartner

Ehemalige Zwangsarbeiter

Wladimir B. (verstorben), Jahrgang 1924, Interview am 07. Oktober 2008 in Kirowograd (Ukraine); eingesetzt in Maishofen.

Jan B., Jahrgang 1925, Interview am 15. Mai 2008 in Tarnów (Polen); eingesetzt in Wald im Pinzgau.

Iwan D., Jahrgang 1922, Interview am 06. Oktober 2008 in Krementschuk (Ukraine); eingesetzt in Stuhlfelden.

Wassyl H., Jahrgang 1928, Interview am 09. Okt. 2008 in Kiew (Ukraine); eingesetzt in Dienten.

Eustachius N. (verstorben), Jahrgang 1925, Interview am 13. April 2006 und 30. Juni 2006 in Taxenbach; eingesetzt in Taxenbach.

Peter R., Jahrgang 1922, Interview am 11. April 2006 in Niedernsill; eingesetzt in Niedernsill.

Maria R., Jahrgang 1927, Interview am 05. Oktober 2008 in Ssosnowa (Ukraine); eingesetzt in Maishofen.

Weronika S., Jahrgang 1923, Interview am 12. Mai 2008 in Czaplinek (Polen); eingesetzt in Gries im Pinzgau.

Motrona T., Jahrgang 1934, Interview am 04. Oktober 2008 in Iwanynytschi (Ukraine); mit Eltern eingesetzt in Rauris.

Olga W., Jahrgang 1924, Interview am 08. Oktober 2008 in Koroliwka (Ukraine); eingesetzt in Wagrain.

Einheimische Interviewpartner – Kriegsgeneration

Katharina B. (verstorben), Jahrgang 1925, Interview am 29. Juli 2008 in Saalfelden.
Gertraud D., Jahrgang 1931, Interview am 29. Juli 2008 in Lofer.
Anton H., Jahrgang 1928, Interview am 18. Juli 2008 in Saalfelden.
Notburga H. (verstorben), Jahrgang 1924, Interview am 14. Juli 2008 in Niedernsill.
Josef H., Jahrgang 1928, Interview am 14. August 2008 in Saalfelden.
Margarethe H., Jahrgang 1929, Interview am 18. August 2008 in Saalfelden.
Simon H., Jahrgang 1923, Interview am 18. August 2008 in Saalfelden.
Katharina H. (verstorben), Jahrgang 1928, Interview am 24. Juli 2008 in Maishofen.
Dorothea K., Jahrgang 1924, Interview am 31. Juli 2008 in Taxenbach.
Aloisia M., Jahrgang 1930, Interview am 28. Juli 2008 in Maishofen.
Aloisia S., Jahrgang 1926, Interview am 31. Juli 2008 in Unken.
Franz W., Jahrgang 1934, Interview am 05. November 2008 in Maishofen.

Einheimische Interviewpartner – Nachkriegsgeneration

Rosina B.-N., Jahrgang 1948, Interview am 31. Juli 2008 in Taxenbach.
Poldine E., Jahrgang 1939, Interview am 17. August 2008 in Saalfelden.
Georg K., Jahrgang 1946, Interview am 14. Juli 2008 in Maishofen.
Irmgard M., Jahrgang 1944, Interview am 17. Juli 2008 in Saalfelden.
Gertraud N., Jahrgang 1940, Interview am 15. Juli 2008 in Maishofen.
Theresia O., Jahrgang 1941, Interview am 14. August 2008 in Taxenbach.
Matthias S., Jahrgang 1946, Interview am 21. Juli 2008 in Leogang.

Kinder von ehemaligen Zwangsarbeitern

Gustav C., Jahrgang 1949, Interview am 25. November 2006 in Dienten.
Erna G., Jahrgang 1950, Interview am 29. Juni 2006 in Taxenbach.
Eva W., Jahrgang 1949, Interview am 22. August 2008 in Maishofen.
Peter R., Jahrgang 1957, Interview am 15. Jänner 2007 in Niedernsill.

Abkürzungsverzeichnis

AEL	Arbeitserziehungslager
BH	Bezirkshauptmannschaft
BMsV	Bundesministerium für soziale Verwaltung
DP	Displaced person(s)
DÖW	Dokumentationsarchiv d. österr. Widerstandes
f. e.	fürsterzbischöflich
Gestapo	Geheime Staatspolizei
GV	Geschlechtsverkehr
HJ	Hitlerjugend
IMI	Italienische Militärinternierte
Kgf	Kriegsgefangene(r)
K.G. Lager	Kriegsgefangenen Lager
KZ	Konzentrationslager
NS	Nationalsozialismus, nationalsozialistisch
NSDAP	Nationalsozialistische Deutsche Arbeiterpartei
NSV	Nationalsozialistische Volkswohlfahrt
OF	Opferfürsorge
OFG	Opferfürsorgegesetz
OKW	Oberkommando der Wehrmacht
REM	Reichsernährungsministerium
RFSSuChdDtPol.	Reichsführer SS und Chef der Deutschen Polizei
RM	Reichsmark
RMdI	Reichsminister(ium) des Innern
RSHA	Reichssicherheitshauptamt
RSTH	Reichsstatthalter
SA	Sturmabteilung
SD	Sicherheitsdienst
SS	Schutzstaffel
SU	Sowjetunion
Stalag	Stammlager
UdSSR	Union der Sozialistischen Sowjetrepubliken
UK	Unabkömmlich
VGH	Volksgerichtshof
WHW	Winterhilfswerk

Endnoten

[1] Bericht des Gendarmeriepostens Maishofen betreffs Walch Friedrich, Arbeitsunfall vom 17. Dezember 1942. SLA, HB-Akten Zell/See 1942, 302-189-42.
[2] Um eine bessere Lesbarkeit des Textes zu gewährleisten, wurden in dieser Publikation die heute oftmals zur Anwendung kommenden Endungen wie „In" bzw. „Innen" großteils weggelassen. Das heißt, dass außer bei den Kriegsgefangenen die verschiedenen Terminials geschlechtsneutral zu verstehen sind. Sollten ausschließlich Männer bzw. ausschließlich Frauen gemeint sein, dann wird dies im Text extra angeführt.
[3] Dohle, Oskar/Slupetzky, Nicole: Arbeiter für den Endsieg. Zwangsarbeit im Reichsgau Salzburg 1939-1945, Wien/Köln/Weimar 2004, S. 65.
[4] Herbert, Ulrich: Fremdarbeiter. Politik und Praxis des „Ausländer-Einsatzes" in der Kriegswirtschaft des Dritten Reiches, Berlin/Bonn 1985, S. 11.
[5] Feichtlbauer, Hubert: Zwangsarbeit in Österreich. 1938-1945, Wien 2005, S. 45.
[6] Bericht über die Anzahl der Ausländer mit dem Stande vom 15. September 1944 (ohne Kriegsgefangene und „Volksdeutsche"), Landkreis Zell am See. SLA, RSTH I/3, 114.
[7] SLA, Amtliches Gemeindeverzeichnis für das Deutsche Reich auf Grund der Volkszählung 1939. Herausgegeben vom Statistischen Reichsamt, Erste Auflage, Berlin 1940.
[8] Kriegsgefangene und Volksdeutsche sind in diesen Zahlen nicht berücksichtigt. Nußbaumer, Alois: Osteuropäische Frauen als Zwangsarbeiterinnen in der Landwirtschaft des Pinzgaus, in: Steinthaler, Evelyn (Hg.): Frauen 1938. Verfolgte – Widerständige – Mitläuferinnen, Wien 2008, S. 119. Dohle/Slupetzky, Arbeiter für den Endsieg, S. 65f.
[9] Karner, Stefan/Ruggenthaler, Peter: Kategorien der Zwangsarbeit und deren NS-rechtliche Grundlagen, in: Karner, Stefan/Ruggenthaler, Peter: Zwangsarbeit in der Land- und Forstwirtschaft auf dem Gebiet Österreichs 1939 bis 1945, Wien/München 2004, S. 34ff.
[10] Nußbaumer, Osteuropäische Frauen, in: Steinthaler, Evelyn (Hg.): Frauen 1938, S. 119.
[11] Herbert, Ulrich: Fremdarbeiter. Politik und Praxis des „Ausländer-Einsatzes" in der Kriegswirtschaft des Dritten Reiches, Berlin/Bonn 1985.
[12] Langthaler, Ernst/Hornung, Ela/Schweitzer, Sabine: Zwangsarbeit in der Landwirtschaft in Niederösterreich und dem nördlichen Burgenland, Wien/München 2004, S. 11ff.
[13] In einem 2008 erschienenen Sammelband zur Thematik „Zwangs- und Sklavenarbeit" beschäftigten sich die verschiedenen Autoren nicht nur mit der Kriegszeit, sondern zum ersten Mal auch eingehend mit dem weiteren Leben der von Zwangs- und Sklavenarbeit betroffenen Menschen. Vgl. dazu: Plato, Alexander von/Leh, Almut/Thonfeld, Christoph (Hg.): Hitlers Sklaven. Lebengeschichtliche Analysen zur Zwangsarbeit im internationalen Vergleich, Wien/Köln/Weimar 2008.
[14] Hornung/Langthaler/Schweitzer, Zwangsarbeit in der Landwirtschaft in Niederösterreich und dem nördlichen Burgenland, S. 20, S. 11f.
[15] Hornung/Langthaler/Schweitzer, Zwangsarbeit in der Landwirtschaft in Niederösterreich und dem nördlichen Burgenland sowie Karner/Ruggenthaler, Zwangsarbeit in der Land- und Forstwirtschaft auf dem Gebiet Österreichs 1939 bis 1945.
[16] Dohle/Slupetzky, Arbeiter für den Endsieg. Reiter, Margit: Das Tauernkraftwerk Kaprun, in: Rathkolb, Oliver/Freund, Florian: NS-Zwangsarbeit in der Elektrizitätswirtschaft der „Ostmark" 1938-1945, Wien/Köln/Weimar 2002, S. 127-198.
[17] Ruggenthaler, Zwangsarbeit im Pinzgau, in: Karner/Ruggenthaler, Zwangsarbeit in der Land- und Forstwirtschaft auf dem Gebiet Österreichs 1939 bis 1945, S. 333-370.
[18] Nöbauer, Christine: Bericht über eine Reise nach Polen; in: Pöllinger Briefe. Mitteilungen der Arge Region Kultur, Nr. 38/1993, S. 34-35; arge region kultur (Hg.): das Weite suchen…, Horn.
[19] Eder, Alois: Chronik Saalfelden, Bd. 2, Innsbruck 1992; Effenberger, Max: Brucker Heimatbuch. Aufzeichnungen zum Erinnern, Nachdenken und zum gegenseitigen Verstehen, Bruck, S. 160; Schwaiger, Alois: Leogang 1938-1945. Zeitzeugen berichten, Salzburg 1998, S. 211ff.; Weitlaner, Siegfried: Heimatbuch Saalbach-Hinterglemm. Vom armen Bergbauerndorf zum internationalen Fremdenverkehrsort, Salzburg 1984.
[20] Dohle/Slupetzky, Arbeiter für den Endsieg, S. 68-82.
[21] Damit ist Österreich gemeint.
[22] Da es sich als außerordentlich schwierig erwies eine genügend große Anzahl an Interviewpartnern zu finden, wurden Motrona T., die zusammen mit ihren Eltern in Rauris eingesetzt war und selbst keine Zwangsarbeit verrichten musste, und Olga W., die nicht im Pinzgau sondern im Pongau arbeitete, in die Auswahl miteinbezogen. Die Kontakte mit den Gesprächspartnern in

den genannten Ländern kamen über die Stiftung „Polnisch-Deutsche Aussöhnung" in Warschau und die ukrainische Nationale Stiftung „Verständigung und Aussöhnung" in Kiew zustande.
[23] Spoerer, Mark: Zwangsarbeit unter dem Hakenkreuz. Ausländische Zivilarbeiter, Kriegsgefangene und Häftlinge im Deutschen Reich und im besetzten Europa 1939-1945, Stuttgart/München 2001, S. 71.
[24] Hornung/Langthaler/Schweitzer, Zwangsarbeit in der Landwirtschaft in Niederösterreich und dem nördlichen Burgenland, S. 56f.
[25] Spoerer, Zwangsarbeit unter dem Hakenkreuz, S. 47ff.; Herbert, Fremdarbeiter, S. 84ff.
[26] Lapan, Tetyana: Die Westukraine und die Erfahrung der Zwangsarbeit, in: Plato/Leh/Thonfeld(Hg.), Hitlers Sklaven, S. 220ff.
[27] Herbert, Ulrich: Zwangsarbeit im „Dritten Reich", in: Hauch, Gabriella (Hg.): Industrie und Zwangsarbeit im Nationalsozialismus, Innsbruck 2003, S. 16.
[28] Hornung/Langthaler/Schweitzer, Zwangsarbeit in der Landwirtschaft in Niederösterreich und dem nördlichen Burgenland, S. 64f.
[29] Salzburger Landeszeitung, 5. Jahrgang Nr. 33, Montag, den 9. Februar 1942, S. 5.
[30] Spoerer, Zwangsarbeit unter dem Hakenkreuz, S. 73.
[31] Herbert, Fremdarbeiter, S. 159f.
[32] Salzburger Zeitung, 1. Jahrgang, Nummer 25, Donnerstag 10. Dezember 1942, Seite 5.
[33] Schreiben der Landesbauernschaft Alpenland in Salzburg an die Landräte, Oberbürgermeister, Ernährungsämter betreffs Arbeitseinsatz in der Landwirtschaft vom 11. Mai 1942. SLA, RSTH LEA 550.
[34] SLA, Zwangsarbeiteranfragen, 925-2000/01.
[35] Hornung/Langthaler/Schweitzer, Zwangsarbeit in der Landwirtschaft in Niederösterreich und dem nördlichen Burgenland, S. 68.
[36] Anordnung Nr. 4 des Generalbevollmächtigten für den Arbeitseinsatz über die Anwerbung, Betreuung, Unterbringung, Ernährung und Behandlung ausländischer Arbeiter und Arbeiterinnen vom 7. Mai 1942. SLA, Pol-439-12-42.
[37] Hornung/Langthaler/Schweitzer, Zwangsarbeit in der Landwirtschaft in Niederösterreich und dem nördlichen Burgenland, S. 264.
[38] Spoerer, Zwangsarbeit unter dem Hakenkreuz, S. 49.
[39] Hornung/Langthaler/Schweitzer, Zwangsarbeit in der Landwirtschaft in Niederösterreich und dem nördlichen Burgenland, S. 264, S. 73.
[40] Schreiben der Kriminalpolizeistelle Salzburg an den Reichsstatthalter betreffs Erfassung der eingesetzten polnischen Arbeiter und Ostarbeiter vom 28. November 1942. SLA, RSTH I/3, 126/1944.
[41] Hornung/Langthaler/Schweitzer, Zwangsarbeit in der Landwirtschaft in Niederösterreich und dem nördlichen Burgenland, S. 279f.
[42] Schreiben der Gestapo Salzburg betreffs Ausländerpolizeiliche Behandlung der ehem. polnischen Staatsangehörigen vom 27. Februar 1940. SLA, RSTH I/3, 125/1940.
[43] Schreiben des Leiters der Kriminalpolizeistelle Salzburg an den Reichsstatthalter in Salzburg betreffs Erfassung der im Gaugebiet eingesetzten polnischen Gesindekräfte vom 24. April 1942. SLA, RSTH I/3, 126/1944.
[44] Schreiben des Leiters der Kriminalpolizeistelle Salzburg an den Reichsstatthalter in Salzburg betreffs Erfassung der eingesetzten polnischen Arbeiter und Ostarbeiter vom 28. November 1942. SLA, RSTH I/3, 126/1944.
[45] Runderlass des Reichsführer SS betreffs Behandlung der im Reichsgebiet befindlichen Arbeitskräfte polnischen Volkstums vom 10. September 1943, S. 17. SLA, RSTH I/3, 127/1943.
[46] Schreiben des Landrats von Zell am See an den Reichsstatthalter in Salzburg betreffs Ausländerpolizeiliche Erfassung der Zivilpolen vom 31. März 1942. SLA, RSTH I/3, 126/1944.
[47] SLA, Zwangsarbeiteranfragen, 2006, 926-2002 1551-1760.
[48] Gemeindearchiv Maishofen, 123/10 Fremden-, Paß- und Meldepolizei Ausländerpolizei; Meldelisten der Ausländer der Gemeinde Niedernsill. Gemeinde Niedernsill.
[49] Hornung/Langthaler/Schweitzer, Zwangsarbeit in der Landwirtschaft in Niederösterreich und dem nördlichen Burgenland, S. 110.
[50] Gendarmeriepostenkommando Unken Bez. Zell a. S. Ld. Salzburg Postenchronik 1911 – 2002.
[51] Schreiben des Gendarmeriepostens Neukirchen an den Landrat in Zell am See betreffs Einsatz von SU-Kgf., und SU-Zivilarbeiter in Neukirchen vom 01. Juni 1942. SLA, HB-Akten Zell/See 1942, 213-15-1942.
[52] Neumayr, Ursula J./Rathgeb, Peter: Land:Leben. Geschichte und Geschichten österreichischer Berggebiete, Wien/Köln/Weimar 2007, S. 71.

[53] Seelsorgebericht der Pfarre Maria Alm für das Jahr 1941 vom 09. Februar 1942. AES, R-Registratur 8/96 Maria Alm.
[54] Hornung/Langthaler/Schweitzer, Zwangsarbeit in der Landwirtschaft in Niederösterreich und dem nördlichen Burgenland, S. 375.
[55] arge region kultur (Hg.): das Weite suchen…, S. 125.
[56] Neumayr/Rathgeb, Land:Leben, S. 84.
[57] Lagebericht des Landrats von Zell am See vom Februar und März 1940. SLA, Pr.- Akten 1940 187/a-229/a+c.
[58] Ortmayr, Norbert: Ländliches Gesinde in Oberösterreich 1918-1938, in: Ehmer, Joseph/Mitterauer, Michael (Hg.) Familienstruktur und Arbeitsorganisation in ländlichen Gesellschaften, Graz/Wien 1986, S. 393.
[59] Hornung/Langthaler/Schweitzer, Zwangsarbeit in der Landwirtschaft in Niederösterreich und dem nördlichen Burgenland, S. 374f., S. 175.
[60] Ortmayr, Ländliches Gesinde in Oberösterreich 1918-1938, S. 383, S. 379ff.
[61] Hornung/Langthaler/Schweitzer, Zwangsarbeit in der Landwirtschaft in Niederösterreich und dem nördlichen Burgenland, S. 441.
[62] Ortmayr, Ländliches Gesinde in Oberösterreich 1918-1938, S. 396.
[63] Gendarmeriepostenkommando Unken Bez. Zell a. S. Ld. Salzburg Postenchronik 1911 – 2002.
[64] Neumayr/Rathgeb, Land:Leben, S. 125f.
[65] Schreiben vom Gendarmerieposten Lend betreffs Fahrlässige Brandstiftung vom 01. November 1943. SLA, HB-Akten Zell/See 1943, HB 302-1943.
[66] AES, Piesendorf Sterbebuch 4, S. 218.
[67] Postenchronik Piesendorf 1.5.1878 – 31.3.1968; Standesamt Kaprun 1939-55, Sterbebuch 1944 38c.
[68] Standesamt Kaprun 1939-55, Sterbebuch 1944 38c; AES, Piesendorf Sterbebuch 4, S. 227.
[69] AES, Saalbach Sterbebuch 5, S. 186.
[70] Seelsorgebericht der Pfarre Taxenbach 1943. AES, 12/52 Taxenbach Seelsorgeberichte.
[71] Seelsorgebericht der Pfarre Mittersill für das Jahr 1944. AES, 12/48 Seelsorgeberichte-Dechanat Mittersill 1939, 1943-45.
[72] Hornung/Langthaler/Schweitzer, Zwangsarbeit in der Landwirtschaft in Niederösterreich und dem nördlichen Burgenland, S. 173.
[73] Schreiben des Reichsstatthalters in Salzburg (Landesernährungsamt) betreffs Einsatzplanung für die Alpwirtschaft; Sicherung des Alppersonals vom 25. April 1942. SLA, RSTH LEA 564.
[74] Hornung/Langthaler/Schweitzer, Zwangsarbeit in der Landwirtschaft in Niederösterreich und dem nördlichen Burgenland, S. 174f.; Ortmayr, Ländliches Gesinde in Oberösterreich 1918-1938, S. 406.
[75] Ortmayr, Ländliches Gesinde in Oberösterreich 1918-1938, S. 378f.; Hornung/Langthaler/Schweitzer, Zwangsarbeit in der Landwirtschaft in Niederösterreich und dem nördlichen Burgenland, S. 181f.
[76] SLA, HB-Akten Zell/See 1943, HB 17-1943.
[77] Hornung/Langthaler/Schweitzer, Zwangsarbeit in der Landwirtschaft in Niederösterreich und dem nördlichen Burgenland, S. 380f.
[78] Interview mit Eva W. am 22. August 2008 in Maishofen.
[79] Interview mit Poldine E. am 17. August 2008 in Saalfelden.
[80] SLA, Zwangsarbeiteranfragen, 2006/926-2001 941-1050.
[81] Merkblatt Nr. 1 für „Ostarbeiter". SLA, Pol-439-12-42.
[82] Ortmayr, Ländliches Gesinde in Oberösterreich 1918-1938, S. 355.
[83] Der Landeshauptmann in Salzburg betreffs Abwehr der durch den Einsatz polnischer Arbeitskräfte drohenden blutsmässigen Gefahren vom 10. Februar 1940. SLA, RSTH I/3, 125/1940.
[84] Schreiben des Arbeitsamts Salzburg an den Landeshauptmann in Salzburg betreffs Einsatz von zivilen Polen als landwirtschaftliche Gesindekräfte; hier: lagermässige Unterbringung vom 27. Februar 1940. SLA, RSTH I/3, 125/1940.
[85] Ortmayr, Ländliches Gesinde in Oberösterreich 1918-1938, S. 396.
[86] Schreiben des Arbeitsamts Salzburg an den Landeshauptmann in Salzburg betreffs Einsatz von zivilen Polen als landwirtschaftliche Gesindekräfte; hier: lagermässige Unterbringung vom 27. Februar 1940. SLA, RSTH I/3, 125/1940.
[87] Schreiben des Landesernährungsamts Salzburg, Abteilung A, (Landesbauernschaft Alpenland) an die Landesregierung, Dr. Krotcek, betreffs Unterbringung ziviler polnischer Arbeitskräfte in Lagern vom 27. Februar 1940. SLA, RSTH I/3, 125/1940.
[88] Amtsvermerk vom 09. März 1940. SLA, RSTH I/3, 125/1940.

[89] Schreiben des Landeshauptmanns in Salzburg betreffs Behandlung der im Reich eingesetzten Zivilarbeiter und -arbeiterinnen polnischen Volkstums vom 28. März 1940. SLA, RSTH I/3, 125/1940.
[90] Schnellbrief des Reichsführers SS und Chef der Deutschen Polizei betreffs Behandlung der im Reichsgebiet eingesetzten polnischen Zivilarbeiter und -arbeiterinnen - hier Hereinnahme von Arbeitskräften aus den neu besetzten Ostgebieten vom 14. Oktober 1941. SLA, RSTH I/3, 126/1944.
[91] Lagebericht des Landrats von Zell am See vom Jänner 1940. SLA, Pr.-Akten 1940 187/a-229/a+c 225.
[92] Spoerer, Zwangsarbeit unter dem Hakenkreuz, S. 116.
[93] Lagebericht des Landrats von Zell am See vom Dezember 1939. SLA, Pr.-Akten 1940 187/a-229/a+c 225.
[94] Salzburger Volksblatt, Mittwoch 4. Februar 1942, (Folge 29) 72. Jahrgang, S. 5.
[95] Hornung/Langthaler/Schweitzer, Zwangsarbeit in der Landwirtschaft in Niederösterreich und dem nördlichen Burgenland, S. 242.
[96] Schreiben des Gendarmeriepostens Krimml an den Landrat in Zell am See vom 15. August 1940. SLA, HB-Akten Zell/See 1942, 213-15-1942.
[97] Schreiben des Gendarmeriepostens Piesendorf an den Landrat in Zell am See betreffs Französische-Kriegsgefangene-Ankunft vom 15. August 1940. SLA, HB-Akten Zell/See 1942, 213-15-1942.
[98] Schreiben des Gendarmeriepostens Neukirchen am Großvenediger betreffs Französische Kriegsgefangene in Neukirchen a.GV. eingetroffen vom 15. August 1940. SLA, HB-Akten Zell/See 1942, 213-15-1942.
[99] Schreiben des Gendarmeriepostens Mittersill betreffs Französische Kriegsgefangene, zur Erntearbeit hier eingetroffen vom 14. August 1940. SLA, HB-Akten Zell/See 1942, 213-15-1942.
[100] Schreiben des Gendarmeriepostens Fusch an der Großglocknerstraße an den Landrat in Zell am See Kriegsgefangene, Arbeitseinsatz in Fusch-Ferleiten vom 05. September 1940. SLA, HB-Akten Zell/See 1942, 213-15-1942.
[101] Schreiben des Reichsstatthalters in Salzburg an die Abteilung V im Hause, Barackenbeschaffung für die Unterbringung deutscher und ausländischer Arbeitskräfte vom 01. September 1942. SLA, RSTH V/1, 191/1943.
[102] Schreiben des Gendarmeriepostens Saalbach an den Landrat in Zell am See vom 28. Mai 1943. SLA, HB-Akten Zell/See 1943, 401-435, 438.
[103] Chronik Pfarre Saalbach, 1945, S. 115.
[104] Hornung/Langthaler/Schweitzer, Zwangsarbeit in der Landwirtschaft in Niederösterreich und dem nördlichen Burgenland, S. 242.
[105] Der Beauftragte des Gauleiters für den Arbeitseinsatz am 25. August 1942. SLA, HB-Akten Zell/See, 431-4-42.
[106] Hornung/Langthaler/Schweitzer, Zwangsarbeit in der Landwirtschaft in Niederösterreich und dem nördlichen Burgenland, S. 243.
[107] Interview mit Gertraud D. am 29. Juli 2008 in Lofer.
[108] Ruggenthaler, Zwangsarbeit in der Landwirtschaft im Reichsgau Salzburg, in: Karner/Ruggenthaler, Zwangsarbeit in der Land- und Forstwirtschaft auf dem Gebiet Österreichs 1939 bis 1945, S. 354.
[109] Hornung/Langthaler/Schweitzer, Zwangsarbeit in der Landwirtschaft in Niederösterreich und dem nördlichen Burgenland S. 245f.
[110] Spoerer, Zwangsarbeit unter dem Hakenkreuz, S. 255, S. 122ff.
[111] Mitteilungen des Beauftragten für den Vierjahresplan, der Generalbevollmächtigte für den Arbeitseinsatz Nr. 2 vom 15. Juli 1942, S. 45. SLA, Pol-439-12-42.
[112] Hornung/Langthaler/Schweitzer, Zwangsarbeit in der Landwirtschaft in Niederösterreich und dem nördlichen Burgenland, S. 225f., S. 241, S. 238.
[113] Ortmayr, Ländliches Gesinde in Oberösterreich 1918-1938, S. 360; Hornung/Langthaler/Schweitzer, Zwangsarbeit in der Landwirtschaft in Niederösterreich und dem nördlichen Burgenland, S. 228.
[114] Hornung/Langthaler/Schweitzer, Zwangsarbeit in der Landwirtschaft in Niederösterreich und dem nördlichen Burgenland, S. 233, S. 382ff.
[115] Schreiben des Reichsstatthalters in Salzburg an den Oberbürgermeister der Gauhauptstadt Salzburg und an alle Bürgermeister des Reichsgaues Salzburg betreffs Einsatz von Kriegsgefangenen in der Landwirtschaft vom 30. Juli 1940. Gemeindearchiv Maishofen, Urliste der Geschworenen.

[116] Schreiben der Landesbauernschaft Alpenland betreffs Verpflegung von Arbeitern in Gemeinschaftslagern vom 21. August 1941. SLA, RSTH, LEA 273.
[117] Schreiben des Reichsstatthalters in Salzburg an den Landrat (Veterinäramt) in Zell am See betreffs Freibankfleischbewirtschaftung vom 21. Mai 1943.
[118] Schreiben der Landesbauernschaft Alpenland betreffs Abgabe von Schokoladeerzeugnissen und anderen Süßwaren an ausländische Arbeitskräfte vom 15. April 1941. SLA, RSTH, LEA 387.
[119] Hornung/Langthaler/Schweitzer, Zwangsarbeit in der Landwirtschaft in Niederösterreich und dem nördlichen Burgenland, S. 228f.
[120] Ruggenthaler, Zwangsarbeit in der Landwirtschaft im Reichsgau Salzburg, in: Karner/Ruggenthaler, Zwangsarbeit in der Land- und Forstwirtschaft auf dem Gebiet Österreichs 1939 bis 1945, S. 360.
[121] Spoerer, Zwangsarbeit unter dem Hakenkreuz, S. 135.
[122] Lagebericht des Landrats von Zell am See vom Dezember 1939. SLA, Pr.-Akten 1940 187/a-229a+c 225.
[123] Schreiben des Landrats des Kreises Salzburg an den Reichsstatthalter in Salzburg betreffs Behandlung der im Reich eingesetzten Zivilarbeiter und – Arbeiterinnen polnischen Volkstums vom 13. Juni 1940. SLA, RSTH I/3, 133/1940.
[124] Spoerer, Zwangsarbeit unter dem Hakenkreuz, S. 136.
[125] Dienstliche Mitteilung der Landesbauernschaft, Nr. 23 vom 18. Juni 1942 betreffs Versorgung der in der Landwirtschaft eingesetzten Zivilrussen mit Spinnstoffwaren und Schuhwerk. – II A 2 572 – Universität Salzburg – Hauptbibliothek.
[126] Der Beauftragte des Gauleiters für den Arbeitseinsatz am 25. August 1942. SLA, HB-Akten Zell/See, 431-4-42.
[127] Schreiben des Bürgermeisters von Saalfelden an den Landrat in Zell am See betreffs Verhalten gegenüber fremdvölkischen Arbeitskräften und Kriegsgefangenen vom 29. September 1942. SLA, HB-Akten Zell/See, 431-4-42.
[128] Dienstliche Mitteilung der Landesbauernschaft, Nr. 23 vom 18. Juni 1942 betreffs Versorgung der in der Landwirtschaft eingesetzten Zivilrussen mit Spinnstoffwaren und Schuhwerk. – II A 2 572 – Universität Salzburg – Hauptbibliothek.
[129] Dienstliche Mitteilung der Landesbauernschaft, Nr. 47 vom 17. Dezember 1942 betreffs Schuhversorgung der Ostarbeiter – II A 2 – 573 – Universität Salzburg – Hauptbibliothek.
[130] Spoerer, Zwangsarbeit unter dem Hakenkreuz, S. 135f.
[131] Gemeindearchiv Maishofen, 123/10 Fremden-, Paß- und Meldepolizei, Ausländerpolizei.
[132] Spoerer, Zwangsarbeit unter dem Hakenkreuz, S. 136.
[133] Schreiben des Landrats von Zell am See an den Reichsstatthalter in Salzburg betreffs Ermächtigungsurkunden im Sinne des § 50 Verwaltungsstrafgesetz vom 10. Februar 1942. SLA, HB-Akten Zell/See 1942, 303/1-42.
[134] Spoerer, Zwangsarbeit unter dem Hakenkreuz, S. 137.
[135] Chronik des k. k. Gendarmeriepostens Mittersill.
[136] Der Beauftragte des Gauleiters für den Arbeitseinsatz am 25. August 1942. SLA, HB-Akten Zell/See, 431-4-42.
[137] Spoerer, Zwangsarbeit unter dem Hakenkreuz, S. 137.
[138] Hornung/Langthaler/Schweitzer, Zwangsarbeit in der Landwirtschaft in Niederösterreich und dem nördlichen Burgenland, S. 198; Spoerer, Zwangsarbeit unter dem Hakenkreuz, S. 151.
[139] Spoerer, Zwangsarbeit unter dem Hakenkreuz, S. 158ff. Hornung/Langthaler/Schweitzer, Zwangsarbeit in der Landwirtschaft in Niederösterreich und dem nördlichen Burgenland, S. 202ff.
[140] Schreiben des Landrats von Zell am See an den Reichsstatthalter in Salzburg betreffs Arbeitseinsatz und Überwachung polnischer Gesindekräfte in der Landwirtschaft vom 21. Jänner 1942. SLA, RSTH I/3, 134/1942.
[141] Schreiben des Landrats von Zell am See an den Reichsstatthalter in Salzburg betreffs Zivilarbeiter aus Polen, Ukraine und den sowjetrussischen Gebieten, Überwachung vom 13. August 1942. SLA, HB-Akten Zell/See, 431-4-42.
[142] Schreiben des Landrats des Landkreises Salzburg an den Reichsstatthalter vom 28. Jänner 1942. SLA, RSTH I/3, 134/1942.
[143] Schreiben des Landrats von Zell am See an den Reichsstatthalter in Salzburg betreffs Zivilarbeiter aus Polen, Ukraine und den sowjetrussischen Gebieten, Überwachung vom 13. August 1942. SLA, HB-Akten Zell/See, 431-4-42.
[144] Ortmayr, Ländliches Gesinde in Oberösterreich 1918-1938, S. 360, S. 404.
[145] Hornung/Langthaler/Schweitzer, Zwangsarbeit in der Landwirtschaft in Niederösterreich und

dem nördlichen Burgenland, S. 209.
[146] Schreiben vom Landrat in Zell am See an den Gendarmerieposten Mittersill vom 02. Februar 1943. SLA, HB-Akten Zell/See 1943, 438-16-43.
[147] Schreiben vom Gendarmerieposten Mittersill an den Landrat vom 08. Februar 1943. SLA, HB-Akten Zell/See 1943, 438-16-43.
[148] Amtsvermerk vom 10. Februar 1943. SLA, HB-Akten Zell/See 1943, 438-16-43.
[149] Schreiben vom Landrat an die Gestapo Salzburg vom 10. Februar 1943. SLA, HB-Akten Zell/See 1943, 438-16-43.
[150] Schreiben der Gestapo Salzburg an den Landrat vom 19. Februar 1943. SLA, HB-Akten Zell/See 1943, 438-16-43.
[151] Ortmayr, Ländliches Gesinde in Oberösterreich 1918-1938, S. 407.
[152] Schreiben vom Arbeitsamt Zell am See an den Landrat vom 04. Mai 1943. SLA, HB-Akten Zell/See 1943, 438-16-43.
[153] Ortmayr, Ländliches Gesinde in Oberösterreich 1918-1938, S. 356.
[154] Der Landrat des Landkreises Zell am See Lagebericht Februar 1940. SLA, Pr.-Akten 1940 187/a-229/a+c 225.
[155] Schreiben vom Landrat an das Arbeitsamt in Zell am See vom 15. Februar 1943. SLA, HB-Akten Zell/See 1943, 438-16-43; Schreiben vom Landrat an den Gendarmerieposten Mittersill vom 18. Mai 1943. SLA, HB-Akten Zell/See 1943, 438-16-43; Schreiben vom Gendarmerieposten Mittersill an den Landrat vom 24. Mai 1943. SLA, HB-Akten Zell/See 1943, 438-16-43.
[156] Spoerer, Zwangsarbeit unter dem Hakenkreuz, S. 14f.
[157] Ortmayr, Ländliches Gesinde in Oberösterreich 1918-1938, S. 356f.
[158] Hornung/Langthaler/Schweitzer, Zwangsarbeit in der Landwirtschaft in Niederösterreich und dem nördlichen Burgenland, S. 216, S. 213f., S. 403.
[159] Spoerer, Zwangsarbeit unter dem Hakenkreuz, S. 165f., S. 139f.
[160] Hornung/Langthaler/Schweitzer, Zwangsarbeit in der Landwirtschaft in Niederösterreich und dem Burgenland, S. 267.
[161] Dienstliche Mitteilungen der Landesbauernschaft, Nr. 7 vom 19. Februar 1942, Krankenhilfe für fremdvölkische, insbesondere polnische Arbeiter. I B 605/2. Universität Salzburg – Hauptbibliothek.
[162] Schreiben vom Dezernat I/3 an Oberregierungsrat Tünkl im Chiemseehof vom 19. März 1942. SLA, RSTH I/3, 126/1944.
[163] Dienstliche Mitteilungen der Landesbauernschaft, Nr. 7 vom 19. Februar 1942, Krankenhilfe für fremdvölkische, insbesondere polnische Arbeiter. I B 605/2. Universität Salzburg – Hauptbibliothek.
[164] Spoerer, Zwangsarbeit unter dem Hakenkreuz, S. 140ff.
[165] Schreiben an das Salzburger Landesarchiv vom 11. März 2001. SLA, Zwangsarbeiteranfragen, 926-2001 601-710.
[166] Spoerer, Zwangsarbeit unter dem Hakenkreuz, S. 140ff.
[167] ITS, Doc. No. 71173090#1 (2.1.6.1./0064/0052); Doc. No. 71173091#1 (2.1.6.1./0064/0053); Doc. No. 71173092#1 (2.1.6.1/0064/0054); Doc. No. 71173093#1 (2.1.6.1/0064/0055); Doc. No. 71173094#1 (2.1.6.1/0064/0056); Doc. No. 71173095#1 (2.1.6.1/0064/0057).
[168] ITS, Doc. No. 71173083#1 (2.1.6.1/0064/0045); Doc. No. 71173084#1 (2.1.6.1/0064/0046); Doc. No. 71173085#1 (2.1.6.1/0064/0047); Doc. No. 71173086#1 (2.1.6.1/0064/0048); Doc. No. 71173087#1 (2.1.6.1/0064/0049); Doc. No. 71173088#1 (2.1.6.1/0064/0050).
[169] ITS, Doc. No. 71173096#1 (2.1.6.1/0064/0058); Doc. No. 71173096#2 (2.1.6.1/0064/0058).
[170] Neumayr/Rathgeb, Land:Leben, S. 92f.
[171] ITS, Doc. No. 71173090#1 (2.1.6.1./0064/0052); Doc. No. 71173091#1 (2.1.6.1./0064/0053); Doc. No. 71173092#1 (2.1.6.1/0064/0054); Doc. No. 71173093#1 (2.1.6.1/0064/0055); Doc. No. 71173094#1 (2.1.6.1/0064/0056); Doc. No. 71173095#1 (2.1.6.1/0064/0057).
[172] ITS, Doc. No. 71173096#1 (2.1.6.1/0064/0058); Doc. No. 71173096#2 (2.1.6.1/0064/0058).
[173] ITS, Doc. No. 71173080#1 (2.1.6.1/0064/0042); Doc. No. 71173081#1 (2.1.6.1/0064/0043).
[174] ITS, Doc. No. 71173083#1 (2.1.6.1/0064/0045); Doc. No. 71173084#1 (2.1.6.1/0064/0046); Doc. No. 71173085#1 (2.1.6.1/0064/0047); Doc. No. 71173086#1 (2.1.6.1/0064/0048); Doc. No. 71173087#1 (2.1.6.1/0064/0049); Doc. No. 71173088#1 (2.1.6.1/0064/0050).
[175] ITS, Doc. No. 71173090#1 (2.1.6.1./0064/0052); Doc. No. 71173091#1 (2.1.6.1./0064/0053); Doc. No. 71173092#1 (2.1.6.1/0064/0054); Doc. No. 71173093#1 (2.1.6.1/0064/0055); Doc. No. 71173094#1 (2.1.6.1/0064/0056); Doc. No. 71173095#1 (2.1.6.1/0064/0057).
[176] Ortmayr, Ländliches Gesinde in Oberösterreich 1918-1938, S. 416.
[177] Bericht des Gendarmeriepostens Lofer vom 14. Juli 1942. SLA, HB-Akten Zell/See 1942, 302-

101-42.

[178] Bericht des Gendarmeriepostens Zell am See betreffs Verkehrsunfall mit einem Traktor der Gutsverwaltung Fischhorn vom 02. November 1943. SLA, HB-Akten Zell/See 1943, 302-1943.

[179] Bericht der Gendarmerie Bruck a. d. Großglocknerstraße betreffs Ostarbeiterin, Unfall vom 11. August 1943.
SLA, HB-Akten Zell/See 1943, 302-144-1943; SLA, Zwangsarbeiteranfragen, 926-2001 601-710.

[180] SLA, Zwangsarbeiteranfragen, 926-2001 601-710.

[181] Ebenda.

[182] ITS, Doc. No. 71173098#1 (2.1.6.1/0064/0060).

[183] Hornung/Langthaler/Schweitzer, Zwangsarbeit in der Landwirtschaft in Niederösterreich und dem nördlichen Burgenland, S. 266.

[184] Langthaler, Ernst/Schweitzer, Sabine: Das Geschlecht der landwirtschaftlichen Zwangsarbeit – am Beispiel des Reichsgaues Niederdonau 1939 – 1945, in: Gehmacher, Johanna/Hauch, Gabriella (Hg.): Frauen- und Geschlechtergeschichte des Nationalsozialismus. Fragestellungen, Perspektiven, neue Forschungen, Wien 2007, S. 102.

[185] Spoerer, Zwangsarbeit unter dem Hakenkreuz, S. 164.

[186] Dienstliche Mitteilung der Landesbauernschaft Nr. 12 vom 26. März 1942 betreffs Arbeitsleistung der Kriegsgefangenen. – I B 354 – Universität Salzburg – Hauptbibliothek.

[187] Herbert, Fremdarbeiter, S. 71.

[188] Der Landrat des Landkreises Zell am See Lagebericht Jänner 1940. SLA, Pr.-Akten 1940 187/a-229/a+c 225.

[189] Erlass des Reichsministers für die kirchlichen Angelegenheiten II 2921/40 vom 13. Juni 1940. AES, RD1 12/2.

[190] Schreiben des Pfarrers von Weißbach an das Bürgermeisteramt in Lofer betreffs Gottesdienstteilnahme der Polen vom 31. Mai 1941. AES, Pfarrarchiv Weissbach, Karton-Nr. 12, Pastoralia 19. u. 20 Jh.

[191] Dohle/Slupetzky, Arbeiter für den Endsieg, S. 71.

[192] Schreiben der Gestapo Salzburg an den Reichsstatthalter betreffs Seelsorgliche Betreuung der im Reiche eingesetzten Zivilarbeiter poln. Volkstums vom 03. September 1940. SLA, RSTH I/3, 128/1940.

[193] Schreiben des Landrats Allerberger an die Bürgermeister, die Gendarmerieposten des Landkreises Zell am See und an den Gendarmeriekreisführer betreffs Verkehr der Zivilbevölkerung mit polnischen Kriegsgefangenen und polnischen Zivilarbeitern vom 31. Jänner 1940. Gemeindearchiv Maishofen, Sicherheitspolizei. AES, Verordnungsblatt der Erzdiözese Salzburg, XXXIV. Band, Verordnungen des Jahres 1940, Salzburg 1940, 16. Seelsorge bei den Kriegsgefangenen S. 17f.

[194] Schreiben des Pfarrers von Piesendorf an das f. e. Ordinariat betreffs Trination vom 26. Februar 1940. AES, 9/37 Neuestes+R-Registratur (Piesendorf) 1939-45.

[195] Chronik Pfarre Saalbach, 1940, S. 81.

[196] AES, Verordnungsblatt der Erzdiözese Salzburg vom 10. Juni 1941, Stück 10, 103. Seelsorge der Kriegsgefangenen.

[197] Der Reichsminister für die kirchlichen Angelegenheiten II 982/41 II. Ang. vom 15. Juli 1941. AES, RD1 12/2.

[198] Hornung/Langthaler/Schweitzer, Zwangsarbeit in der Landwirtschaft in Niederösterreich und dem nördlichen Burgenland, S. 416. Hanisch, Ernst: Gau der guten Nerven. Die nationalsozialistische Herrschaft in Salzburg 1938 – 1945, Salzburg 1997, S. 68ff.

[199] Der Reichsminister für die kirchlichen Angelegenheiten II 982/41 II. Ang. vom 15. Juli 1941. AES, RD1 12/2.

[200] Schreiben des Erzbischofs von Breslau an die Ordinariate der Diözesen Deutschlands vom 25. Februar 1942. AES, RD1 12/2; Schreiben des f. e. Ordinariat an den Landrat in Markt Pongau betreffs Polensondergottesdienste vom 12. Mai 1943. AES, RD1 12/2.

[201] Schreiben des f. e. Ordinariat an die Gestapo Salzburg betreffs Gottesdienste für polnische Zivilarbeiter vom 01. Oktober 1942. AES, RD1 12/2.

[202] Schreiben des f. e. Ordinariat an den Landrat in Markt Pongau betreffs Polensondergottesdienste vom 12. Mai 1943. AES, RD1 12/2. Vgl. auch: AES, Verordnungsblatt der Erzdiözese Salzburg vom 23. Oktober 1942, Stück 10, 91. Neuregelung der Polenseelsorge im Reichsgau Salzburg.

[203] Hornung/Langthaler/Schweitzer, Zwangsarbeit in der Landwirtschaft in Niederösterreich und dem nördlichen Burgenland, S. 414.

[204] Lageberichte des Landrats von Zell am See für den November 1939, Dezember 1939, Februar

1940, März 1940. SLA, Pr.-Akten 1940 187/a-229/a+c 225.
[205] DÖW (Hg.): Widerstand und Verfolgung in Salzburg 1934-1945, Bd. 2, Wien 1991, S. 285f.
[206] DÖW, Widerstand und Verfolgung in Salzburg 1934-1945, S. 608, Fußnote 78. Lageberichte des Landrats von Zell am See für den November 1939, Dezember 1939, Februar 1940, März 1940. SLA, Pr.-Akten 1940 187/a-229/a+c 225.
[207] Schreiben des Pfarrers von Weißbach bei Lofer an das Bürgermeisteramt in Lofer betreffs Gottesdienstteilnahme der Polen vom 31. Mai 1941. AES, Pfarrarchiv Weissbach, Karton-Nr. 12, Pastoralia 19. u. 20 Jh.
[208] Schreiben des Pfarrers von Weißbach an das f. e. Ordinariat betreffs Bination vom 14. Dezember 1942.
AES, Pfarrarchiv Weissbach, Karton-Nr. 12, Pastoralia 19. u. 20 Jh.; Schreiben des f. e. Ordinariat an das Pfarramt Weißbach betreffs Binationserlaubnis vom 21. Dezember 1942. AES, 9/1 Weißbach R-Registratur.
[209] Schreiben des Landrats von Zell am See an das Pfarramt in Weißbach bei Lofer vom 05. November 1942. AES, Weissbach/Pfarrarchiv Karton 1; Schreiben des Pfarrers von Weißbach an das f. e. Ordinariat betreffs Bination vom 14. Dezember 1942. AES, Pfarrarchiv Weissbach, Karton-Nr. 12, Pastoralia 19. u. 20 Jh.
[210] Schreiben des f. e. Ordinariat an das Pfarramt Weißbach betreffs Binationserlaubnis vom 21. Dezember 1942; AES, 9/1 Weißbach R-Registratur.
[211] Seelenstands-Buch Kaprun ab 1868 Pfarrchronik, S. 46ff.
[212] Seelsorgebericht Rauris 1943. AES, 12/52 Taxenbach Seelsorgeberichte.
[213] Seelsorgebericht der Pfarre Taxenbach 1943. AES, 12/52 Taxenbach Seelsorgeberichte.
[214] Seelsorgebericht 1944 für die Pfarre Neukirchen am Großvenediger. AES, 12/48 Seelsorgeberichte-Dechanat Mittersill 1939, 1943-45.
[215] Schreiben des Reichsministers für die kirchlichen Angelegenheiten an den Vorsitzenden der Fuldaer Bischofskonferenzen vom 02. September 1942. AES, RD1 12/2; AES, Verordnungsblatt der Erzdiözese Salzburg vom 23. Oktober 1942, Stück 10, 91. Neuregelung der Polenseelsorge im Reichsgau Salzburg, S. 114.
[216] Schreiben des Pfarrers von Taxenbach an das f. e. Ordinariat in Salzburg betreffs Einberufung des Cooperators vom 26. August 1941. AES, Neuestes+R-Register 9/94 Taxenbach.
[217] Hornung/Langthaler/Schweitzer, Zwangsarbeit in der Landwirtschaft in Niederösterreich und dem nördlichen Burgenland, S. 416.
[218] Schreiben des f. e. Ordinariat an das Pfarramt Wald im Pinzgau betreffs Seelsorge an Polen vom 16. Juni 1944. AES, 9/46 Wald R-Registratur 1938-45.
[219] AES, Mittersill Trauungsbuch 5, S. 174, S. 181.
[220] Schreiben des Reichsministers des Innern betreffs Befreiung ehemals polnischer Staatsangehöriger von der Beibringung des ausländischen Ehefähigkeitszeugnisses vom 10. März 1942. SLA, HB-Akten Zell/See 1942, 701-40-42.
[221] Schreiben des Reichsministers für die kirchlichen Angelegenheiten (II 1959/42.) an den Vorsitzenden der Fuldaer Bischofskonferenzen vom 02. September 1942. AES, RD 1 12/2; AES, Verordnungsblatt der Erzdiözese Salzburg vom 23. Oktober 1942, Stück 10, 91. Neuregelung der Polenseelsorge im Reichsgau Salzburg, S. 114; Schreiben des Reichsministers für die kirchlichen Angelegenheiten an den Vorsitzenden der Fuldaer Bischofskonferenzen vom 26. Oktober 1943 (Auszug aus dem Erlass des Reichsführers SS und Chefs der Deutschen Polizei im RMdI. vom 10. September 1943 – S IV D 2 c – 2071/43 -). AES, RD1 12/2.
[222] Gemeinde Kaprun: Standesamt Kaprun Familienbuch 1939-45, 1944 Nr. 6 A, Nr. 7 A.
[223] Schreiben des Vorsitzenden der Fuldaer Bischofskonferenzen an die Mitglieder der Fuldaer Bischofskonferenz vom 05. August 1944. AES, RD1 12/2.
[224] Herbert, Fremdarbeiter, S. 248.
[225] AES, Bruck Trauungsbuch 6, S. 159; AES, Krimml Trauungsbuch 3, S. 112; AES, Mittersill Trauungsbuch 5, S. 217; AES, Niedernsill Trauungsbuch 4, S. 38; AES, Uttendorf Trauungsbuch 5, S. 35 u. S. 36; AES, Zell am See Trauungsbuch 6, S. 189.
[226] AES, Stuhlfelden Trauungsbuch 6, S. 115.
[227] AES, Mittersill Trauungsbuch 5, S. 217.
[228] AES, Weissbach Trauungsbuch 2, S. 90.
[229] AES, Zell am See Trauungsbuch 6, S. 191.
[230] Hornung/Langthaler/Schweitzer, Zwangsarbeit in der Landwirtschaft in Niederösterreich und dem nördlichen Burgenland, S. 401.
[231] Merkblatt über die Pflichten der Zivilarbeiter und –arbeiterinnen polnischen Volkstums während ihres Aufenthaltes im Reich. Gemeindearchiv Maishofen, 123/1 Fremden-, Paß- und Melde-

polizei, Ausländerpolizei.
[232]Hornung/Langthaler/Schweitzer, Zwangsarbeit in der Landwirtschaft in Niederösterreich und dem nördlichen Burgenland, S. 401.
[233]Gendarmeriepostenkommando Unken Bez. Zell a. S. Ld. Salzburg Postenchronik 1911 – 2002.
[234]Hornung/Langthaler/Schweitzer, Zwangsarbeit in der Landwirtschaft in Niederösterreich und dem nördlichen Burgenland, S. 401f.
[235] Ortmayr, Ländliches Gesinde in Oberösterreich 1918-1938, S. 384f.
[236]Hornung/Langthaler/Schweitzer, Zwangsarbeit in der Landwirtschaft in Niederösterreich und dem nördlichen Burgenland, S. 166.
[237] Ortmayr, Ländliches Gesinde in Oberösterreich 1918-1938, S. 362f.
[238] Schreiben des Landrats von Zell am See an alle Bürgermeister des Landkreises Zell am See, an die Kreisbauernschaft und an das Arbeitsamt Zell am See vom 18. März 1940. Gemeindearchiv Maishofen, Dienstboten & Arbeiter.
[239] Schreiben vom Bürgermeisteramt Maishofen an den Landrat von Zell am See vom 05. Mai 1940. Gemeindearchiv Maishofen, Dienstboten & Arbeiter.
[240]Schreiben des Landrats an die Gendarmerieposten des Kreises Zell am See betreffs Verordnung über die Handhabung des Feiertagsrechtes vom 26. Mai 1942. SLA, HB-Akten Zell/See 1943.
[241] Schreiben der Gendarmerie Uttendorf an den Landrat von Zell am See betreffs Bauernfeiertag (Sebastiani), Einhaltung vom 25. Jänner 1943. SLA, HB-Akten Zell/See 1943.
[242] Schreiben des Landrats von Zell am See an die Kreisbauernschaft Zell am See betreffs Bauernfeiertage vom 03. Februar 1943. SLA, HB-Akten Zell/See 1943.
[243] Niederschrift über eine am 29. Juni 1942 stattgefundenen Abteilungsleiterbesprechung im Büro des Reichsstatthalters. SLA, RSTH V/1, 188/1943.
[244] Niederschrift der Beratung über zu treffende Massnahmen wegen Durchführung der landwirtschaftlichen Arbeiten während der Bauernfeiertage vom 10. März 1943 – Ergebnis. SLA, RSTH I/331/1943.
[245] Seelsorgebericht der Pfarre Stuhlfelden über das Jahr 1943. AES, Salzburg 12/48 Seelsorgeberichte Dechanat Mittersill 1939, 1943-45.
[246] Seelsorgebericht der Pfarre Niedernsill für das Jahr 1944. AES, Salzburg 12/48 Seelsorgeberichte Dechanat Mittersill 1939, 1943-45.
[247] Ortmayr, Ländliches Gesinde in Oberösterreich 1918-1938, S. 378f., S. 385, S. 387, S. 353f.
[248]Hornung/Langthaler/Schweitzer, Zwangsarbeit in der Landwirtschaft in Niederösterreich und dem nördlichen Burgenland, S. 165, S. 404ff.
[249] Bericht der Gendarmerie Mittersill betreffs Raubüberfall auf den ukrainischen Landarbeiter Jvan Danieschuck [sic!] durch drei. poln. Landarbeiter vom 13. April 1943. SLA, HB-Akten Zell/See 1943, HB 302-1943.
[250] Chronik des Gendarmeriepostens Lofer 1855 – 1960.
[251] Schreiben des Landrats an den Gendarmerieposten Piesendorf betreffs Unerlaubtes Kartenpsielen [sic!] polnischer Zivilarbeiter mit deutschen Volksgenossen vom 02. Februar 1943. Schreiben des Landrats an die Gestapo vom 10. Februar 1943.
[252] Schreiben des Bürgermeisters von Uttendorf an den Landrat vom 02. Jänner 1942. SLA, HB-Akten Zell/See 1942, Pol-438/1.
[253] Schreiben der Gendarmerie Uttendorf an den Landrat von Zell am See betreffs Unzukömmlichkeiten seitens poln. Landarbeiter vom 09. Jänner 1942. SLA, HB-Akten Zell/See 1942, Pol-438/1.
[254]Hornung/Langthaler/Schweitzer, Zwangsarbeit in der Landwirtschaft in Niederösterreich und dem Burgenland, S. 406.
[255] Schreiben des Landrats von Zell am See an den Reichsstatthalter in Salzburg betreffs Behandlung der im Reich eingesetzten polnischen Zivilarbeiter und -arbeiterinnen, Benutzung von Fahrrädern vom 03. Juli 1940. SLA, RSTH I/3, 133/1940.
[256]Schreiben der Gendarmerieabteilung Zell am See betreffs Unzulängliche Besetzung des Gend. Postens Zell am See und damit verbundene Unzulänglichkeiten im polizeilichen Überwachungsgebiete. Bitte um Abstellung einiger den Dienstbetrieb behindernder Unzulänglichkeiten vom 7. August 1942. SLA, HB-Akten Zell/See 1942, 301-8-1942.
[257] Schreiben des Landrats von Zell am See an den Reichsstatthalter in Salzburg betreffs Verhalten der ausländischen Zivilarbeiter vom 25. Mai 1943. SLA, HB-Akten Zell/See 1943, HB 431-43.
[258] Schreiben des Landrats an den Bürgermeister von Zell am See betreffs Verhalten der ausländischen Zivilarbeiter vom 01. Juli 1943. SLA, HB-Akten Zell/See, 401-435,438.
[259] Schreiben des Reichsstatthalters an den Landrat in Zell am See betreffs Verhalten der ausländischen Zivilarbeiter vom 24. Juni 1943. SLA, HB-Akten Zell/See, 401-435, 438.

[260] Hornung/Langthaler/Schweitzer, Zwangsarbeit in der Landwirtschaft in Niederösterreich und dem nördlichen Burgenland, S. 412f.
[261] Schreiben des Gendarmeriepostens Bruck a. d. Großglocknerstraße an den Landrat in Zell am See betreffs Französische Zivilarbeiter, allgemeines Verhalten, Bitte um Weisungen vom 12. Mai 1943. SLA, HB-Akten Zell/See, 401-435, 438.
[262] Schreiben vom Gendarmerieposten Bruck an der Großglocknerstraße an den Landrat von Zell am See betreffs Verhalten franz. Zivilarbeiter, Informationsbericht vom 06. April 1943. SLA, HB-Akten Zell/See, 401-435, 438.
[263] Schreiben des Landrats von Zell am See an den Reichsstatthalter in Salzburg betreffs Verhalten der ausländischen Zivilarbeiter vom 25. Mai 1943. SLA, HB-Akten Zell/See 1943, HB 431-43.
[264] Schreiben des Landrats von Zell am See an den Bürgermeister von Zell am See betreffs Verhalten der ausländischen Zivilarbeiter vom 01. Juli 1943. SLA, HB-Akten Zell/See, 401-435, 438.
[265] Schreiben des Landrats von Zell am See an die Bürgermeister und Gendarmerieposten des Landkreises Zell am See betreffs Verkehr der Zivilbevölkerung mit polnischen Arbeitern vom 19. Jänner 1940. Gemeindearchiv Maishofen, Sicherheitspolizei.
[266] Lagebericht des Landrats von Zell am See vom Jänner 1940. SLA, Pr.-Akten 1940 187/a-229/a+c 225.
[267] Schreiben des Landrats von Zell am See an die Bürgermeister und Gendarmerieposten des Landkreises Zell am See betreffs Verkehr der Zivilbevölkerung mit polnischen Arbeitern vom 19. Jänner 1940. Gemeindearchiv Maishofen, Sicherheitspolizei.
[268] Landesernährungsamt, Abteilung A, Salzburg betreffs Die Abwehr durch den Einsatz polnischer Arbeitskräfte drohenden blutsmässigen Gefahren vom 28. Februar 1940. SLA, RSTH I/3, 125/1940.
[269] Hornung/Langthaler/Schweitzer, Zwangsarbeit in der Landwirtschaft in Niederösterreich und dem Burgenland, S. 411.
[270] Schreiben des Gendarmeriepostens Kaprun an den Landrat in Zell am See und die Gestapo in Salzburg betreffs Ostarbeiter, Mißstände in der Bewachung etz. vom 29. Dezember 1942. SLA, HB-Akten Zell/See, 431-28-1942 Z/S HB.
[271] Plato, Alexander von: „Es war moderne Sklaverei", in: Plato/Leh/Thonfeld (Hg.), Hitlers Sklaven, S. 410f.
[272] Schreiben des Landrats von Zell am See an die Bürgermeister und Gendarmerieposten des Landkreises Zell am See betreffs Beförderung von polnischen Zivilarbeitern und Zivilarbeiterinnen von Ostarbeitern und Ostarbeiterinnen auf den Eisenbahnen des öffentlichen Verkehrs und mit Kraftomnibussen der deutschen Reichsbahn vom 18. November 1943. Gemeindearchiv Maishofen, 123/10 Fremden-, Paß- und Meldepolizei Ausländerpolizei.
[273] Herbert, Fremdarbeiter, S. 76ff.
[274] Schreiben des Reichsführer SS betreffs Behandlung der im Reichsgebiet eingesetzten polnischen Zivilarbeiter und -arbeiterinnen vom 10. Dezember 1941. SLA, RSTH I/3, 126/1944.
[275] Erlass des Reichsführer SS betreffs Behandlung der im Reichsgebiet befindlichen Arbeitskräfte polnischen Volkstums vom 10. September 1943. SLA, RSTH I/3, 127/1943.
[276] Schreiben des Landrats von Zell am See an den Bürgermeister in Maishofen betreffs Behandlung der im Reich eingesetzten Zivilarbeiter und -arbeiterinnen polnischen Volkstums; Kennzeichnung vom 23. Mai 1940. Gemeindearchiv Maishofen, 123/10 Fremden-, Paß- und Meldepolizei, Ausländerpolizei.
[277] Der Beauftragte des Gauleiters für den Arbeitseinsatz am 25. August 1942. SLA, HB-Akten Zell/See, 431-4-42.
[278] Spoerer, Zwangsarbeit unter dem Hakenkreuz, S. 93f.
[279] Der Beauftragte des Gauleiters für den Arbeitseinsatz am 25. August 1942. SLA, HB-Akten Zell/See, 431-4-42.
[280] Verordnung des Reichsstatthalters in Salzburg über das Verbot des Tragens und der Abgabe von Trachten an ausländische Arbeiter vom 4. Mai 1943. Pinzgauer Bezirksarchiv; Zell am See.
[281] Polizeiliche Ge- und Verbote über den Umgang mit Zivilarbeitern und und -arbeiterinnen polnischen Volkstums und Ostarbeitern (Sowjetrussen). SLA, HB-Akten Zell/See, 431-4-42.
[282] Der Beauftragte des Gauleiters für den Arbeitseinsatz am 25. August 1942. SLA, HB-Akten Zell/See, 431-4-42.
[283] Hornung/Langthaler/Schweitzer, Zwangsarbeit in der Landwirtschaft in Niederösterreich und dem nördlichen Burgenland, S. 295f.
[284] Schreiben des Landrats von Zell am See an den Gendarmeriekreisführer und alle Gendarmerieposten des Kreises Zell am See betreffs Einsatz von SU-Kgf. und SU-Zivilarbeiter vom 09. April 1942. SLA, HB-Akten Zell/See 1942, 213-14-1942.

[285] Schreiben des Landrats von Zell am See an den Reichsstatthalter betreffs Zivilarbeiter aus Polen, Ukraine, und den sowjetrussischen Gebieten, Überwachung vom 13. August 1942. SLA, HB-Akten Zell/See, 431-4-42.
[286] Schreiben der Gestapo Salzburg betreffs Mitwirkung der Polizei zur Bewachung der Kriegsgefangenen auf dem Lande vom 02. Juni 1943. SLA, HB-Akten Zell/See 1943, HB 213 – 1943.
[287] Schnellbrief des Reichsführers SS betreffs Maßnahmen zum Schutz der Bevölkerung gegen entwichene Kriegsgefangene usw. vom 17. Jänner 1942. SLA, HB-Akten Zell/See 1942, 213/10-42.
[288] Chronik des k. k. Gendarmeriepostens Bruck im Pinzgau.
[289] Schreiben des Gendarmeriepostens Saalbach an den Landrat in Zell am See vom 28. Mai 1943. SLA, HB-Akten Zell/See 1943, 401-435, 438.
[290] Hornung/Langthaler/Schweitzer, Zwangsarbeit in der Landwirtschaft in Niederösterreich und dem nördlichen Burgenland, S. 301f.
[291] Merkblatt über Polizeiliche Ge- und Verbote über den Umgang mit Zivilarbeitern und -arbeiterinnen polnischen Volkstums und Ostarbeitern (Sowjetrussen). SLA, HB-Akten Zell/See, 431-4-42.
[292] Salzburger Zeitung, 1. Jahrgang, Nummer 24, Mittwoch, 9. Dezember 1942, S. 4.
[293] Schreiben des Landrats von Zell am See an den Reichsstatthalter in Salzburg betreffs Arbeitseinsatz und Überwachung polnischer Gesindekräfte in der Landwirtschaft vom 21. Jänner 1942. SLA, RSTH I/3, 134/1942.
[294] Schreiben des Landrats von Zell am See betreffs Polnische Häftlinge vom 19. Februar 1942. Gemeindearchiv Maishofen, 100/1 Staatliche Polizei, Allgemeines, Einrichtungen der staatlichen Polizei in der Gemeinde, Dienstverkehr.
[295] Schreiben des Landrats von Zell am See an die Bürgermeister des Landkreises Zell am See betreffs Behandlung der im Reich eingesetzten polnischen Zivilarbeiter. Gleichstellung von Ukrainern mit Nationalpolen vom 13. Juni 1940. Gemeindearchiv Maishofen, 123/10 Fremden-, Paß- und Meldepolizei Ausländerpolizei; Schreiben der Gestapo Salzburg an den Regierungspräsidenten Albert Reitter betreffs Behandlung der im Reich eingesetzten polnischen Zivilarbeiter, Gleichstellung von Ukrainern mit Nationalpolen vom 07. Juni 1940. SLA, RSTH I/3, 137/1940.
[296] Schreiben vom Reichsstatthalter in Salzburg (Landesernährungsamt) betreffs Arbeitseinsatz 1942 vom 06. März 1942. SLA, RSTH LEA 607.
[297] Schreiben des Reichsstatthalters in Salzburg betreffs Zivilarbeiter aus Polen, Ukraine und den sowjetrussischen Gebieten, Überwachung vom 25. Juli 1942. SLA, HB-Akten Zell/See 1942, 431-4-42.
[298] Niederschrift über die am 29. Juni 1942, 12 Uhr stattgehabte Abteilungsleiterbesprechung (Büro des Reichsstatthalters). SLA, RSTH V/1, 188/1943.
[299] Schreiben des Reichsstatthalters in Salzburg betreffs Arbeitseinsatz vom 20. April 1942. SLA, HB-Akten Zell/See, 434-12-1942.
[300] Der Beauftragte des Gauleiters für den Arbeitseinsatz am 25. August 1942. SLA, HB-Akten Zell/See, 431-4-42.
[301] Hornung/Langthaler/Schweitzer, Zwangsarbeit in der Landwirtschaft in Niederösterreich und dem nördlichen Burgenland, S. 239.
[302] Schreiben des Reichstreuhänders der Arbeit für das Wirtschaftsgebiet Ostmark an Gauleiter Dr. Rainer betreffs Landwirtschaft im Flachgau vom 13. Juli 1939. SLA, RSTH, LG 28/1939.
[303] Garscha, Winfried R./Scharf, Franz: Justiz in Oberdonau, Linz 2007, S. 453f.
[304] Niederschrift über die am 19. August 1942, 12 Uhr stattgehabte Abteilungsleiterbesprechung. SLA, RSTH V/I, 188/1943.
[305] Schreiben des Reichsstatthalters an den Landrat in Zell am See vom 26. August 1942. SLA, HB-Akten Zell/See, 431-4-42.
[306] SLA, HB-Akten Zell/See, 431-4-42.
[307] Vorladung betreffs Verhalten gegenüber Kriegsgefangenen und fremdvölkischen Arbeitskräften. SLA, HB-Akten Zell/See, 431-4-42.
[308] Schreiben des Landrats von Zell am See an alle Bürgermeister des Kreises Zell am See betreffs Verhalten gegenüber fremdvölkischen Arbeitskräften und Kriegsgefangenen vom 03. September 1942. SLA, HB-Akten Zell/See, 431-4-42.
[309] Schreiben des Bürgermeisters von Kaprun an den Landrat von Zell am See betreffs Pflichtappell vom 29. September 1942. SLA, HB-Akten Zell/See, 431-4-42; Schreiben des Bürgermeisters von Piesendorf an den Landrat in Zell am See betreffs Verhalten gegenüber fremdvölkischen Arbeitskräften und Kriegsgefangenen vom 25. September 1942. SLA, HB-Akten Zell/See 1942, 431-4-42.
[310] Schreiben des Bürgermeisters von Leogang an den Landrat von Zell am See betreffs Verhalten gegenüber fremdvölkischen Arbeitskräten [sic!] u. Kriegsgefangenen, Versammlungsergebnis

vom 23. September 1942. SLA, HB-Akten Zell/See, 431-4-42.
[311] Schreiben des Bürgermeisters von Uttendorf an den Landrat von Zell am See betreffs Verhalten gegenüber fremdvölkischen Arbeitskräften und Kriegsgefangenen vom 24. September 1942. SLA, HB-Akten Zell/See, 431-4-42.
[312] Schreiben des Bürgermeisters der Gemeinde Neukirchen am Großvenediger an den Landrat in Zell am See betreffs zu Auftrag Az.Pol 431/9-1942 verhalten [sic!] gegenüber fremdvölkischen Arbeitskräften und Kriegsgefangenen vom 28. September 1942. SLA, HB-Akten Zell/See 1942, 431-4-42.
[313] Schreiben des Bürgermeisters von Lend an den Landrat von Zell am See betreffs Verhalten gegenüber fremdvölkischen Arbeitskräften und Kriegsgefangenen vom 23. September 1942. SLA, HB-Akten Zell/See, 431-4-42.
[314] Schreiben des Bürgermeisters von Piesendorf an den Landrat in Zell am See betreffs Verhalten gegenüber fremdvölkischen Arbeitskräften und Kriegsgefangenen vom 25. September 1942. SLA, HB-Akten Zell/See 1942, 431-4-42.
[315] Schreiben des Bürgermeisters von Kaprun an den Landrat von Zell am See betreffs Pflichtappell vom 29. September 1942. SLA, HB-Akten Zell/See, 431-4-42.
[316] Schreiben des Landrats von Zell am See an den Gendarmerieposten Kaprun vom 15. Oktober 1942. SLA, HB-Akten Zell/See, 431-4-42.
[317] Schreiben des Gendarmeriepostens Kaprun an den Landrat von Zell am See vom 20. Oktober 1942. SLA, HB-Akten Zell/See, 431-4-42.
[318] Schreiben des Bürgermeisters von Saalfelden an den Landrat in Zell am See betreffs Verhalten gegenüber fremdvölkischen Arbeitskräften und Kriegsgefangenen vom 29. September 1942. SLA, HB-Akten Zell/See, 431-4-42.
[319] Schreiben des Landrats an den Reichsstatthalter in Salzburg betreffs Fremdvölkische Arbeitskräfte vom 14. Oktober 1942. SLA, HB-Akten Zell/See, 431-4-42.
[320] Landkreis Zell am See, Gemeinden und Gendarmeriestationen. SLA, HB-Akten Zell/See, 431-4-42.
[321] Schreiben des Landrats von Zell am See an den Bürgermeister in Taxenbach vom 14. Oktober 1942. SLA, HB-Akten Zell/See, 431-4-42.
[322] Schreiben des Landrats an den Reichsstatthalter in Salzburg betreffs Fremdvölkische Arbeitskräfte vom 14. Oktober 1942. SLA, HB-Akten Zell/See, 431-4-42.
[323] Hornung/Langthaler/Schweitzer, Zwangsarbeit in der Landwirtschaft in Niederösterreich und dem nördlichen Burgenland, S. 288f.
[324] Herbert, Fremdarbeiter, S. 115.
[325] Hornung/Langthaler/Schweitzer, Zwangsarbeit in der Landwirtschaft in Niederösterreich und dem nördlichen Burgenland, S. 308.
[326] Herbert, Fremdarbeiter, S. 115 u. S. 244.
[327] Hornung/Langthaler/Schweitzer, Zwangsarbeit in der Landwirtschaft in Niederösterreich und dem nördlichen Burgenland, S. 308.
[328] Bericht des Gendarmerie-Hochgebirgsposten Saalfelden betreffs Saalfelden, Schadenfeuer vom 07. Februar 1943. SLA, HB-Akten Zell/See 1943, 302-17-43.
[329] Hornung/Langthaler/Schweitzer, Zwangsarbeit in der Landwirtschaft in Niederösterreich und dem nördlichen Burgenland, S. 309.
[330] Spoerer, Zwangsarbeit unter dem Hakenkreuz, S. 178.
[331] Herbert, Fremdarbeiter, S. 246.
[332] Zitiert nach Ebenda.
[333] Spoerer, Zwangsarbeit unter dem Hakenkreuz, S. 178.
[334] Erlass des Reichsführer SS betreffs Polizeiliche Strafverfügungen gegen Polen vom 28. Mai 1943. SLA, RSTH I/3, 131/1943.
[335] Rafetseder, Hermann: Erkenntnisse zu Erscheinungsformen der Oppression und zum NS-Lagersystem aus der Arbeit des Österreichischen Versöhnungsfonds, Linz 2007, S. 421, S. 431. (Noch nicht veröffentlicht).
[336] SLA, Zwangsarbeiteranfragen, 2006 926 941-1050. Vgl. dazu auch: SLA, Zwangsarbeiteranfragen, 2006 926 allgemeines 1-227; 925-2000/01; 2006 926 941-1050; (2006) 2003 2117-2280; 925-1992; 926-2001 351-460; 925-1990/91 (abl 1991); 2006 926-2001 941-1050.
[337] Rafetseder, Erkenntnisse zu Erscheinungsformen der Oppression und zum NS-Lagersystem aus der Arbeit des Österreichischen Versöhnungsfonds, S. 431.
[338] Hornung/Langthaler/Schweitzer, Zwangsarbeit in der Landwirtschaft in Niederösterreich und dem nördlichen Burgenland, S. 310.
[339] Schreiben des Landrats von Zell am See an alle Gendarmeriepostenführer des Kreises betreffs Behandlung flüchtiger sow.russ.Kgf. vom 12. November 1942. SLA, HB-Akten Zell/See 1942,

213-41-42.
[340]Hornung/Langthaler/Schweitzer, Zwangsarbeit in der Landwirtschaft in Niederösterreich und dem nördlichen Burgenland, S. 310.
[341] Schreiben vom Gendarmerieposten Maishofen an den Landrat in Zell am See vom 05. Jänner 1942. SLA, HB-Akten Zell/See 1942, 213/1-42.
[342] Schreiben des Landrats von Zell am See an Hauptmann Bayer, Zell am See, Gasthof Stadt Wien vom 18. Mai 1942. SLA, HB-Akten Zell/See 1942, 213-26-42.
[343] Schreiben des Landrats von Zell am See an den Reichsstatthalter in Salzburg betreffs Zivilarbeiter aus Polen, Ukraine, und den sowjetrussischen Gebieten, Überwachung vom 13. August 1942. SLA, HB-Akten Zell/See, 431-4-42.
[344] Ortmayr, Ländliches Gesinde in Oberösterreich 1918-1938, S. 393f.
[345] Ruggenthaler, Zwangsarbeit in der Landwirtschaft im Reichsgau Salzburg, in: Karner/Ruggenthaler, Zwangsarbeit in der Land- und Forstwirtschaft auf dem Gebiet Österreichs 1939 bis 1945, S. 355 u. S. 577.
[346] Spoerer, Zwangsarbeit unter dem Hakenkreuz, S. 174.
[347] Ortmayr, Ländliches Gesinde in Oberösterreich 1918-1938, S. 361.
[348]Hornung/Langthaler/Schweitzer, Zwangsarbeit in der Landwirtschaft in Niederösterreich und dem nördlichen Burgenland, S. 311.
[349]Geheime Staatspolizei Salzburg betreffs Arbeitsvertragsbruch, Blaumachen, Arbeitsverweigerung und Dienstpflicht vom 15. April 1941. SLA, RSTH I/3, 135/1941.
[350]Erlass des Reichsführer SS betreffs Behandlung der im Reichsgebiet befindlichen Arbeitskräfte polnischen Volkstums, vom 10. September 1943. SLA, RSTH I/3, 127/1943.
[351]Merkblatt über Pflichten der Zivilarbeiter und -arbeiterinnen polnischen Volkstums während ihres Aufenthaltes im Reich. Gemeindearchiv Maishofen, 123/10 Fremden-, Paß- und Meldepolizei, Ausländerpolizei.
[352] Spoerer, Zwangsarbeit unter dem Hakenkreuz, S. 168ff.; Herbert, Fremdarbeiter, S. 309ff.
[353] Schreiben des Landrats von Zell am See an den Reichsstatthalter in Salzburg betreffs Zivilarbeiter aus Polen, Ukraine und den sowjetrussischen Gebieten, Überwachung vom 13. August 1942. SLA, HB-Akten Zell/See, 431-4-42.
[354] Spoerer, Zwangsarbeit unter dem Hakenkreuz, S. 169.
[355] Herbert, Fremdarbeiter, S. 310.
[356] Schnellbrief des Reichsführers SS betreffs Haftraumschwierigkeiten vom 13. August 1942. SLA, HB-Akten Zell/See, 414-6-42.
[357] Schreiben des Reichsstatthalters in Salzburg an den Landrat in Zell am See betreffs Überwachung der polnischen und altsowjetischen Zivilarbeiter vom 10. September 1942. SLA, HB-Akten Zell/See, Pol 431-7-42.
[358] Schreiben des Landrats von Zell am See an den Reichsstatthalter vom 18. September 1942. SLA, HB-Akten Zell/See, Pol 431-7-42.
[359] Spoerer, Zwangsarbeit unter dem Hakenkreuz, S. 168ff.; Herbert, Fremdarbeiter, S. 309ff.
[360] Lagebericht des Landrats von Zell am See vom Dezember 1939. SLA, Pr.-Akten 1940 187/a-229a+c 225.
[361] Lagebericht des Landrats von Zell am See vom Februar 1940. SLA, Pr.-Akten 1940 187/a-229a+c 225.
[362] Lagebericht des Landrats von Zell am See vom Jänner 1940. SLA, Pr.-Akten 1940 187/a-229a+c 225; Lagebericht des Landrats von Zell am See vom März 1940. SLA, Pr.-Akten 1940 187/a-229a+c 225.
[363] Schreiben des Landrats von Zell am See an den Reichsstatthalter in Salzburg betreffs Arbeitseinsatz und Überwachung polnischer Gesindekräfte in der Landwirtschaft vom 21. Jänner 1942. SLA, RSTH I/3, 134/1942.
[364]Schreiben der Gestapo Salzburg an den Oberstaatsanwalt beim Landgericht in Salzburg vom 16. Mai 1942. SLA, Sondergericht Sbg. Kls-1942 55-80 19 Kls 64/42.
[365] Schreiben der Gendarmerieabteilung Zell am See vom 07. August 1942 betreffs Unzulängliche Besetzung des Gend. Postens Zell am See und damit verbundene Unzulänglichkeiten im polizeilichen Überwachungsgebiete. Bitte um Abstellung einiger den Dienstbetrieb behindernder Unzulänglichkeiten. SLA, HB-Akten Zell/See 1942, 301-8-1942.
[366] Schreiben des Gendarmeriepostens Zell am See an die Gestapo Salzburg vom 24. August 1942. SLA, HB-Akten Zell/See 1942, 302-120-42.
[367] Bericht des Gendarmeriepostens Niedernsill an die Gestapo Salzburg vom 18. August 1942. SLA, HB-Akten Zell/See 1942, 302-117-42.
[368] Schreiben des Landrats des Landkreises Hallein an den Reichsstatthalter in Salzburg betreffs

Arbeitseinsatz und Überwachung polnischer Gesindekräfte in der Landwirtschaft, Ermittlungsresultat vom 31. Jänner 1942. SLA, RSTH I/3, 134/1942.
[369] Schreiben des Bürgermeisters von Saalbach an den Landrat in Zell am See betreffs Verhalten gegenüber fremdvölkischen Arbeitskräften und Kriegsgefangenen vom 24. September 1942. SLA, HB-Akten Zell/See, 431-4-42.
[370] Strafanzeige des Gendarmeriepostens Saalbach betreffs Gefährliche Drohung und Diebstahl vom 05. Oktober 1942. SLA, Staatsanwaltschaft Sbg. Sondergerichtsakten 4 Js-1942 3 4 Js 347/42.S.G.
[371] Schreiben des Gendarmeriepostens Kaprun an den Landrat in Zell am See und die Gestapo in Salzburg betreffs Ostarbeiter, Mißstände in der Bewachung etz. vom 29. Dezember 1942. SLA, HB-Akten Zell/See, 431-28-1942 Z/S HB.
[372] Schreiben des Gendarmeriepostens Maria Alm betreffs Dienstunfall des Postenführers vom 27. Jänner 1943. SLA, HB-Akten Zell/See 1943, 302-14-43.
[373] Chronik des k. k. Gendarmeriepostens Krimml.
[374] Gendarmeriepostenkommando Dienten Bez. Zell a. S. Ld. Salzburg Postenchronik.
[375] Chronik des k. k. Gendarmeriepostens Taxenbach.
[376] Brunner, Franz/Unterwurzacher, Stefan: Neukirchen am Großvenediger. Streiflichter aus Geschichte und Gegenwart, Fügen im Zillertal 2003, S. 272f.
[377] Hornung/Langthaler/Schweitzer, Zwangsarbeit in der Landwirtschaft in Niederösterreich und dem nördlichen Burgenland, S. 441.
[378] Herbert, Fremdarbeiter, S. 309ff.
[379] Ortmayr, Ländliches Gesinde in Oberösterreich 1918-1938, S. 396, S. 383ff., S. 399 u. S. 406.
[380] Hornung/Langthaler/Schweitzer, Zwangsarbeit in der Landwirtschaft in Niederösterreich und dem nördlichen Burgenland, S. 319.
[381] Ortmayr, Ländliches Gesinde in Oberösterreich 1918-1938, S. 406.
[382] Schreiben der Gestapo Salzburg an den Oberstaatsanwalt beim Landgericht in Salzburg vom 16. Mai 1942. SLA, Sondergericht Sbg. Kls-1942 55-80 19 Kls 64/42.
[383] Vernehmungsprotokoll der Gestapo Innsbruck vom 29. April 1942. SLA, Sondergericht Sbg. Kls-1942 55-80 19 Kls 64/42.
[384] Schreiben der Gendarmerie Unken an den Oberstaatsanwalt vom 09. Juni 1942. SLA, Sondergericht Sbg. Kls-1942 55-80 19 Kls 64/42.
[385] Schreiben des Gendarmeriepostens Unken an den Gendarmerieposten Kössen vom 25. April 1942. SLA, Sondergericht Sbg. Kls-1942 55-80 19 Kls 64/42.
[386] Schreiben der Gendarmerie Unken an den Oberstaatsanwalt vom 09. Juni 1942. SLA, Sondergericht Sbg. Kls-1942 55-80 19 Kls 64/42.
[387] Vernehmungsprotokoll der Gestapo Innsbruck vom 29. April 1942. SLA, Sondergericht Sbg. Kls-1942 55-80 19 Kls 64/42.
[388] Schreiben des Oberstaatsanwalts an den Herrn Vorsitzer des Sondergerichts beim Landgericht Salzburg vom 25. Juni 1942. SLA, Sondergericht Sbg. Kls-1942 55-80 19 Kls 64/42.
[389] Schreiben der Gendarmerie Unken an den Oberstaatsanwalt in Salzburg vom 09. Juni 1942. SLA, Sondergericht Sbg. Kls-1942 55-80 19 Kls 64/42.
[390] Der Höhere-SS und Polizeiführer Alpenland an den Oberstaatsanwalt in Salzburg. SLA, Sondergericht Sbg. Kls-1942 55-80 19 Kls 64/42.
[391] Gerichtsurteil vom 08. Juli 1942. SLA, Sondergericht Sbg. Kls-1942 55-80 19 Kls 64/42.
[392] Gerichtsprotokoll vom 08. Juli 1942. SLA, Sondergericht Sbg. Kls-1942 55-80 19 Kls 64/42.
[393] Gerichtsurteil vom 08. Juli 1942. SLA, Sondergericht Sbg. Kls-1942 55-80 19 Kls 64/42.
[394] Schreiben des Landrats von Zell am See an den Gendarmeriekreisführer, alle Gendarmerieposten und Bürgermeister des Landkreises Zell am See betreffs Polnische Häftlinge vom 19. Februar 1942. Gemeindearchiv Maishofen, 100/1 Staatliche Polizei, Allgemeines, Einrichtungen der staatlichen Polizei in der Gemeinde, Dienstverkehr.
[395] Hornung/Langthaler/Schweitzer, Zwangsarbeit in der Landwirtschaft in Niederösterreich und dem nördlichen Burgenland, S. 334ff.
[396] Schreiben der Gendarmerie Taxenbach betreffs Polnischer Landarbeiter, Körperbeschädigung an den Kommandeur der Gendarmerie bei dem Reichsstatthalter – Pressestelle – in Salzburg, den Landrat in Zell am See, den Gendarmeriehauptmannschaftsführer und den Gendarmeriekreisführer in Zell am See vom 27. Mai 1942. SLA, HB-Akten Zell/See 1942, 302-69-42.
[397] Hornung/Langthaler/Schweitzer, Zwangsarbeit in der Landwirtschaft in Niederösterreich und dem nördlichen Burgenland, S. 312.
[398] Schreiben der Gendarmerie Taxenbach betreffs Polnischer Landarbeiter, Körperbeschädigung an den Kommandeur der Gendarmerie bei dem Reichsstatthalter – Pressestelle – in Salzburg,

den Landrat in Zell am See, den Gendarmeriehauptmannschaftsführer und den Gendarmeriekreisführer in Zell am See vom 27. Mai 1942. SLA, HB-Akten Zell/See 1942, 302-69-42.
[399] Chronik des k. k. Gendarmeriepostens Taxenbach.
[400] Chronik des k. k. Gendarmeriepostens Krimml.
[401] AES, Krimml Sterbebuch 2, S. 132.
[402] Chronik des Gendarmeriepostens Lofer 1855 – 1960.
[403] Sterbebuch der Pfarre Krimml.
[404] Chronik des k. k. Gendarmeriepostens Krimml.
[405] Bericht Gendarmerie – Kreis Zell am See betreffs Waffengebrauch mit tödlichem Ausgange gegen einen flüchtigen sowjet-russischen kgf. Offizier vom 25. April 1943. SLA, HB-Akten Zell/See 1943, HB 102-1943.
[406] Schreiben des Gauleiters und Reichsstatthalters vom 30. April 1943. SLA, HB-Akten Zell/See 1943, HB 102-1943.
[407] Bericht Gendarmerie – Kreis Zell am See betreffs Waffengebrauch mit tödlichem Ausgange gegen einen flüchtigen sowjet-russischen kgf. Offizier vom 25. April 1943. SLA, HB-Akten Zell/See 1943, HB 102-1943; Bericht des Gendarmeriepostens Zell am See vom 30. April 1943. SLA, HB-Akten Zell/See 1943, HB 102-1943; Chronik des k. k. Gendarmeriepostens Bruck im Pinzgau; Bericht des Gendarmeriepostens Zell am See vom 2. Mai 1943. SLA, HB-Akten Zell/See 1943, HB 302-1943.
[408] Schwaiger, Leogang 1938-1945, S. 226f.; AES, Leogang Sterbebuch 7, S. 47.
[409] Ortmayr, Ländliches Gesinde in Oberösterreich 1918-1938, S. 358, S. 398.
[410] Schreiben der Gendarmerieabteilung Mittersill an den Landrat in Zell am See betreffs Brennholzdiebstahl von französ. Zivilarbeitern zum Schaden der Forstverwaltung in Mühlbach i. Pzg., Informationsbericht. SLA, HB-Akten Zell/See 1943, 302-209-1943.
[411] Schreiben des Forstamts Mühlbach im Pinzgau an die NSDAP-Kreisleitung und das Landratsamt in Zell am See vom 01. Dezember 1943. SLA, HB-Akten Zell/See 1943, 302-209-1943.
[412] Schreiben des Forstamts Mühlbach im Pinzgau an das Amtsgericht Mittersill betreffs Brennholzdiebstähle durch Franzosen vom 01. Dezember 1943. SLA, HB-Akten Zell/See 1943, 302-209-1943.
[413] Schreiben der Gendarmerieabteilung Mittersill an den Landrat in Zell am See betreffs Brennholzdiebstahl von französ. Zivilarbeitern zum Schaden der Forstverwaltung in Mühlbach i. Pzg., Informationsbericht. SLA, HB-Akten Zell/See 1943, 302-209-1943.
[414] Strafanzeige gegen Josef G. vom 02. Dezember 1942. SLA, Staatsanwaltschaft Sbg. Sondergerichtsakten 4 Js-1942/4Js 428/42.S.G.
[415] Vernehmungsprotokoll der Gendarmerie Leogang vom 02. Dezember 1942. SLA, Staatsanwaltschaft Sbg. Sondergerichtsakten 4 Js-1942/4Js 428/42.S.G.
[416] Ortmayr, Ländliches Gesinde in Oberösterreich 1918-1938, S. 396.
[417] Vernehmungsprotokoll der Gestapo Salzburg vom 14. Dezember 1942. SLA, Staatsanwaltschaft Sbg. Sondergerichtsakten 4 Js-1942/4Js 428/42.S.G.
[418] Schreiben des Oberstaatsanwalts an den Höheren SS.- und Polizeiführer als Beauftragter des Reichskommissars für die Festigung des deutschen Volkstums in Krakau (Gen. Gouv.) vom 04. Jänner 1943. SLA, Staatsanwaltschaft Sbg. Sondergerichtsakten 4 Js-1942/4Js 428/42.S.G.
[419] SLA, Staatsanwaltschaft Sbg. Sondergerichtsakten 4 Js-1942/4Js 428/42.S.G.
[420] Bericht des Gendarmeriepostens Leogang vom 23. Dezember 1942. SLA, Staatsanwaltschaft Sbg. Sondergerichtsakten 4 Js-1942/4Js 428/42.S.G.
[421] Beschluss des Oberstaatsanwalts als Leiter der Anklagebehörde bei dem Sondergericht vom 08. Februar 1943. SLA, Staatsanwaltschaft Sbg. Sondergerichtsakten 4 Js-1942/4Js 428/42.S.G.
[422] Schreiben der Gestapo Salzburg an den Oberstaatsanwalt in Salzburg vom 20. November 1942. SLA, Sondergericht Sbg. Kls-1942 121-Ende KLs 133/42.
[423] Strafanzeige beim Gendarmerieposten Lofer vom 05. November 1942. SLA, Sondergericht Sbg. Kls-1942 121-Ende KLs 133/42.
[424] Vernehmungsprotokoll der Gestapo Salzburg vom 18. November 1942. SLA, Sondergericht Sbg. Kls-1942 121-Ende KLs 133/42.
[425] Ortmayr, Ländliches Gesinde in Oberösterreich 1918-1938, S. 358f.
[426] Strafanzeige beim Gendarmerieposten Lofer vom 05. November 1942. SLA, Sondergericht Sbg. Kls-1942 121-Ende KLs 133/42.
[427] Vernehmungsprotokoll der Gestapo Salzburg vom 18. November 1942. SLA, Sondergericht Sbg. Kls-1942 121-Ende KLs 133/42.
[428] Schreiben des Oberstaatsanwaltes an den Herrn Vorsitzer des Sondergerichtes beim Landgericht Salzburg vom 16. Dezember 1942. SLA, Sondergericht Sbg. Kls-1942 121-Ende KLs 133/42;

VernehmungsprotokollderGestapoSalzburgvom18.November1942.SLA,SondergerichtSbg. Kls-1942 121-Ende KLs 133/42.

[429] Schreiben der Gendarmerie Lofer an den Oberstaatsanwalt in Salzburg vom 07. Dezember 1942. SLA, Sondergericht Sbg. Kls-1942 121-Ende KLs 133/42.

[430]Verhandlungsprotokollvom08.Jänner1943.SLA,SondergerichtSbg.Kls-1942121-EndeKLs 133/42.

[431] Schreiben vom Strafgefängnis München-Stadelheim an die Staatsanwaltschaft in Salzburg vom 03. Mai 1943.
SLA, Sondergericht Sbg. Kls-1942 121-Ende KLs 133/42.

[432]Vom schriftführenden Gendarmeriebeamten wurde das Jahr 1942 angegeben. Wie aus den Akten ersichtlich ist, handelte sich aber um das Jahr 1943.

[433] Protokoll der Gendarmerie Mittersill vom 06. Jänner 1942 (richtig wäre 1943). SLA, Sondergericht Sbg. Kls-1943 1-35 23 KLs 11/43.

[434]Vernehmungsprotokoll der Gendarmerie Mittersill mit Susanna S. vom 07. Jänner 1943. SLA, Sondergericht Sbg. Kls-1943 1-35 23 KLs 11/43.

[435]VernehmungsprotokollderGendarmerieMittersillmitWladislawS.vom07.Jänner1943.SLA, Sondergericht Sbg. Kls-1943 1-35 23 KLs 11/43.

[436]SchlussberichtderGendarmerieMittersill.SLA,SondergerichtSbg.Kls-19431-3523KLs11/43.

[437]SchreibendesGendarmerie-KreispostenKitzbühelandenOberstaatsanwaltinSalzburgvom 21. Jänner 1943. SLA, Sondergericht Sbg. Kls-1943 1-35 23 KLs 11/43.

[438]SchreibendesOberstaatsanwaltsandenGendarmeriepostenBrambergvom16.Jänner1943. Sondergericht Sbg. Kls-1943 1-35 23 KLs 11/43.

[439]Zeugenvernehmung des Gendarmeriepostens Bramberg vom 23. Jänner 1943. SLA, Sondergericht Sbg. Kls-1943 1-35 23 KLs 11/43.

[440]VerfügungdesOberstaatsanwaltsinSalzburgvom11.Februar1943.SLA,SondergerichtSbg. Kls-1943 1-35 23 KLs 11/43.

[441] Gerichtsprotokoll der Sondergerichtsverhandlung vom 12. März 1943. SLA, Sondergericht Sbg. Kls-1943 1-35 23 KLs 11/43.

[442]Schreiben des Oberstaatsanwalts Salzburg an den Generalstaatsanwalt in Innsbruck vom 29. Jänner 1943. SLA, Sondergericht Sbg. Kls-1943 1-35 23 KLs 11/43.

[443]ZeugenvernehmungAmtsgerichtMittersillam23.Februar1943.SondergerichtSbg.Kls-1943 1-35 23 KLs 11/43.

[444] Der Oberstaatsanwalt in Salzburg an die Haftanstalt Salzburg vom 18. März 1943. SLA, Sondergericht Sbg. Kls-1943 1-35 23 KLs 11/43.

[445]SchreibendesVorstandsderStrafgefängnisseundUntersuchungshaftanstaltMünchen-Stadelheim an die Staatsanwaltschaft-Strafvollstreckungsabt. Salzburg vom 02. Juli 1943. SLA, Sondergericht Sbg. Kls-1943 1-35 23 KLs 11/43.

[446]Hornung/Langthaler/Schweitzer,ZwangsarbeitinderLandwirtschaftinNiederösterreichund dem nördlichen Burgenland, S. 315.

[447] Seelsorgebericht der Pfarre Niedernsill für das Jahr 1939 vom 22. Februar 1940. AES, R-Registratur 9/28 Niedernsill.

[448]Rassenpolitik. Schriftenreihe für die weltanschauliche Schulung der Ordnungspolizei, Heft 4 bis 6, Jahrgang 1943, S. 50; Freitag, Gabriele: Zwangsarbeiter im Lipper Land. Der Einsatz von Arbeitskräften aus Osteuropa in der Landwirtschaft Lippes 1939-1945, Bochum 1996, S. 59.

[449] Herbert, Fremdarbeiter, S. 76ff., S. 126.

[450] In Kaprun waren auch Bordellbaracken in Planung, aus den vorhandenen Akten geht aber nicht hervor, ob diese tatsächlich gebaut wurden. Dohle/Slupetzky, Arbeiter für den Endsieg, S. 128.

[451] Herbert, Fremdarbeiter, S. 76ff., S. 127; Langthaler/Schweitzer, Das Geschlecht der landwirtschaftlichen Zwangsarbeit – am Beispiel des Reichsgaues Niederdonau 1939 – 1945, S. 96.

[452]Zitiert nach Hauch, Gabriella: „... das gesunde Volksempfinden gröblich verletzt". Verbotener Geschlechtsverkehr mit „Anderen" während des Nationalsozialismus, in: Hauch, Gabriella (Hg.): Frauen im Reichsgau Oberdonau. Geschlechtsspezifische Bruchlinien im Nationalsozialismus, Linz 2006, S. 248.

[453]Salzburger Landeszeitung, 5. Jahrgang/Nr. 62. Samstag, den 14. März/Sonntag, den 15. März 1942, Seite 4.

[454] Schreiben des Gendarmeriepostens Krimml an den Landrat in Zell am See vom 15. August 1940. SLA, HB-Akten Zell/See 1942, 213-15-1942.

[455] Garscha/Scharf, Justiz in Oberdonau, S. 452f.

[456] Freitag, Zwangsarbeiter im Lipper Land, S. 60.

[457] Hauch, „… das gesunde Volksempfinden gröblich verletzt“, S. 250.
[458] Freitag, Zwangsarbeiter im Lipper Land, S. 60.
[459] Hauch, „… das gesunde Volksempfinden gröblich verletzt“, S. 250.
[460] Der Landrat des Landkreises Zell am See Lagebericht März 1940. SLA, Pr.-Akten 1940 187/a-229/a+c 225.
[461] Schreiben der Gestapo Salzburg an die Landratsämter des Reichsgaues Salzburg betreffs Auflockerung der Bewachung franz. Kriegsgefangener vom 28. Jänner 1942. SLA, HB-Akten Zell/See, 213-11-42.
[462] Hornung/Langthaler/Schweitzer, Zwangsarbeit in der Landwirtschaft in Niederösterreich und dem nördlichen Burgenland, S. 382.
[463] Natürlich muss man bei diesen Zahlen berücksichtigen, dass viele „deutsche“ Männer zum Militärdienst eingezogen wurden. Der Stand der Wohnbevölkerung ist zum 17. Mai 1939. Schernthaner, Peter: Pinzgauer NS-Bürgermeister im Spiegel lokalhistorischer Darstellungen, in: Mitteilungen der Gesellschaft für Salzburger Landeskunde, Salzburg 2007, S. 329, S. 331, S. 334, S. 351.
[464] Chronik des GP Maria Alm; Posten-Chronik Kaprun 01.08.1929 – 18.10.1950 1.Teil; Chronik des k. k. Gendarmeriepostens Bruck im Pinzgau; Chronik des k. k. Gendarmeriepostens Taxenbach.
In der Stadtgemeinde Zell am See waren im August 1942 bei einer Wohnbevölkerung von 4.286 Personen (Stand 17. Mai 1939) vier Beamte im Dienst. Laut Gendarmerieabteilungsführer lag der Sollstand bei 12 Beamten. Schreiben der Gendarmerieabteilung Zell am See betreffs Unzulängliche Besetzung des Gend. Postens Zell am See und damit verbundene Unzulänglichkeiten im polizeilichen Überwachungsgebiete vom 07. August 1942. SLA, HB-Akten Zell/See 1942, 301-8-1942; Schernthaner, Pinzgauer NS-Bürgermeister, in: Mitteilungen der Gesellschaft für Salzburger Landeskunde, S. 355.
[465] Hornung/Langthaler/Schweitzer, Zwangsarbeit in der Landwirtschaft in Niederösterreich und dem nördlichen Burgenland, S. 383.
[466] SLA, Landesregierung Abt. III OF-Akten A-Z.
[467] SLA, Sondergericht Sbg., Kls-1939-43 Urteilsblätter 11, KLs 58/42.
[468] SLA, Sondergericht Sbg., Kls-1939-43 Urteilsblätter 11, KLs 34/43; KLs 104/42; KLs 1/43; KLs 94/42.
[469] SLA, Sondergericht Sbg., Kls-1939-43 Urteilsblätter 11, KLs 63/41.
[470] SLA, Sondergericht Sbg. Kls-1939-43 Urteilsblätter 11, KLs 45/41.
[471] Eine Frau kam im Pinzgau zur Welt, ist dort aufgewachsen und hat in den Nachbarbezirk (Pongau) geheiratet. In Anbetracht der Tatsache, dass bei diesem „Fall“ eine Opferfürsorgeakte vorhanden ist, wurde die Frau bei dieser Thematik berücksichtigt.
[472] SLA, Sondergericht Sbg., Kls-1939-43 Urteilsblätter 11.
[473] SLA, Sondergericht Sbg., Kls-1939-43 Urteilsblätter 11, KLs 21/41.
[474] Chronik des Gendarmeriepostens Saalfelden, S. 83, S. 90f., S. 87.
[475] Chronik des Gendarmeriepostens Lofer 1855-1960.
[476] Ebenda; Chronik der Marktgemeinde Lofer 1900.
[477] Schreiben des Gendarmeriepostens Piesendorf an den Landrat in Zell am See betreffs Geschlechtsverkehr zwischen Polen und Deutschen vom 05. November 1943. SLA, HB-Akten Zell/See 1943, 302-1943.
[478] AES, Piesendorf Taufbuch 8. Aus Datenschutzgründen wird die Seite nicht angeführt.
[479] Ebenda. Die Taufpatin des Kindes war die Dienstgeberin der einheimischen Magd.
[480] Schwaiger, Leogang 1938-1945, S. 221, S. 228f.
[481] Schreiben des Gendarmerie-Hochgebirgsposten Kaprun an den Landrat in Zell am See betreffs verbot. Umgang mit Kriegsgef. vom 30. April 1942. SLA, HB-Akten Zell/See 1942, 213-21-42.
[482] SLA, Sondergericht Sbg., Kls-1939-43 Urteilsblätter 11.
[483] Salzburger Zeitung, Nummer 58/4. Jahrgang, Freitag, 9. März 1945, S. 2.
[484] Schreiben des Gendarmerie-Hochgebirgsposten Kaprun an den Landrat von Zell am See betreffs verbot. Umgang mit Kriegsgef. vom 30. April 1942. SLA, HB-Akten Zell/See 1942, 213-21-42.
[485] SLA, Sondergericht Sbg., Kls-1939-43 Urteilsblätter 11, KLs 58/42.
[486] Salzburger Landeszeitung. Amtliches Blatt der NSDAP (…). Aus Datenschutzgründen wird die Quelle nicht detailliert angeführt.
[487] SLA, Sondergericht Sbg., Kls-1939-43 Urteilsblätter 11, KLs 45/41.
[488] SLA, Sondergericht Sbg., Kls-1939-43 Urteilsblätter 11, KLs 45/41.
[489] SLA, Sondergericht Sbg., Kls-1939-43 Urteilsblätter 11, KLs 34/43.

[490] Salzburger Zeitung (...). Aus Datenschutzgründen wird die Quelle nicht detailliert angeführt.
[491] SLA, Sondergericht Sbg., Kls-1939-43 Urteilsblätter 11, KLs 63/41; KLs 45/41.
[492] SLA, Sondergericht Sbg., Kls-1939-43 Urteilsblätter 11, KLs 37/41.
[493] SLA, Sondergericht Sbg., Kls-1939-43 Urteilsblätter 11, KLs 62/41.
[494] SLA, Sondergericht Sbg., Kls-1939-43 Urteilsblätter 11, KLs 34/43.
[495] SLA, Sondergericht Sbg., Kls-1939-43 Urteilsblätter 11, KLs 1/43.
[496] SLA, Sondergericht Sbg., Kls-1939-43 Urteilsblätter 11, KLs 58/42.
[497] SLA, Sondergericht Sbg., Kls-1939-43 Urteilsblätter 11, KLs 37/41.
[498] SLA, Sondergericht Sbg., Kls-1939-43 Urteilsblätter 11, KLs 45/41.
[499] SLA, Sondergericht Sbg., Kls-1939-43 Urteilsblätter 11, KLs 34/43.
[500] Freitag, Zwangsarbeiter im Lipper Land, S. 59.
[501] SLA, Sondergericht Sbg., Kls-1939-43 Urteilsblätter 11, KLs 45/41; KLs 34/43; KLs 20/43; KLs 63/41.
[502] SLA, Sondergericht Sbg., Kls-1939-43 Urteilsblätter 11, KLs 62/41; KLs 58/42; KLs 104/42; KLs 62/41.
[503] SLA, Sondergericht Sbg., Kls-1939-43 Urteilsblätter 11, KLs 62/41. BArch, Allgemeine Erlasssammlung, 2. Teil, (Hg.) Chef der Sicherheitspolizei und des Sicherheitsdienstes, Berlin, S. 86, Absatz 2a.
[504] Bericht der Gendarmerie Bruck a./d. Großglocknerstraße betreffs Versuchte Notzucht vom 12. Juli 1943. Schreiben des Landrats an die Gendarmeriehauptmannschaft Zell am See vom 21. Juli 1943. SLA, HB-Akten Zell/See 1943, HB 213-1943.
[505] Hanisch, Gau der guten Nerven S. 165.
[506] Schreiben der Gestapo Salzburg betreffs Einsatz ausländischer Arbeitskräfte vom 18. November 1942. SLA, Zell/See Akte HB 1943, 401-435, 438.
[507] Herbert, Fremdarbeiter, S. 127f.
[508] Dieser Zwangsarbeiter kam aus Wienic und starb einen Monat vor seinem zweiundzwanzigsten Geburtstag. ITS/ARCH/Landkreis Zell a. See, Ordner 64, S. 22.
[509] Chronik des Gendarmeriepostens Saalfelden, S. 83.
[510] Herbert, Fremdarbeiter, S. 127ff.
[511] Chronik des Gendarmeriepostens Saalfelden, S. 83, S. 90f.
[512] Dieser Zwangsarbeiter war aus Ksiaznice und starb einen Monat vor seinem sechsundzwanzigsten Geburtstag. ITS/ARCH/Landkreis Zell a. See, Ordner 64, S. 22.
[513] Chronik des Gendarmeriepostens Saalfelden, S. 90f.
[514] Chronik des Gendarmeriepostens Lofer 1855 – 1960.
[515] Chronik der Marktgemeinde Lofer 1900. Gemeinde Lofer.
[516] Chronik des Gendarmeriepostens Lofer 1855 – 1960.
[517] Berger, Karin/Dimmel, Nikolaus u.a.: Vollzugspraxis des „Opferfürsorgegesetzes". Analyse der praktischen Vollziehung des einschlägigen Sozialrechts, Wien/München 2004, S. 13, S. 15.
[518] SLA, Landesregierung Abt. III OF-Akten A-Z.
[519] Notburga M. war zum Schluss ihrer Haft in Bernau/Chiemsee.
[520] SLA, Landesregierung Abt. III OF-Akten A-Z.
[521] Berger/Dimmel, Vollzugspraxis des „Opferfürsorgegesetzes", S. 183f.
[522] Nach einem Erlass des Bundesministeriums für soziale Verwaltung musste für die Anerkennung der Gesundheitsschäden der kausale Zusammenhang mit der Verfolgung gegeben sein. Berger/Dimmel, Vollzugspraxis des „Opferfürsorgegesetzes", S. 185.
[523] SLA, Landesregierung Abt. III OF-Akten A-Z.
[524] Nöbauer, Christina: Menschenverachtung; in: Pöllinger Briefe. Mitteilungen der Arge Region Kultur, Nr. 40/1994, S. 18.
[525] SLA, Landesregierung Abt. III OF-Akten A-Z.
[526] Berger/Dimmel, Vollzugspraxis des „Opferfürsorgegesetzes", S. 15.
[527] SLA, Landesregierung Abt. III OF-Akten A-Z.
[528] Berger/Dimmel, Vollzugspraxis des „Opferfürsorgegesetzes", S. 243f.
[529] Zitiert nach Schwaiger, Leogang 1938-1945, S. 231.
[530] SLA, Landesregierung Abt. III OF-Akten A-Z.
[531] Wohnbevölkerung zum 17. Mai 1939. Schernthaner, Pinzgauer NS-Bürgermeister, in: Mitteilungen der Gesellschaft für Salzburger Landeskunde, Salzburg 2007.
[532] Aus Datenschutzgründen kann in diesem Fall nicht auf die Gendarmeriechronik und den Namen der Gemeinde verwiesen werden.
[533] SLA, Sondergericht Sbg., Kls-1939-43 Urteilsblätter 11, KLs 63/41.
[534] SLA, Sondergericht Sbg., Kls-1939-43 Urteilsblätter 11, KLs 62/41.

[535] Bauer, Ingrid: „Die Amis, die Ausländer und wir". Zur Erfahrung und Produktion von Eigenem und Fremdem im Jahrzehnt nach dem Zweiten Weltkrieg, in: Bauer, Ingrid/Ehmer, Josef/Hahn, Sylvia (Hg.): Walz – Migration – Besatzung. Historische Szenarien des Eigenen und des Fremden, Klagenfurt 2002, S. 237ff.
[536] Schwaiger, Leogang 1938-1945, S. 232.
[537] Hauch, Gabriella (Hg.): Die Institutionalisierung der NS-Bevölkerungs- und Sexualpolitik gegen Ostarbeiterinnen und Polinnen: „Modell Oberdonau"?, in: Hauch, Gabriella (Hg.): Frauen im Reichsgau Oberdonau, Linz 2006, S. 218.
[538] Schreiben der Gestapo Salzburg betreffs der Unterbringung von Kindern polnischer Zivilarbeiter bei Reichsdeutschen vom 14. November 1942. SLA, HB-Akten Zell/See 1943, 401-435, 438.
[539] Schreiben des Landrats an das Arbeitsamt von Zell am See vom 30. November 1942. SLA, HB-Akten Zell/See, 432-6-1942.
[540] Bericht des Gendarmeriepostens Saalfelden an den Landrat in Zell am See vom 22. Jänner 1943. SLA, HB-Akten Zell/See 1943, 401-435, 438.
[541] Bericht des Gendarmeriepostens Lend vom 03. Dezember 1942. SLA, HB-Akten Zell/See 1943, 401-435, 438.
[542] Langthaler/Schweitzer, Das Geschlecht der landwirtschaftlichen Zwangsarbeit, S. 103; Herbert, Fremdarbeiter, S. 248.
[543] Schreiben der Gaupropagandaleitung in Salzburg an das Landratsamt des Kreises Zell am See vom 08. April 1943. SLA, HB-Akten Zell/See, 707-1-1943.
[544] Hauch, Gabriella: Ostarbeiterinnen. Vergessene Frauen und ihre Kinder, in: Mayrhofer, Fritz/Schuster, Walter (Hg.): Nationalsozialismus in Linz, Bd. 2, Linz 2001, S. 1282ff.
[545] Herbert, Fremdarbeiter, S. 249f.; Schreiben der Gaupropagandaleitung in Salzburg an das Landratsamt des Kreises Zell am See vom 08. April 1943. SLA, HB-Akten Zell/See, 707-1-1943.
[546] Schreiben vom Reichsstatthalter an den Reichsminister des Innern betreffs Unterbringung fremdvölkischer Kinder vom Mai 1944. SLA, RSTH I/3 50 1945.
[547] Schreiben vom Sicherheitsdienst des Reichsführer-SS an den Regierungspräsidenten Dr. Laue betreffs Errichtung von Kinderpflegestätten für fremdvölkische Kleinkinder/Regelung der Kostenfrage vom 27. Dezember 1944. SLA, RSTH I/50/1945.
[548] Im Aufsatz „Osteuropäische Frauen als Zwangsarbeiterinnen in der Landwirtschaft des Pinzgaus" sind 143 Kinder von Frauen aus Osteuropa angeführt. Zu dem Zeitpunkt standen die Daten der Gemeinde Saalfelden noch nicht zur Verfügung. Nußbaumer, Osteuropäische Frauen, in: Steinthaler, Evelyn (Hg.): Frauen 1938, S. 124f.
[549] Die Mütter der in den Taufbüchern aufscheinenden Kinder waren hauptsächlich Frauen mit römisch-katholischem bzw. griechisch-katholischem Glaubensbekenntnis. Manchmal finden sich aber auch Mütter mit orthodoxem Bekenntnis, deren Kinder dann nach katholischem Ritus getauft wurden. Aus anderen Quellen ist aber auch ersichtlich, dass Kinder von orthodoxen Zivilarbeiterinnen im Pinzgau nicht immer getauft wurden bzw. in den Taufbüchern nicht aufscheinen.
[550] Vgl. dazu: AES, Tauf- und Sterbematriken der einzelnen Gemeinden des Pinzgaues von 1939-1946; Gemeinde Bruck a. d. Großglocknerstaße: Bruck Geburtenbuch 1939-47, 1944 Nr. 22 B; Bruck Geburtenbuch 1939-47, 1945 Nr. 32 B, Nr. 33 B; Gemeinde Bruck a. d. Großglocknerstraße 022-12 EAP Standesamt, Sammelakten zum Geburtenbuch von 1943 bis 1944; Gemeinde Bruck a. d. Großglocknerstraße: Bruck Sterbebuch 1939-45, 1943 Nr. 31a, Bruck Sterbebuch 1939-45, 1944 Nr. 23c, Nr. 30c; Bruck Sterbebuch 1939-45, 1945 Nr. 8c, Nr. 14c, Nr. 18c; Bruck, 022-13 EAP Standesamt, Sammelakten zum Sterbebuch 1939-1949; Gemeinde Kaprun: Standesamt Kaprun Geburtenbuch 1939-47, 1945 Nr. 26 B; Gemeinde Maishofen: Standesamt Maishofen, Geburtenbuch 1939-49, 1944 Nr. 25 B; Gemeinde Maishofen: Standesamt Maishofen, Sterbebuch 1939-1949, 1945 Nr. 8 C.
[551] Spoerer, Zwangsarbeit unter dem Hakenkreuz, S. 205.
[552] Langthaler/Schweitzer, Das Geschlecht der landwirtschaftlichen Zwangsarbeit, S. 100.
[553] Schreiben des Gendarmeriepostens Enzingerboden an den Landrat in Zell am See betreffs Erhebung über den Tschechen – Einsatz vom 16. September 1942. SLA, HB-Akten Zell/See 1943, 401-435, 438.
[554] Todgeburten wurden in die Berechnung nicht miteinbezogen.
[555] ITS, Doc. No. 71173090#1 (2.1.6.1./0064/0052); Doc. No. 71173091#1 (2.1.6.1./0064/0053); Doc. No. 71173092#1 (2.1.6.1/0064/0054); Doc. No. 71173093#1 (2.1.6.1/0064/0055); Doc. No. 71173094#1 (2.1.6.1/0064/0056); Doc. No. 71173095#1 (2.1.6.1/0064/0057).
[556] AES, Tauf- und Sterbebücher der betreffenden Gemeinden von 1939-1945.

[557] Seelsorgebericht der Pfarre Taxenbach von 1944. AES, 12/52 Taxenbach Seelsorgeberichte.
[558] AES, Tauf- und Sterbebücher der betreffenden Gemeinden von 1939-1945.
[559] AES, Bruck Sterbebuch 4, S. 211; ITS/ARCH/Landkreis Zell a. See, Ordner 64, S. 22.
[560] Dabei muss allerdings berücksichtigt werden, dass Daten von den Pfarren in Dienten, Neukirchen, Niedernsill, Piesendorf, Rauris, Saalfelden, St. Martin bei Lofer und Zell am See fehlen.
[561] Spoerer, Zwangsarbeit unter dem Hakenkreuz, S. 150.
[562] Zeugenvernehmung des Gendarmeriepostens Bramberg vom 23. Jänner 1943. SLA, Sondergericht Sbg. Kls-1943 1-35 23 KLs 11/43.
[563] Auszug aus dem Erlass des Reichsführers SS und Chefs der Deutschen Polizei im RMdI. vom 10. September 1943 – S IV D 2 c – 2071/43. AES, RD1 12/2.
[564] Schreiben des Pfarramts Unken vom 22. Februar 1945. AES, 12/2 RD1 Flüchtlings- u. Gefangenenlager Seelsorge (auch vereinzelt Jugendseelsorge).
[565] Schreiben des f. e. Ordinariat an das Pfarramt Unken vom 28. Februar 1945. AES, 12/2 RD1 Flüchtlings- u. Gefangenenlager Seelsorge (auch vereinzelt Jugendseelsorge).
[566] Hornung/Langthaler/Schweitzer, Zwangsarbeit in der Landwirtschaft in Niederösterreich und dem nördlichen Burgenland, S. 276f.
[567] Wie aus den Akten hervorgeht, sind die Geburten, wahrscheinlich aber auch die Sterbefälle, noch höher anzusetzen. Aufgrund bestehender datenschutzrechtlicher Bestimmungen konnten die Verzeichnisse der Pinzgauer Gemeindeämter zum Großteil nicht eingesehen werden, zudem fehlen Daten von einzelnen Pinzgauer Pfarren. Hinsichtlich der Anzahl der zur Welt gekommen Kinder decken sich die bearbeiteten Geburtenbücher der Gemeinden jedoch meist mit den Taufbüchern der einzelnen Pfarren.
[568] AES, Bruck Sterbebuch 4, S. 219, S. 220, S. 222; Gemeinde Bruck, Sterbebuch 1939-45, 1944 Nr. 23c, Nr. 30c.
Gemeinde Bruck, Sterbebuch 1939-45, 1945 Nr. 8c, Nr. 14c, Nr. 18c; Gemeinde Bruck, 022-13 EAP Standesamt, Sammelakten zum Sterbebuch 1939-1949.
[569] Spoerer, Zwangsarbeit unter dem Hakenkreuz, S. 207f.
[570] Auszug aus dem Erlass des Reichsführers SS und Chefs der Deutschen Polizei im RMdI. vom 10. September 1943 – S IV D 2 c – 2071/43. AES, RD 1 12/2.
[571] Der Reichsführer SS und Chef der Deutschen Polizei betreffs Behandlung der im Reichsgebiet befindlichen Arbeitskräfte polnischen Volkstums vom 10. September 1943, S. 7. SLA, RSTH I/3, 127/1943.
[572] Meldelisten der Ausländer der Gemeinde Niedernsill. Gemeinde Niedernsill.
[573] SLA, Zwangsarbeiteranfragen, 926-2001, 711-940.
[574] Neumayr/Rathgeb, Land:Leben, S. 113.
[575] Aus Datenschutzgründen wird die Quelle nicht angeführt.
[576] Herbert, Fremdarbeiter, S. 341ff.
[577] Posten-Chronik Kaprun 01.08.1929 – 18.10.1950 1.Teil; Gemeindevertretung Lofer; Chronik des Gendarmeriepostens Lofer 1855 – 1960; Chronik des k. k. Gendarmeriepostens Saalbach; Chronik des k. k. Gendarmeriepostens Bruck im Pinzgau.
[578] Gemeindevertretung Lofer. Gemeinde Lofer.
[579] Chronik des Gendarmeriepostens Saalfelden, S. 98f.
[580] AES, Wald i. Pzg. Sterbebuch 3, S. 142; Chronik des k. k. Gendarmeriepostens Krimml.
[581] AES, Weissbach Sterbebuch 2, S. 94.
[582] Chronik des k. k. Gendarmeriepostens Bruck im Pinzgau, Posten-Chronik Kaprun 01.08.1929 – 18.10.1950 1.Teil.
[583] Chronik des k. k. Gendarmeriepostens Saalbach.
[584] Chronik des Gendarmeriepostens Fusch a.d. Glstr.
[585] Chronik des Postens Niedernsill.
[586] Chronik des k. k. Gendarmeriepostens Taxenbach.
[587] Posten-Chronik Kaprun 01.08.1929 – 18.10.1950 1.Teil.
[588] Seelenstands-Buch Kaprun ab 1868 Pfarrchronik S. 49.
[589] Posten-Chronik Kaprun 01.08.1929 – 18.10.1950 1.Teil.
[590] Interview mit Anton H. am 18. Juli 2008 in Saalfelden; Interview mit Notburga H. am 14. Juli 2008 in Niedernsill.
[591] Gendarmeriepostenkommando Unken Bez. Zell a. S. Ld. Salzburg Postenchronik 1911 – 2002.
[592] Bericht des Pfarrers von Großarl vom 11. Juni 1945. AES, Salzburg 12/21 Rv5 Kriegsangelegenheiten 1914-1952.
[593] Diese Annahme beruht auf den Einträgen in den Pinzgauer Gendarmeriechroniken.
[594] Gendarmeriepostenkommando Unken Bez. Zell a. S. Ld. Salzburg Postenchronik 1911 – 2002.

[595] Chronik des k. k. Gendarmeriepostens Taxenbach.
[596] Herbert, Fremdarbeiter, S. 343f.
[597] Gemeindevertretung Lofer. Gemeinde Lofer.
[598] Interview mit Weronika S. am 12. Mai 2008 in Czaplinek (Polen).
[599] Polian, Pavel: Deportiert nach Hause. Sowjetische Kriegsgefangene im „Dritten Reich" und ihre Repatriierung, München/Wien 2001, S. 61.
[600] Lapan, Die Westukraine und die Erfahrung der Zwangsarbeit, in: Plato/Leh/Thonfeld (Hg.), Hitlers Sklaven, S. 227; Polian, Deportiert nach Hause, S. 50.
[601] Polian, Deportiert nach Hause, S. 102ff., S. 18 u. S. 90.
[602] Frankenberger, Tamara: Wir waren wie Vieh. Lebensgeschichtliche Erinnerungen ehemaliger sowjetischer Zwangsarbeiterinnen, Münster 1997, S. 200ff.; Polian, Deportiert nach Hause, S. 70f., S. 102, S. 182.; Scherbakowa, Irina: Mündliche Zeugnisse zur Zwangsarbeit aus Russland, in: Plato/Leh/Thonfeld(Hg.), Hitlers Sklaven, S. 252.
[603] Lapan, Die Westukraine und die Erfahrung der Zwangsarbeit, in: Plato/Leh/Thonfeld (Hg.), Hitlers Sklaven, S. 227.
[604] Polian, Deportiert nach Hause, S. 156.
[605] Lapan, Die Westukraine und die Erfahrung der Zwangsarbeit, in: Plato/Leh/Thonfeld (Hg.), Hitlers Sklaven, S. 224.
[606] Polian, Deportiert nach Hause, S. 93f.; Spoerer, Zwangsarbeit unter dem Hakenkreuz, S. 212f.
[607] Schreiben des f. e. Ordinariat in Salzburg an den Bezirkshauptmann von Zell am See vom 07. Juli 1945. AES, Rd1 12/2.
[608] Spoerer, Zwangsarbeit unter dem Hakenkreuz, S. 213.
[609] Polian, Deportiert nach Hause, S. 93f.; Spoerer, Zwangsarbeit unter dem Hakenkreuz, S. 212f.
[610] Czerwiakowski, Ewa/Wenzel, Gisela: Das Schicksal der polnischen Sklaven- und Zwangsarbeiter aus Lodz, in: Plato/Leh/Thonfeld(Hg.), Hitlers Sklaven, S. 88f.
[611] Interview mit Weronika S. am 12. Mai 2008 in Czaplinek (Polen).
[612] Grinchenko, Gelinada: Ehemalige „Ostarbeiter" berichten. Erste Auswertung eines Oral-History-Projektes aus der Ostukraine, in: Plato/Leh/Thonfeld(Hg.), Hitlers Sklaven, S. 232, S. 238.
[613] SLA, Zwangsarbeiteranfragen, 926-2001 711-940.
[614] Spoerer, Zwangsarbeit unter dem Hakenkreuz, S. 213.
[615] Polian, Deportiert nach Hause, S. 8.
[616] Spoerer, Zwangsarbeit unter dem Hakenkreuz, S. 213f.
[617] SLA, Zwangsarbeiteranfragen, 925-2000/01.
[618] Polian, Deportiert nach Hause, S. 184.
[619] Interview mit Franz W. am 05. November 2008 in Maishofen; Interview mit Eva W. am 22. August 2008 in Maishofen.
[620] arge region kultur (Hg.): das Weite suchen…, S. 126f.
[621] Hornung/Langthaler/Schweitzer, Zwangsarbeit in der Landwirtschaft in Niederösterreich und dem nördlichen Burgenland, S. 167.
[622] Ruff, Margarethe: „Um ihre Jugend betrogen". Ukrainische Zwangsarbeiter/innen in Vorarlberg 1942-1945, Bregenz 1996, S. 112.
[623] Feichtlbauer, Zwangsarbeit in Österreich, S. 54.
[624] Botz, Gerhard: Verdrängung, Pflichterfüllung, Geschichtsklitterung: Probleme mit der NS-Vergangenheit, in: Botz, Gerhard/Sprengnagel, Gerald (Hg.): Kontroversen um Österreichs Zeitgeschichte, Frankfurt/Main 2008, S. 99.
[625] Mitterauer, Michael: Formen ländlicher Familienwirtschaft. Historische Ökotypen und familiale Arbeitsorganisation im österreichischen Raum, in: Ehmer/Mitterauer, Familienstruktur und Arbeitsorganisation in ländlichen Gesellschaften, S. 311.

Der Autor

Alois Nußbaumer

Geboren 1979, gelernter Fernmeldebaumonteur, Doktoratsstudium an der Universität Salzburg (Geschichte/freie Wahlfächer: Kommunikationswissenschaft, European Union Studies).

Impressum

Alois Nußbaumer
„Fremdarbeiter" im Pinzgau
Zwangsarbeit • Lebensgeschichten

Layout: Volker Toth und Andreas Rotheneder
Lektorat: Friederike Goldschmid
Druck: Jelgavas Tipogrāfija, Jelgava, Lettland

ISBN 978-3-902606-74-7

Edition Tandem
5020 Salzburg
Michael-Pacher-Straße 25A
verlag@edition-tandem.at

Gefördert von:
Zukunftsfonds der Republik Österreich,
Universität Salzburg, Stadt Salzburg,
Pinzgau Milch